BIBLIOTHÈQUE
DES MERVEILLES

PUBLIÉE SOUS LA DIRECTION
DE M. ÉDOUARD CHARTON

LA MUSIQUE

21615. — PARIS, TYPOGRAPHIE LAHURE
Rue de Fleurus, 9

Sainte Cécile de Raphaël tenant un orgue portatif.

BIBLIOTHÈQUE DES MERVEILLES

LA MUSIQUE

PAR

CASIMIR COLOMB

Ancien élève de l'École Normale supérieure,
Agrégé de l'Université

OUVRAGE

ILLUSTRÉ DE 119 GRAVURES DESSINÉES SUR BOIS

PAR C. GILBERT ET BONNAFOUX

PARIS

LIBRAIRIE HACHETTE ET Cie

BOULEVARD SAINT-GERMAIN, 79

1878

Droits de propriété et de traduction réservés

A LÉON REYNIER

J'OFFRE CE PETIT LIVRE

COMME UN HOMMAGE D'ADMIRATION

POUR L'ARTISTE

COMME UN TÉMOIGNAGE D'AFFECTION

POUR L'AMI

AVANT-PROPOS

Ce modeste ouvrage ne s'adresse pas aux musiciens, mais simplement aux personnes qui, sans savoir la musique, désireraient en avoir « quelques clartés ». La collection dont il fait partie ne pouvait admettre qu'un ouvrage narratif et *pittoresqne*. On n'y trouvera donc ni dissertations sur les mérites respectifs des systèmes de Pythagore et d'Aristoxène, ni hypothèses sur les théories harmoniques du moyen-âge. J'aurais pourtant aimé, je l'avoue, à donner quelques chapitres d'histoire musicale proprement dite ; mais nécessité fait loi, et j'ai renoncé à l'histoire en forme ; elle aurait présenté trop d'obscurités à ceux à qui je m'adresse particulièrement. J'ai pris l'anecdote, qui est après tout la petite monnaie de l'histoire. J'espère que la curiosité mènera mes lecteurs au delà de mon livre, et leur inspirera le goût d'un art qui est peut-être la manifestation la plus merveilleuse de nos efforts pour monter vers la poésie et l'idéal.

LA MUSIQUE

I

DE LA MUSIQUE. — Comment on peut la définir. — Du son. — Le son peut se traduire dans une langue et se représenter aux yeux. — Notes, Gamme en général. — Octave. — Langue moderne du son musical ou notation. — Portée. — Notes. — Moyens variés de suppléer à l'insuffisance de la portée : lignes supplémentaires ; octaves élevées ou abaissées sans nouveaux signes de notation. — Clefs. — Clefs de *sol*. — Clefs de *fa*. — Clefs d'*ut*. — Simplifications apportées déjà aux clefs. — Simplifications que l'on pourrait encore introduire dans l'emploi de ces mêmes signes.

On a beaucoup disserté sur l'essence de la musique, sur ses effets et sur les moyens par lesquels elle produit ces effets. On n'en a pas toujours dit du bien. Certains esprits philosophiques entre autres, chercheurs distingués, mais peut-être un peu chagrins, en ont parlé en des termes qui la réduiraient à n'être plus qu'une sorte d'ébranlement nerveux, une série de secousses uniquement matérielles, n'ayant de sens qu'autant que le *patient* — l'auditeur — veut bien leur en donner, par suite de certains préjugés ou de certaines conventions.

La musique est plus et mieux que cela. Sans doute les

nerfs jouent un grand rôle dans ses effets ; sans doute l'instrument destiné à l'apprécier, l'oreille, est un organe dont le mécanisme s'analyse, se voit, se touche, se palpe parfaitement. Mais quand l'impression a été transmise au cerveau, alors s'opère un merveilleux travail psychologique, dont nous avons conscience, sans pouvoir expliquer au juste comment il se produit. C'est toujours l'éternelle et insoluble question des rapports du physique et du moral. La musique a un côté matériel ; elle s'adresse à un de nos sens ; il lui faut des molécules d'air qui se mettent en mouvement, des nerfs qui subissent ces mouvements, tout cela est incontestable. Mais les autres arts aussi ont des procédés matériels ; les autres arts aussi s'adressent à un organe. La peinture et la sculpture, par exemple, que seraient-elles sans l'air qui transmet la lumière, sans l'œil qui reçoit les rayons lumineux? Mais ce n'est pas là tout ; les sensations se transforment en sentiments, en idées, en souvenirs ; et le rôle du corps a été tout simplement de fournir à l'âme les moyens d'exercer son activité, de satisfaire ses besoins, de calmer son désir de jouissances nobles et élevées. Dans ces conditions, l'art, quel qu'il soit, qu'il s'adresse à l'œil, comme la peinture, la sculpture et l'architecture, ou à l'oreille, comme la musique, l'art est la *réalisation de l'idéal* que nous ne pouvons nécessairement saisir que s'il a une forme, attendu que, si nous sommes des intelligences, nous sommes des intelligences enfermées dans des organes matériels.

La musique pourra donc se définir « la représentation de l'idéal par un moyen spécial, approprié à l'organe auquel elle s'adresse, c'est-à-dire par la combinaison des sons ».

Le son, voilà dans toute sa simplicité le moyen employé par la musique [1].

Mais quoi de plus fugitif, de plus insaisissable que le son ? L'intelligence humaine est pourtant parvenue à lui donner une forme, à l'écrire *littéralement*, à le représenter

---

1. Nous renvoyons à un traité de physique quelconque et en particulier au clair, simple et savant ouvrage de M. Radau, publié dans cette collection sur l'Acoustique, pour la partie théorique des phénomènes du son.

avec son acuité ou sa gravité, son intensité, sa rapidité ou sa lenteur ; et ce n'est pas une des plus petites *merveilles* de la musique que cet effort de l'homme pour faire voir une chose qui paraît *à priori* si peu faite pour être vue. On n'y est pas arrivé toutefois du premier coup : on a longtemps tâtonné, on a essayé de bien des expédients, on a imaginé des figures compliquées, des signes qui aujourd'hui nous paraissent barbares, mais enfin on a cherché et trouvé ; c'est là l'essentiel.

Nous voudrions donner idée de quelques-unes de ces *notations* du son à différentes époques, mais nous demanderons la permission de ne pas suivre l'ordre chronologique et de commencer non par le point de départ, mais par le point d'arrivée, c'est-à-dire par la notation moderne. Le système en est facile à comprendre, même pour ceux qui ne sont pas musiciens. Ensuite, il est aussi complet que possible, et nous servira à saisir d'autant mieux les systèmes des siècles précédents, qu'ils n'ont fait après tout qu'aboutir au système actuellement en vigueur, en suivant une marche rationnelle.

Il n'est aucune personne qui ne soit capable, même en lui supposant l'oreille la plus réfractaire aux impressions et sensations musicales, de remarquer la différence qu'il y a entre la note la plus *basse* de la voix d'un chantre de cathédrale et la note la plus *haute* de la voix d'un enfant de chœur. On distinguera de même la différence qu'il y a entre le ronflement de la note la plus grave d'une contrebasse, et le sifflement déchirant d'une petite flûte. On comprendra parfaitement aussi qu'entre ces sons extrêmes il y ait place pour loger un grand nombre d'autres sons intermédiaires, par lesquels on pourra passer, comme si l'on s'élevait à l'aide d'une échelle, pour monter du son le plus grave au son le plus aigu. Les degrés de cette échelle de sons s'appellent *notes*, et, dans l'état actuel de la musique chez les peuples occidentaux, ces *notes* sont très-méthodiquement et très-régulièrement classées d'après un système qui semble définitif, attendu que l'on ne voit guère quel système plus commode et plus maniable on pourrait inventer que celui qui a produit les chefs-d'œuvre si prodigieusement variés des Bach, des Haydn, des Mozart, des Beethoven. S'il y a des modifications, elles porteront certainement sur des détails, et non sur le fond même.

Reprenons notre longue série de sons, que nous supposons admise comme un fait indiscutable. Il n'est personne qui ne connaisse cette espèce d'*air* simple, cette *mélodie* naturelle, que l'on sait pour ainsi dire sans l'avoir apprise, qui se trouve à la première page de tous les traités de musique, petits et grands, et que les enfants retiennent pour l'avoir entendue une fois ou deux. Nous voulons parler de la *gamme*. Nous ne nous occupons, bien entendu, pas encore des *tons*, et nous n'avons en vue pour le moment que la mélodie pure et simple : UT, RÉ, MI, FA, SOL, LA, SI, que tous ont dans la mémoire et peuvent chanter, même ceux qui ne savent pas la figure d'une seule note.

Cette *mélodie* constitue un petit ensemble net, clair et satisfaisant pour l'oreille. Or, ceux qui se sont occupés de classer les sons, les théoriciens de la musique, et même les physiciens ont remarqué — tous peuvent d'ailleurs faire la même remarque — qu'au delà de cette mélodie la voix est naturellement portée à reproduire une deuxième fois la même succession mélodique, les *sons* ou *notes* restant exactement dans le même ordre, et ainsi de suite en montant encore. Si l'on exécutait la susdite mélodie en descendant, le phénomène serait le même, et l'on en a conclu que ces successions de *sept* sons restent exactement identiques les unes aux autres, réserve faite, bien entendu, de l'*acuité* ou de la *gravité* du son. On a remarqué de plus que ces sept sons avait un *sens* complet et pour ainsi dire une conclusion, lorsqu'après le *si* on faisait entendre un *ut* en continuant de monter ; ce qui fait alors un *ut* en bas, point de départ bien établi, et un *ut* en haut, point d'arrivée également bien établi. Ce système de *huit* notes, qui commence et finit par la même, s'appelle une *octave* et c'est aujourd'hui la division par excellence de notre échelle de sons.

On a de bonne heure cherché les moyens d'exprimer les sons, et les signes ont varié et varient selon les époques et les pays. Pour le moment nous ne nous occupons que de la notation moderne et occidentale.

Supposons que l'on convienne de tracer un certain nombre de lignes parallèles horizontales, en établissant que chaque ligne représente une certaine hauteur de son, il est bien évident que si l'on met des points, des ronds, des carrés, en un mot des signes quelconques entre ces lignes et sur ces lignes, ces signes représenteront des sons bien déterminés, après qu'on aura réglé de petites conventions de détail, inutiles à développer ici. Et, chose curieuse et fort intéressante, l'œil lui-même sera un auxiliaire puissant de l'oreille, puisque un son sera véritablement *dessiné* dans son rapport avec les autres ou au moins avec le son qui sert de point de départ et qu'on établit d'après une convention stable. C'est là un mécanisme à la fois ingénieux et simple et c'est celui de notre *notation*. Il faut remarquer que, dans ce système, il n'est pas du tout nécessaire de donner une forme particulière à chaque signe, quoique l'on veuille représenter des sons différents. C'était là, disons-le en passant, la grande difficulté des notations anciennes; aujourd'hui, la place seule du signe sur la *portée* — c'est ainsi qu'on nomme l'ensemble des lignes horizontales — détermine l'intonation : il n'y a donc ni multiplicité fatigante, ni confusion inévitable de signes.

La *portée* actuelle se compose de cinq lignes, nombre facile à saisir d'un coup d'œil. Les signes ou notes se placent sur et entre les lignes, et les sons se trouvent d'autant plus élevés que les signes sont plus haut sur la portée. Ainsi soit la portée avec ses signes disposés successivement :

Fig. 1.

Si l'on convient que le point situé sur la première ligne

représente *ut*, le point situé entre la première ligne et la deuxième représentera *ré*, le point situé sur la deuxième ligne représentera *mi*, etc., etc. Si l'on convient que *ut* est figuré par un point placé à un autre endroit, sur la deuxième ligne par exemple, on appellera *ré* le point placé entre la deuxième et la troisième ligne, *mi* le point de la troisième ligne, etc., etc. Il va de soi-même qu'alors on appellera *si* et *la* les deux points situés dans des positions respectives en descendant.

On pourra faire la même opération ascendante et descendante avec toutes les lignes et tous les interlignes, en ayant soin de ne rien changer à la succession des sons, une fois que la première note de la gamme est assise. Il est très-nécessaire de bien comprendre ce premier point, parce que c'est tout le secret de la transposition, opération de la plus haute importance, comme nous le verrons en son lieu et place.

Maintenant il se présente à l'esprit une objection toute naturelle. En admettant que le point de la première ligne soit *ut*, celui de la cinquième sera *ré*, puisque cinq lignes et quatre interlignes font neuf positions. Nous avons donc une *octave* plus une note, c'est-à-dire, *ut*, *ré*, *mi*, *fa*, *sol*, *la*, *si*, *ut*, *ré*. Mais une voix ou un instrument qui n'auraient pas une plus grande échelle de sons à leur disposition seraient, du moins avec les besoins musicaux des modernes, fort bornés dans leurs effets. On pourrait bien gagner deux notes en mettant un point au-dessous de la première ligne et un point au-dessus de la cinquième, mais ce serait encore insuffisant, quand on songe à l'étendue de

Fig. 2.

certaines voix et surtout de certains instruments. Il faudrait donc, ce semble, ajouter des signes au-dessus et au-dessous de la portée, et par conséquent ajouter des lignes pour que la position relative des signes fût bien visible, en sorte que l'on aurait, portée régulière et lignes supplémentaires comprises, quelque chose dans le genre de ce qui précède (fig. 2) :

Mais il n'est pas difficile de reconnaître qu'une pareille profusion de lignes, loin de rendre service, ne sert qu'à embrouiller tout ; et pourtant nous n'avons ajouté que cinq lignes, ce qui ferait un nombre de notes encore insuffisant pour les exigences musicales d'aujourd'hui. On voit quel galimatias ce serait, si nous mettions toutes les lignes nécessaires, et si, au lieu d'une série en escalier comme celle qui est ci-dessus, nous avions à écrire une phrase d'un dessin quelque peu compliqué, avec des intervalles variés.

Il y a plusieurs manières de remédier à cet inconvénient. D'abord on garde les lignes supplémentaires, mais à l'état de fragments, et seulement quand il faut écrire une note pour laquelle elles sont nécessaires. La portée des cinq lignes régulières reste intacte, et l'œil prend très-facilement l'habitude de compter instantanément les fragments accidentels qui se détachent d'une façon nette au-dessus ou au-dessous des cinq lignes permanentes. La succession écrite ci-dessus devient la suivante :

Fig. 3.

On peut même ajouter encore quelques notes à l'aigu ou au grave, sans que la difficulté soit augmentée.

Il faut pourtant reconnaître que si le nombre des fragments devenait trop considérable, l'œil pourrait hésiter, et l'on emploie dans ce cas un deuxième moyen, fort usité, par exemple, pour la musique du piano, dont le clavier contient une très-grande quantité de notes. S'il s'agit de notes aiguës on les place une octave au-dessous de leur position réelle et l'on écrit au-dessus : 8ᵛᵃ *alta* abréviation de *octava alta*, octave supérieure. On fait suivre cette indication d'une ligne tremblée qui se prolonge jusqu'à la fin du passage, ou du moins jusqu'à l'endroit où la marche de la phrase musicale le fait rentrer dans des notes parfaitement lisibles. On écrit alors *loco* à la fin de la ligne tremblée, et l'on sait que les notes reprennent leur vraie position. Pour les notes graves, on fait la même chose. On met seulement *bassa* au lieu de *alta*. Voici un exemple de l'emploi de ces signes ; l'effet est indiqué en dessous :

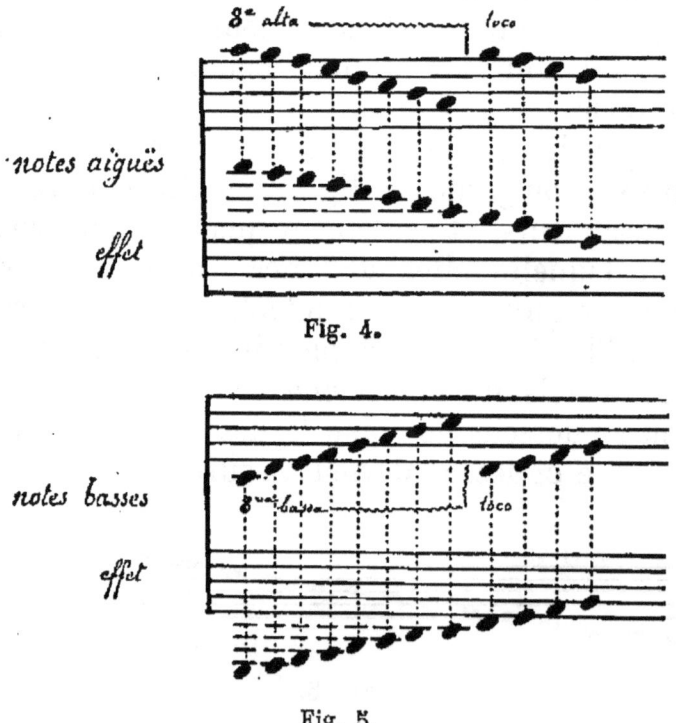

Fig. 4.

Fig. 5.

Jusqu'à présent nous avons agi comme si les notes avaient des places invariables, et cependant nous avons trouvé le moyen d'embrasser un nombre d'octaves fort respectable. Mais il existe un troisième procédé que nous faisions pressentir en disant que chaque ligne ou interligne pouvait représenter un son quelconque, à condition que l'on conservât fidèlement la relation des sons. Pour cela on indique d'abord par un signe bien net le degré de hauteur d'une note choisie exp⟨è⟩s, et la ligne que cette note occupe; puis on dispose les autres notes au-dessus et au-dessous de la note qui sert de point fixe, en gardant les intervalles et relations nécessaires. Ces signes s'appellent *clefs*.

Il y a trois espèces de clefs : chaque clef a un nom de note et marque la position de cette note sur la portée, et par conséquent sa hauteur dans l'échelle des sons.

La clef de *sol* assigne une position au *sol*. On la met ordinairement sur la deuxième ligne à partir du bas, ce qui veut dire que la note placée sur cette ligne dans une portée précédée de la susdite clef est un *sol*. Elle se fait et se place ainsi (fig. 6) :

On la plaçait aussi sur la première ligne, mais cette position n'est plus en usage.

La clef de *sol* est le signe des voix ou des instruments aigus.

Fig. 6.

La clef de *fa*, signe des voix ou des instruments graves se pose ordinairement sur la quatrième ligne. On la met aussi sur la troisième. En voici la forme, et les places (fig. 7).

La clef d'*ut* qui sert aux voix et aux instruments intermédiaires se place sur des lignes différentes, attendu qu'il y a plusieurs nuances de gravité ou d'élévation pour ces voix. On la trouve sur chacune des quatre premières lignes de la portée. En voici la forme et les différentes places (fig. 8):

Fig. 8.   Fig. 9.

On la trouve aussi avec cette forme (fig. 9):

Un exemple fera comprendre comment au moyen d'un simple changement de *clefs* on pourrait écrire une longue suite de notes en n'employant que les cinq lignes de la portée :

Fig. 10.

Nous avons ainsi, sans lignes supplémentaires, une série de trois octaves.

Cette multiplicité de clefs ne laisse pas que d'être assez gênante. Il faut une grande habitude pour les lire rapidement, surtout lorsqu'elles sont mêlées dans la même ligne, quelquefois dans la même mesure, et parfois dans des passages de vitesse. Certains imprimeurs ou graveurs de musique entre autres en font un véritable abus, et des hommes d'une haute compétence en la matière ont émis l'opinion que deux clefs stables suffiraient pour les voix et pour les instruments : celle de *sol* et celle de *fa*. Un signe quelconque, simple et facile à reconnaître, serait joint à la clef et servirait à indiquer les différences d'octaves intermédiaires. De cette façon l'on ne serait pas exposé à des surprises et par conséquent à des erreurs. L'on dira que les habiles musiciens ne s'y trompent jamais : sans doute, mais nous ne sommes pas tous d'habiles musiciens, et il n'y aurait aucun inconvénient à ce que la musique sous certains rapports fût plus à la portée de ceux qui n'ont pas de longues heures à lui consacrer.

Quelques réflexions sur les voix nous feront mieux comprendre et ne seront pas intempestives, puisque la voix est un instrument dont tous peuvent se servir.

Les diverses qualités de voix peuvent d'une manière générale être rangées dans quatre catégories :

1° Les voix aiguës de femmes.
2° Les voix aiguës d'hommes.
3° Les voix graves de femmes.

4º Les voix graves d'hommes.

Il est bien évident que l'on peut de ces quatre catégories ne faire que deux grandes classes : *voix aiguës* et *voix graves*, en laissant de côté la question du sexe. Les voix aiguës d'hommes sont, il est vrai, plus graves d'une octave que les voix aiguës de femmes, et les voix basses de femmes sont à l'octave supérieure des voix basses d'hommes, mais les différences d'octave s'établissent naturellement dans le chant en vertu de la différence d'organes, et la voix, tant des femmes que des hommes, se pose, s'asseoit d'elle-même au degré convenable de l'échelle ; si bien que, les relations d'acuité et de gravité se gardant d'une façon exacte pour chaque sexe, les proportions sont suffisamment indiquées par les deux clefs de *sol* et de *fa*. Certains auteurs tiennent beaucoup aux différentes clefs d'*ut*, sous prétexte que l'élévation de la voix se trouve par leur moyen peinte pour ainsi dire aux yeux. La raison est spécieuse, et nous avons montré plus haut comment au moyen d'un signe simple et net, par exemple une barre, un chiffre, une lettre, on pourrait donner à la clef sa nuance de hauteur. De cette façon, on n'aurait que deux dispositions de notes à apprendre au lieu de six, pour ne parler que des quatre clefs d'*ut*. Le piano qui comprend au moins sept octaves, l'orgue qui en embrasse jusqu'à dix, n'ont pas d'autres clefs que celles de *sol* et de *fa*, dans la musique écrite à leur usage, et les pianistes et organistes ne s'en trouvent pas plus mal. On pourrait appliquer la même simplification à tous les instruments de l'orchestre sans exception. Alors, les gens qui n'aspirent pas à devenir des musiciens consommés et qui n'ont d'ailleurs pas le temps de faire tous les exercices nécessaires, mais qui lisent couramment leurs deux clefs de *sol* et de *fa*, pourraient se rendre un compte exact, sans être arrêtés, des différèntes parties vocales et instrumentales d'une messe, d'un oratorio, d'une symphonie, d'un opéra. A notre époque la musique est entrée dans les mœurs ; elle est le complément d'une éducation libérale ; il faut donc, sans en rien retrancher de nécessaire, la simplifier autant que possible. Cette opinion ne sera peut-être pas du goût de tout le monde, surtout du goût de certains musiciens qui tiennent beaucoup aux difficultés dont ils se sont rendus maîtres, parce que cette science les transforme à un moment donné en initiateurs. Mais il ne faudrait pas oublier qu'à l'époque où l'on se servait par exemple du système si compliqué des *muances*, il se trouvait aussi des musiciens qui regardaient comme une tentative antimusicale de simplifier leur méthode embrouillée et faite surtout pour torturer la mémoire. Les *muances* ont disparu, le système moderne si clair et si commode des gammes dans les différents tons les a remplacées et personne ne songe à s'en plaindre.

Il faut du reste reconnaître qu'il y a eu déjà quelques progrès dans le sens de la simplification. Ainsi la clef de *fa* sur la troisième ligne, qui servait à écrire la partie de *baryton*, est abandonnée, parce que la clef de *fa* sur la quatrième ligne, qui sert à la basse, rend exactement le même service. La clef d'*ut* sur la deuxième ligne qui servait pour le *contralto* (voix de femme) ne sert plus guère qu'à l'instrument qu'on appelle *cor anglais*, et l'on ne voit pas trop pourquoi le cor anglais continuerait à avoir une clef spéciale à lui tout seul. Quant au contralto, il s'écrit avec la clef d'*ut* sur la première ou la troisième ligne. Or, s'il s'écrit sur les deux lignes, on peut prévoir qu'il finira par s'écrire sur une seule, et ce sera autant de gagné, en attendant mieux. En tout cas ces modifications et licences ne prouvent pas que le système des clefs soit une chose sacro-sainte et aussi immuable que quelques-uns voudraient bien le dire. La théorie soutenant que l'élévation relative des notes est indiquée aux yeux par les clefs n'est pas non plus d'une rigueur absolue, et l'on peut citer entre autres comme une anomalie la façon d'écrire les parties de cor. Ainsi cet instrument s'écrit en clef de *sol* et en clef de *fa* ; mais il est admis par l'usage que la clef de *sol* est dans ce cas plus grave d'une octave qu'elle ne l'est en réalité. Voilà donc une clef appartenant à la partie supérieure de l'échelle des notes, qui se déplace et qui descend à la partie inférieure, et cela, pour des motifs, non pas de logique, mais de commodité. Il y a même eu des naïvetés dont on a fini par s'apercevoir. Ainsi la clef de *sol* première ligne et la clef de *fa* quatrième ligne donnaient identiquement les mêmes résultats (fig. 11). On s'est décidé à supprimer cette dernière clef de *sol* qui ne servait absolument à rien.

Fig. 11.

Est-ce à dire pourtant qu'il faille ignorer les différentes clefs d'*ut* et n'étudier que les clefs de *sol* et de *fa* ? Non ; car, si dans la pratique la plus ordinaire les deux dernières clefs suffisent, les autres sont nécessaires dès qu'on veut pousser un peu loin ses études musicales. D'abord les partitions de symphonies ou d'opéras étaient et sont encore écrites avec tout l'attirail des clefs. Il tombe sous le sens qu'elles seraient indéchiffrables sans la connaissance de ces clefs. On conçoit qu'elles pourraient être écrites autrement, et il n'est pas défendu d'espérer qu'un jour viendra peut-être où on les écrira autrement : en attendant, il faut les prendre telles qu'elles sont.

Mais il est une autre circonstance où la science absolue des clefs semble être de toute nécessité, c'est lorsqu'il s'agit de *transposer*[1]. La *transposition* est une des opérations les plus délicates de la musique et la plus nécessaire aux exécutants qui doivent *accompagner*. C'est une opinion reçue parmi les musiciens que la transposition exige une aptitude particulière et, pour ainsi dire, un véritable instinct. Ainsi on entend parfois des personnes qui transposent avec une rapidité et une sûreté étonnantes sur le piano, et qui seraient incapables de lire une clef d'*ut* quelconque. La connaissance parfaite et l'habitude de leur clavier suffit pour leur donner ce talent précieux. Or, tous les gens qui ont besoin par état de transposer ne sont pas également doués de cette aptitude ; mais ils peuvent acquérir artificiellement une habileté pratique qui en tienne lieu, en se familiarisant avec les différentes clefs dont nous

1. Voir chapitre II.

avons parlé. De là vient que la complication produite par la multiplicité des clefs a persisté jusqu'à aujourd'hui, quoique l'on comprenne qu'à bien des égards il y aurait avantage à la faire disparaître, ou tout au moins à la réduire à n'être plus qu'un objet d'étude, restreint à des cas particuliers, pour ceux qui en ont absolument besoin, et non pas un procédé d'un usage habituel dans des circonstances où l'on pourrait fort bien s'en passer.

II

Sons intermédiaires de la gamme. — Dièse. — Bémol. — Ton. — Demi-ton. — Bécarre. — Comma. — Tempérament. — Tolérance mélodique. — Genre diatonique. — Genre chromatique. — Genre enharmonique. — Les gammes ou tons. — Ambiguité du mot ton. — Ordre des gammes : avec des dièses ; avec des bémols. — Armure de la clef. — Disposition des armures de dièses ; des armures de bémols. — Transposition. — Transposition en lisant. — Pianos transpositeurs. — Transposition en écrivant. — La transposition change le caractère du morceau.

Nous avons vu qu'il y avait dans l'échelle des sons une série de sept notes se reproduisant périodiquement, que nous avons appelée *gamme*, que la mémoire retient sans effort, que la voix exécute avec une grande facilité, et dont l'oreille est parfaitement satisfaite. Un peu d'attention nous permettra de remarquer que cette série *ut, ré, mi, fa, sol, la, si* se compose d'intervalles de deux espèces : ainsi les intervalles *ut-ré, ré-mi, fa-sol, sol-la, la-si*, sont plus grands que les deux intervalles *mi-fa* et *si-ut*, en complétant l'octave. On peut donc introduire des sons intermédiaires entre *ut* et *ré*, *ré* et *mi*, etc. ; la voix peut les émettre facilement, et l'oreille n'a pas de peine à les apprécier. Entre *mi* et *fa*, et *si* et *ut*, l'opération n'est plus possible ; la distance est trop petite et l'on remarque d'abord que ces deux intervalles *mi-fa* et *si-ut* se ressemblent ; ensuite qu'ils équivalent à la moitié d'un intervalle quelconque pris dans les cinq autres. Il est bien entendu que nous ne considérons ici les choses qu'au point de vue de la pratique et non des lois rigoureuses de la physique.

Nous avons donc introduit dans notre gamme cinq nouveaux sons, et il semble qu'il faudrait cinq nouveaux noms pour les désigner. Mais ce serait multiplier les mots, et par conséquent compliquer la langue de la notation. Comme le son intermédiaire, dans l'intervalle *ut-ré* par exemple, est également éloigné de *ut* et de *ré*, on suppose que ce son est quelquefois *ut haussé* et quelquefois *ré baissé*. Dans le premier cas on appelle la note du milieu *ut dièse*, et dans le second cas *ré bémol*. On fait de même pour les intervalles *ré-mi*, *fa-sol*, etc. On a *ré dièse* ou *mi bémol*, *fa dièse* ou *sol bémol*, etc. Le nom du son ne change pas, et les deux mots *dièse* et *bémol*, s'appliquent indistinctement à tous les sons intermédiaires. On appelle *demi-tons* les petits intervalles primitifs de la gamme, *mi-fa* et *si-ut*, qui ne sont pas divisés, et l'on donne par analogie le même nom aux intervalles *ut-ut dièse*, *ré bémol-ré*, créés par une division et égaux à *mi-fa*, *si-ut*. On appelle *tons*, les grands intervalles *ut-ré*, *ré-mi*, etc.

Il ne faudrait pourtant pas croire que ces dénominations soient exactes ; il est bien évident qu'elles sont factices, que la note appelée *ut dièse* n'est pas un *ut* scientifiquement parlant, et devrait par conséquent ne pas s'appeler *ut* ; mais toutes les lignes et tous les interlignes de la portée étant déjà occupés par les notes *ut*, *ré*, *mi*, *fa*, *sol*, *la*, *si*, il ne reste plus de place pour les sons intermédiaires, et par suite, on n'a pas songé à trouver des mots pour désigner des signes qu'on n'aurait ni pu, ni voulu placer. On a donc, par un artifice très-commode, imaginé que c'était une note déjà existante qui se haussait ou se baissait ; et, la notation employant le même artifice, de même que les deux mots *dièse* et *bémol* exprimaient l'idée de la note intermédiaire, de même les deux signes ♯ et ♭ placés devant une note quelconque ont suffi à exprimer, le premier que la note était plus haute d'un demi-ton, le second qu'elle était plus basse d'un demi-ton. Ainsi *sol-sol dièse* donnerait la même suite mélodique que *sol-la bémol*.

Lorsqu'une note *diésée* ou *bémolisée* doit revenir à son état naturel, on se sert d'un troisième signe nommé *bé-*

carre, qui est ainsi fait ♮. Le bécarre se place devant la note qui était haussée ou baissée, et signifie que l'effet du dièse ou du bémol est détruit.

Dans la pratique, le dièse et le bémol produisent le même effet en sens inverse, mais en réalité ils ne sont pas semblables. Le dièse est un peu plus élevé que le bémol; la note diésée est en quelque sorte attirée par la note supérieure, et la note bémolisée par la note inférieure. Il y a donc entre ces deux signes un intervalle extrêmement petit et qui ne peut être apprécié que par une oreille d'une délicatesse extrême. Cet intervalle s'appelle *comma*.

Dans la pratique des instruments à sons fixes comme le piano, l'orgue, il serait excessivement difficile d'établir deux notes différentes pour le dièse et pour le bémol; aussi les accordeurs des susdits instruments détruisent-ils le comma en plaçant entre les deux notes d'un ton entier une seule note intermédiaire un peu plus haute que le bémol et un peu plus basse que le dièse de la même quantité. Elle est à la fois dièse et bémol, et l'opération par laquelle on la constitue s'appelle *tempérament*. Tous les instruments à touches, à clefs, à pistons sont disposés d'après cette loi du tempérament. Quant à ceux sur lesquels l'artiste crée les sons lui-même, comme le violon, l'alto, le violoncelle, ils permettent, par une délicate disposition du doigt, de faire sentir l'intervalle du bémol au dièse.

C'est même là un des secrets de l'expression musicale. Qu'il le veuille ou qu'il ne le veuille pas, un grand artiste, du moment qu'il est bien pénétré d'une intention mélodique, obéira à ce besoin de hausser les dièses et de baisser les bémols, et tirera de ce genre d'exécution les effets les plus pathétiques. Cette pratique de l'observance du comma est appelée à bon droit par les théoriciens *tolérance mélodique*, puisqu'il s'agit de tolérer le déplacement d'un son habituellement fixe dans beaucoup d'instruments. Elle explique comment, indépendamment de la question du timbre et de la prolongation du son, le même air produit un tout autre effet, joué sur un piano, où les notes intermédiaires sont enchaînées par la loi mécanique du tempérament, ou bien sur un violon ou un violoncelle, quand l'artiste peut donner à sa note la nuance imperceptiblement plus haute ou plus basse dont elle a besoin.

La tolérance mélodique s'exerce non-seulement sur les sons des instruments à cordes, où la note n'est pas toute faite, mais encore et particulièrement sur les sons de la voix, le plus souple, le plus flexible, le plus pathétique des instruments. Un savant écrivain [1] en matière musicale raconte même à ce sujet une aventure fort curieuse que nous lui emprunterons.

« Un directeur de théâtre, dans une ville d'Italie, ayant besoin d'un baryton pour compléter sa troupe, admit à concourir deux artistes qui jouissaient d'une grande renommée. Tous deux possédaient une voix vibrante et sympathique, une méthode irréprochable, enfin un talent de premier ordre ; aussi plusieurs musiciens et amateurs furent invités à assister à leur combat mélodique. Celui qui se fit entendre le premier fut applaudi ; on le félicita sur la pureté et la régularité de son chant ; mais, tout en étant émerveillé de la justesse de ses intonations, l'auditoire était resté froid. En écoutant l'autre, au contraire, dont la voix était loin de paraître aussi bien assise, on fut profondément ému et transporté. Quel était le motif de ce contraste ? C'est que l'un attaquait constamment la note, quelle qu'elle fût, dans son point médiaire, avec une précision des plus rigoureuses, et que l'autre savait user à propos, et avec autant de goût que d'habileté, de la flexibilité des sons qui, dans notre musique, sont assimilables aux notes mobiles des Grecs. »

Ce phénomène de tolérance mélodique se produit non pas seulement dans des intervalles inférieurs à un ton, mais encore dans des intervalles d'un ton et plus, à propos de sons qui servent d'intermédiaires pour arriver à des notes bien assises et marquant de véritables repos

---

1. M. ALIX TIRON : Études sur la musique grecque, le plain-chant et la tonalité moderne.

dans la phrase mélodique. Il serait presque impossible aux auditeurs, et même à l'exécutant de s'en apercevoir, mais cette attraction n'en existe pas moins ; elle est la suite nécessaire et l'effet naturel de l'intention musicale qui aspire à monter ou à descendre, selon que la signification intime de la phrase mélodique est ascendante ou descendante. C'est là une de ces nuances artistiques, qui se sentent beaucoup mieux qu'elles ne se définissent.

Le *tempérament* fait partie intégrante et absolue des conditions pratiques de l'harmonie moderne. Sans le tempérament, l'exécution des symphonies de Haydn et de Beethoven deviendrait impossible. Il nous a semblé opportun cependant, à côté du tempérament, chose tout artificielle, de parler avec quelque détail du *comma* et de la *tolérance mélodique* qui conduisent aux consonnances *pures*. Les grands travaux du savant physicien Helmholtz attirent depuis quelques années l'attention de ce côté ; il voudrait précisément ramener à ces consonnances pures, qui ont cédé la place aux intervalles tempérés, et d'après ce que nous avons dit plus haut, on conçoit qu'il y aurait là un moyen d'introduire dans l'étude du chant une pureté, une finesse et un pathétique, qui donneraient à la voix une puissance incomparable, telle que les anciens Grecs dans leurs récits se plaisent à la célébrer.

Nous savons maintenant que dans une gamme ordinaire, *ut, ré, mi, fa, sol, la, si, ut*, il n'y a que deux petits ou demi-intervalles : *mi-fa* et *si-ut*, que l'on appelle *demi-tons*, tandis que tous les autres intervalles sont grands et s'appellent *tons*. Admettons qu'un morceau de musique soit composé de telle façon que nous y retrouvions les différentes notes de la gamme pures de toute altération, c'est-à-dire sans aucun dièse, ni aucun bémol, nous dirons que ce morceau est écrit dans le genre *diatonique*, c'est-à-dire dans le genre dont la gamme procède par *tons*. Le mot *diatonique* vient du grec (διά par τόνος ton) et n'a pas un sens bien exact, attendu que la gamme dite diatonique ne procède pas uniquement par *tons;* les deux intervalles *mi-fa* et *si-ut*, ou, d'une manière plus générale et applicable à toutes les gammes, les deux intervalles de la 3ᵉ à la 4ᵉ note, et de la 7ᵉ à la 8ᵉ, ne sont que des demi-tons, mais comme les tons entiers dominent dans une gamme sans altération ou dans les morceaux écrits avec les notes de cette gamme, on est convenu d'appliquer et à ces morceaux et à cette gamme, le nom de diatoniques. Ce genre ne se trouve exclusivement que dans quelques airs anciens, et d'un dessin assez simple. Pour en citer un exemple, que chaque lecteur sachant si peu que peu de musique puisse vérifier immédiatement, nous donnerons la mélodie si connue du *God save* des Anglais (fig. 12). On voit que l'air ne renferme aucune autre note

Fig. 12.

que les notes pures et simples de la gamme d'*ut*, sans altération produite, soit par un dièse, soit par un bémol accidentel.

Lorsqu'on introduit les sons intermédiaires ou demi-tons entre les sons de l'échelle diatonique, on obtient une succession de notes que l'on appelle *chromatique*, et l'on dit d'un morceau qu'il est dans le *genre chromatique*, lorsqu'il est riche en demi-tons. Cette expression tire son étymologie du mot grec χρῶμα (*couleur*). Dans la langue de la musique moderne elle n'est pas, il faut l'avouer, d'une clarté parfaite. On en donne pourtant une explication assez raisonnable, en disant par métaphore qu'une suite de demi-tons *colore* la musique : la variété des notes produit alors dans une mélodie le même effet que la variété des couleurs dans un tableau.

On n'emploie plus du reste ces expressions comme on le faisait jadis, attendu qu'il est bien rare de trouver de nos jours des mélodies, si courtes qu'elles soient, écrites exclusivement dans le genre diatonique ou dans le chromatique. La musique moderne emploie à peu près toujours des combinaisons où les deux genres se trouvent étroitement unis et mélangés. Autrefois au contraire dire d'un air qu'il était chromatique, c'était indiquer qu'il avait un caractère tout à fait spécial. Molière, dans sa pièce des *Précieuses ridicules*, emploie ce mot fort à propos pour fixer nos idées sur le sens particulier qu'on lui donnait de son temps. Mascarille, le valet bel esprit, déguisé en grand seigneur, vient de réciter son ridicule madrigal aux deux sottes petites bourgeoises Cathos et Madelon, qui veulent singer les grandes dames et qui l'admirent bouche béante. Il s'est posé comme poëte; il va maintenant se pavaner comme musicien. Écoutons-le :

Je veux vous dire l'air que j'ai fait là-dessus.

CATHOS.

Vous avez appris la musique?

MASCARILLE.

Moi? Point du tout.

CATHOS.

Et comment donc cela se peut-il?

MASCARILLE.

Les gens de qualité savent tout sans avoir jamais rien appris.

MADELON.

Assurément, ma chère.

MASCARILLE.

Écoutez si vous trouverez l'air à votre goût... *hem, hem, la, la, la, la, la.* La brutalité de la saison a furieusement outragé la délicatesse de ma voix; mais il n'importe, c'est à la cavalière. (Il chante.)

Oh ! Oh ! je n'y prenais pas garde, etc.

CATHOS.

Ah! que voilà un air qui est passionné! Est-ce qu'on n'en meurt point?

MADELON.

Il y a de la *chromatique* là dedans.

Évidemment Madelon est une sotte et une ignorante, et ne sait pas au juste ce que c'est que la chromatique, mais elle a recueilli cette expression comme synonyme de *tendre* et de *passionné*, et elle se dépêche de la placer dès que l'occasion s'en présente.

Chez les Grecs, les deux expressions *diatonique* et *chromatique* existaient dans la langue musicale et avaient, à prendre les choses en général, le même sens que celui que nous leur donnons.

Il existe un troisième genre, dit *enharmonique,* fondé précisément sur le tempérament, dont nous ne pourrons parler avec quelque détail que lorsque nous aurons examiné la question des *gammes en différents tons,* mais que pour l'instant, nous nous contenterons de définir: le passage ou la transition d'une note à une autre, sans que l'intonation de cette note soit changée d'une manière appréciable. Ainsi, lorsqu'il est nécessaire dans la phrase musicale de faire un *ré bémol* au lieu d'un *ut dièse,* ou un *ut dièse* au lieu d'un *ré bémol,* il est bien évident que le nom de la note change et non pas son intonation, si l'on se sert d'un instrument où le comma n'existe pas, et alors on fait de l'*enharmonie* (du grec ἐν dans, ἁρμονία accord, liaison).

Nous avons emprunté ce mot aux Grecs, comme les deux autres, mais il n'a pas pour nous le même sens que pour eux. Nous avouerons même qu'on en a donné plusieurs interprétations et que la question n'est pas encore nettement décidée. Il semblerait pourtant assez probable qu'il désignait une succession mélodique, dont les intervalles étaient des quarts de ton. Ce genre de succession se conçoit et s'admet, scientifiquement et théoriquement parlant ; mais dans la pratique, du moins avec nos habitudes actuelles d'instruments et de voix, il est parfaitement inexécutable. Ce qui pourrait cependant en donner une idée, c'est le fait de la *tolérance mélodique* ou de l'*attraction mélodique* dont nous avons parlé plus haut. Ce qu'il y a de certain, c'est que les auteurs anciens n'en parlent qu'avec enthousiasme, et ne tarissent pas en éloges à propos des effets qu'il produisait.

Nous savons que la gamme moderne se compose d'une série de sept sons, huit en faisant l'octave, ainsi espacés :

Du 1er son au 2e, un ton ;
Du 2e — au 3e, un ton ;
Du 3e — au 4e, un demi-ton ;
Du 4e — au 5e, un ton ;
Du 5e — au 6e, un ton ;
Du 6e — au 7e, un ton ;
Du 7e. — au 8e, un demi-ton.

Et nous n'avons jusqu'à présent parlé que de la série *ut, ré, mi, fa, sol, la, si, ut*, dans laquelle les notes restent naturelles, c'est-à-dire, ne sont précédées, ni de dièses, ni de bémols. Supposons que par une raison quelconque on ait besoin de déplacer sur l'échelle générale des sons le point de départ de cette série, et qu'au lieu de chanter *ut, ré, mi*, etc., on veuille dire par exemple *sol, la, si, ut, ré, mi, fa, sol*, de manière à produire le même effet de série mélodique qu'avec la première gamme. Il est bien évident que si l'on maintient à toutes les notes de la 2e série, *sol, la, si, ut*, etc., exactement le même son que celui qu'elles ont dans la 1re, *ut, ré, mi, fa*, etc., on aura une gamme différente, non pas seulement comme hauteur absolue de notes, cela va sans dire, mais comme rapports d'intervalles. Un tableau comparatif va rendre sensible ce fait, que les personnes non musiciennes ont toujours beaucoup de peine à saisir, et qui est pourtant de la plus haute importance, puisqu'il donne la clef de la génération des *gammes* et qu'il est le fond même de la *transposition*.

Première gamme présentée avec l'indication des tons et des demi-tons.			Deuxième gamme sans altération avec l'indication des tons et des demi-tons.		
Ut-ré	=	1 ton.	Sol-la	=	1 ton.
Ré-mi	=	1 ton.	La-si	=	1 ton.
Mi-fa	=	$\frac{1}{2}$ ton.	Si-ut	=	$\frac{1}{2}$ ton.
Fa-sol	=	1 ton.	Ut-ré	=	1 ton.
Sol-la	=	1 ton.	Ré-mi	=	1 ton.
La-si	=	1 ton.	Mi-fa	=	$\frac{1}{2}$ ton.
Si-ut	=	$\frac{1}{2}$ ton.	Fa-sol	=	1 ton.

Nous voyons que le $\frac{1}{2}$ ton qui dans la 1re gamme se trouve entre la 7e note et la 8e, se trouve dans la 2e gamme entre la 6e note et la 7e. Donc la relation des intervalles est changée.

Prenons un autre exemple, et commençons, je suppose, notre gamme par *fa;* notre tableau comparatif va nous servir encore :

Première gamme.			Deuxième gamme non-altérée.		
Ut-ré	=	1 ton.	Fa-sol	=	1 ton.
Ré-mi	=	1 ton.	Sol-la	=	1 ton.
Mi-fa	=	$\frac{1}{2}$ ton.	La-si	=	1 ton.
Fa-sol	=	1 ton.	Si-ut	=	$\frac{1}{2}$ ton.
Sol-la	=	1 ton.	Ut-ré	=	1 ton.
La-si	=	1 ton.	Ré-mi	=	1 ton.
Si-ut	=	$\frac{1}{2}$ ton.	Mi-fa	=	$\frac{1}{2}$ ton.

Ici le $\frac{1}{2}$ ton nécessaire de la 3e à la 4e note se trouve de la 4e à la 5e. Pour rétablir la disposition des intervalles telle que nous la connaissons et la voulons, il nous suffira d'employer à propos les deux signes ♯ et ♭. Ainsi, dans le premier cas, nous changerons le $\frac{1}{2}$ ton *mi-fa* en 1 ton *mi-fa♯*, puisque le dièse hausse la note, et conséquemment le ton suivant *fa-sol*, deviendra le $\frac{1}{2}$ ton *fa♯-sol*. Dans le second cas, nous changerons le $\frac{1}{2}$ ton si-ut en 1 ton si♭-ut, et conséquemment le ton précédent la-si, se changera en ½ ton la-si♭.

Dressons maintenant un tableau synoptique de la gamme non altérée et des deux autres, et nous verrons que, comme disposition des intervalles, les trois gammes sont identiques.

1 ton : ut-ré.	Sol-la.	Fa-sol.
1 ton : ré-mi.	La-si.	Sol-la.
½ ton : MI-FA.	SI-UT.	LA-SI♭.
1 ton : fa-sol.	Ut-ré.	Si♭-ut.
1 ton : sol-la.	Ré-mi.	Ut-ré.
1 ton : la-si.	Mi-fa♯.	Ré-mi.
½ ton : SI-UT.	FA♯-SOL.	MI-FA.

On pourrait faire la même opération en prenant n'importe quelle note pour point de départ, du moment que l'on rétablirait la série régulière des intervalles au moyen de dièses ou de bémols. On pourrait même partir d'une des notes intermédiaires avec la même facilité. Ainsi l'on obtient 7 gammes avec des dièses de 1 à 7, et 7 gammes avec des bémols également de 1 à 7, ce qui, avec la gamme sans altération, fait 15 gammes que le musicien peut employer.

Chaque gamme porte le nom de sa note initiale : ainsi pour revenir aux trois que nous avons déjà vues, la première serait :

La gamme d'UT............	ut, ré, mi, fa, sol, la, si, ut.
La 2ᵉ, la gamme de SOL..	sol, la, si, ut, ré, mi, fa♯, sol.
La 5ᵉ, la gamme de FA...	fa, sol, la, si♭, ut, ré, mi, fa.

On dit : gamme d'*ut*, de *sol*, de *fa*, par abréviation, au lieu de dire : gamme du *ton d'ut*, du *ton de sol*, du *ton de fa*.

Il n'est peut-être pas inutile de signaler ici un défaut de précision de la langue musicale. Nous avons vu qu'on appelait *ton* l'intervalle d'une note à une autre, et nous voyons qu'on appelle également *ton* une disposition particulière des notes ayant pour résultat de faire attribuer à une gamme tel ou tel nom. Ajoutez à cela que pour plus d'un, le mot *ton* équivaut à *son*, tout simplement. C'est une coïncidence fâcheuse ; elle peut devenir dans la conversation une cause d'erreur ou tout au moins d'embarras pour les personnes qui, bien que n'ayant pas l'habitude de la musique, aiment pourtant à se rendre compte de ce qui se dit.

Certains théoriciens ont cherché à remédier à cette équivoque en n'employant jamais les mots *ton* et *demi-ton* à propos d'intervalles : ils se servent des expressions *seconde majeure* et *seconde mineure*. Comme on nomme du reste l'intervalle qui sépare une note d'une autre d'après le nombre des notes comprises dans cet intervalle, y compris la première et la dernière, on voit qu'en appelant *seconde* les tons *ut-ré*, *ré-mi*, *mi-fa*, etc., on se sert d'un terme parfaitement clair, et les épithètes *majeure* et *mineure* indiquent également bien la nature ou grandeur de l'intervalle.

On lit souvent sur les affiches de concert des titres d'œuvres ainsi rédigés : *Symphonie pastorale, Marche funèbre, Sonate pathétique,* etc. Toute explication en pareil cas est superflue. Mais on lit au moins aussi souvent des indications ainsi formulées : *symphonie en ré, trio en sol, toccata en fa,* etc., et nous avons plus d'une fois rencontré des auditeurs, même aux concerts du Conservatoire, qui, par la nature de leurs réflexions, prouvaient leur parfaite ignorance à ce sujet. Ce que nous venons de dire des *gammes* et des *tons* suffit amplement à éclairer ce point du langage musical. On appelle *symphonie en ré, trio en sol, toccata en fa* des compositions écrites avec les sons ou notes qui appartiennent aux gammes de *ré*, de *sol*, de *fa*.

Disons tout de suite quelques mots de certains intervalles, pour apprendre à bien classer les gammes. De même qu'on appelle *seconde* l'intervalle *ut-ré*, on appelle *tierce* l'intervalle *ut-mi* (de *ut* à *mi* 3 sons : *ut ré mi*), *quarte* l'intervalle *ut-fa* (de *ut* à *fa* 4 sons : *ut ré mi fa*), et *quinte* l'intervalle *ut-sol* (de *ut* à *sol* 5 sons : *ut ré mi fa sol*).

La manière de classer les gammes est fort simple : On les range d'après le nombre progressif des altérations qu'exige leur construction, c'est-à-dire qu'on a d'une part, la gamme naturelle étant la base de tout l'édifice :

1° Gamme avec 1 dièse; 2° gamme avec 2 dièses; 3° gamme avec 3 dièses, etc.

Et d'autre part :

1° Gamme avec 1 bémol; 2° gamme avec 2 bémols; 3° gamme avec 3 bémols, etc.

La difficulté est de savoir dans quel ordre doivent se ranger les susdits dièses ou bémols. On peut les apprendre par cœur, mais on peut également les oublier, surtout quand on commence. Il vaut mieux chercher un moyen plus méthodique. Nous avons vu plus haut que la gamme de *sol* avait 1 dièse, qui était le *fa*. Or, *sol* est la *quinte* de *ut* et la *seconde* de *fa*. Nous déduirons de là une loi fort intéressante : c'est que si nous construisons une gamme ayant pour point de départ la *quinte* d'*ut*, c'est-à-dire *sol*, nous serons obligés de diéser la *seconde* (en descendant) de cette quinte *sol*, c'est-à-dire *fa*. Faisons maintenant sur cette gamme de *sol* la même expérience que sur la gamme d'*ut*, c'est-à-dire prenons la *quinte* de *sol* qui est *ré* et la *seconde* (en descendant) de *ré*, qui est *ut*. Notre *fa* est déjà diésé, puisqu'il provient de la gamme de *sol*. Donnons un dièse à *ut*, et dressons notre gamme de *ré* en la comparant aux deux autres :

Gamme d'ut.	Gamme de sol.	Gamme de ré.
Ut-ré.	Sol-la.	Ré-mi.
Ré-mi.	La-si.	Mi-fa♯.
Mi-fa ½ ton.	*Si-ut* ½ ton.	*Fa♯-sol* ½ ton.
Fa-sol.	Ut-ré.	Sol-la.
Sol-la.	Ré-mi.	La-si.
La-si.	Mi-fa♯.	Si-ut♯.
Si-ut ½ ton.	*Fa♯-sol* ½ ton.	*Ut♯-ré* ½ ton.

On voit qu'elle est parfaitement régulière. On pourrait prendre de la même façon la *quinte* de *ré* qui est *la*, on trouverait qu'il est nécessaire de diéser le *sol*, *seconde* (en descendant) de *la*. En effectuant toutes ces constructions jusqu'à épuisement des notes, voici l'ordre dans lequel se rangeront les gammes et les dièses qui les caractérisent :

    Gamme de sol avec fa♯.
    — de ré — fa♯ ut♯.
    — de la — fa♯ ut♯ sol♯.
    — de mi — fa♯ ut♯ sol♯ ré♯.
    — de si — fa♯ ut♯ sol♯ ré♯ la♯.
    — de fa♯ — fa♯ ut♯ sol♯ ré♯ la♯ mi♯.
    — de ut♯ — fa♯ ut♯ sol♯ ré♯ la♯ mi♯ si♯.

Les gammes se suivent par *quinte* en montant, ou par *quarte* en descendant : sol *la si ut* ré ou sol *fa mi* ré; et les deux dernières gammes ont leur note *tonique* diésée. De là les expressions : gamme d'*ut naturel*, de *sol naturel*, etc. de *fa* ♯, de *ut* ♯.

La construction des gammes avec bémols se fait d'après des principes analogues.

Nous avons vu que pour obtenir la gamme de *fa*, il fallait bémoliser le *si*. Comparons la gamme de *fa* à la gamme d'*ut*, *fa* tonique est la quarte supérieure d'*ut*, et *si*, note bémolisée, est la quinte inférieure de *fa*. Donc en prenant dans cette gamme de *fa* déjà obtenue, la quarte supérieure de *fa*, qui est *si*♭, et en bémolisant la quinte inférieure de *si*♭, qui est *mi*, nous aurons tous les éléments d'une gamme de *si*♭ régulière. Comparons la nouvelle gamme aux deux autres.

Gamme d'ut.	Gamme de fa.	Gamme de si♭.
Ut-ré.	Fa-sol.	Si♭-ut.
Ré-mi.	Sol-la.	Ut-ré.
Mi-fa ½ ton.	*La-si*♭ ½ ton.	*Ré-mi*♭ ½ ton.
Fa-sol.	Si♭-ut.	Mi♭-fa.
Sol-la.	Ut-ré.	Fa-sol.
La-si.	Ré-mi.	Sol-la.
Si-ut ½ ton.	*Mi-fa* ½ ton.	*La-si*♭ ½ ton.

Et ainsi de suite. On verra que les gammes avec bémols se suivent dans l'ordre contraire à celui des gammes avec dièses, c'est-à-dire de *quarte* en *quarte* en montant ou de *quinte* en *quinte* en descendant :

Gamme de FA avec si♭.
— de SI♭ — si♭ mi♭.
— de MI♭ — si♭ mi♭ la♭.
— de LA♭ — si♭ mi♭ la♭ ré♭.
— de RÉ♭ — si♭ mi♭ la♭ ré♭ sol♭.
— de SOL♭ — si♭ mi♭ la♭ ré♭ sol♭ ut♭.
— de UT♭ — si♭ mi♭ la♭ ré♭ sol♭ ut♭ fa♭.

Un détail qui peut servir à faire retenir l'ordre des dièses quand on sait celui des bémols, ou celui des bémols quand on sait celui des dièses, c'est qu'ils sont rangés d'une façon symétriquement contraire.

Ordre des dièses... FA UT SOL RÉ LA MI SI
        1   2   3   4   5   6   7

Ordre des bémols... SI MI LA RÉ SOL UT FA
        7   6   5   4   3   2   1

Il vient à l'esprit une pensée bien naturelle, quand on réfléchit à la quantité de dièses ou de bémols que renferme un morceau écrit dans le ton d'*ut* ♯ ou d'*ut* ♭, c'est que l'œil doit se fatiguer considérablement à lire ces altérations, et la main à les écrire. Pour parer à cet inconvénient, quel que soit le ton, au lieu de placer les altérations devant les notes altérées, chaque fois qu'elles se représentent, on groupe une fois pour toutes les dièses ou les bémols constitutifs du ton après la clef au commencement de chaque portée, sur les lignes où se trouvent les notes qu'ils altèrent, et la lecture comme l'écriture du morceau deviennent plus aisées.

L'ensemble de ces dièses ou de ces bémols forme ce

Fig. 13.

qu'on appelle l'*armure de la clef*. Pour la commodité du placement on les écrit en montant et en descendant; de cette façon on n'a besoin d'aucune ligne supplémentaire.

En y joignant le ton d'*ut* naturel qui n'a ni dièse, ni bémol, on a les 15 gammes *majeures* de la musique moderne.

Notons en passant que dans certains cas la note a besoin d'être haussée ou baissée de deux demi-tons. On emploie alors le double dièse qui se figure ainsi ✕ ou encore ⸬♯⸬, et le double bémol ♭♭.

Il arrive souvent que, dans un salon, un amateur voudrait chanter un morceau qui lui plaît, mais qui a des notes ou trop hautes ou trop basses pour sa voix. S'il n'y avait que la mélodie, la difficulté serait vite résolue ; le chanteur placerait l'air sur l'échelle des sons dans une position telle que les notes gênantes fussent ou baissées ou haussées, c'est-à-dire qu'il chanterait la même mélodie dans un autre ton que celui où elle serait écrite. Cette transformation du ton, respectant le dessin de la phrase musicale, s'appelle *transposition*. Il n'est nullement besoin d'être musicien pour l'exécuter avec la voix : il suffit d'avoir l'oreille et la voix justes, et d'être capable de se rappeler un air. Tous les jours il arrive qu'on entend dans la rue des airs d'opéra ou d'opérette en vogue chantés par des soldats, des ouvriers, des enfants. Chacun y met la voix qu'il a; pour dix chanteurs, il y aura dix tons différents, et cependant l'air sera parfaitement le même. La *transposition* est donc une opération tout instinctive, et sert à montrer une fois de plus comment et pourquoi les différentes gammes ne paraissent pas plus difficiles à chanter les unes que les autres, une fois qu'on tient la première note, c'est-à-dire la *tonique*.

Mais s'il s'agit d'accompagner le morceau que le chanteur *transpose*, la difficulté devient considérable, surtout lorsque l'instrument d'accompagnement est un piano, car non-seulement il faut jouer d'autres notes que celles qui sont écrites, et suivre la voix du chanteur en conservant les intervalles justes par un calcul parfois assez compliqué et par une attention qu'un rien peut dérouter, mais encore il faut faire ce travail pour les deux mains, avec cette circonstance gênante en plus que la main droite est généralement en clef de *sol*, et la main gauche en clef de *fa*.

Or, il arrive le plus souvent, que l'accompagnement renferme un très-grand nombre de notes, qui par conséquent doivent être jouées vite, même quand la mélodie est lente. Quand la mélodie est d'une allure rapide, l'accompagnement peut arriver à un mouvement, dont la vitesse à elle seule devient une grande difficulté. Que serait-ce donc si à cette difficulté d'exécution venait se joindre la nécessité de faire un calcul instantané, addition ou soustraction, pour chaque note naturelle, diésée, bémolisée ou garnie d'un bécarre, afin de voir quelle note devrait la remplacer? Il n'y a pas d'habileté qui pourrait y réussir, ou ce serait tout au moins au prix d'une contention d'esprit, qui deviendrait promptement une sérieuse fatigue. Au lieu donc de s'y prendre directement et de procéder par le calcul des intervalles, on suppose d'autres clefs que celles qui sont en tête des portées, et on en choisit qui correspondent exactement au ton dont on a besoin. Or la science des clefs est une science qui, malgré ses difficultés, finit toujours pas s'acquérir sûrement et par se fixer solidement dans l'esprit, et il n'en coûte pas plus à un musicien expérimenté de lire une clef qu'une autre. L'artiste lit alors tout simplement ce qu'il voit, et l'opération devient directe et immédiate. Expliquons par un exemple comment cela se fait.

Le chanteur a besoin que son air soit baissé d'un *demi-ton* ou d'une *seconde mineure*. Supposons que l'*air* soit en *ut*; le demi-ton inférieur à *ut* est *si*. Il faut par conséquent trouver une clef telle que la note qui est *ut* en clef de *sol* soit *si* dans la clef cherchée. Or la clef d'*ut*, 4ᵉ ligne, remplit les conditions voulues (fig. 14) :

Fig. 14.

si donc l'accompagnateur lit tout le temps sa clef de *sol* en clef d'*ut* 4ᵉ ligne, il jouera dans le ton de *si* au lieu de jouer dans le ton d'*ut*. Il n'aura qu'à se rappeler, ce qui est élémentaire, que le ton de *si* a 5 dièses à son armure. S'il se présente telle ou telle autre altération accidentelle dans le courant du morceau, il l'exécutera dans la mesure voulue.

Quoi qu'il en soit, et malgré la simplicité de la théorie, la transposition en lisant est une des sérieuses difficultés de l'art musical. Des pianistes, même bons lecteurs de musique, se trouvent déroutés en présence de ce travail; et comme l'étude spéciale des clefs d'*ut* leur demanderait souvent plus de temps qu'ils ne sont disposés à en donner, certains facteurs de pianos ont imaginé de construire des instruments où la transposition s'opère d'une manière mécanique. On les appelle *pianos transpositeurs;* les procédés varient selon les fabricants, mais le but est toujours le même.

Quand il s'agit de transposer en écrivant, comme on peut prendre son temps, la difficulté est à peu près nulle. On commence par *armer* la clef comme le veut le ton dans lequel on se propose d'écrire le nouveau morceau. Puis on transpose chaque note à un intervalle égal à celui qui sépare la première tonique de la deuxième. Telle est la règle générale. Quant aux altérations accidentelles, elles demandent un peu d'attention, car, en changeant de ton, elles ne restent pas toujours les mêmes; mais on n'a qu'à suivre alors certaines règles et formules très-précises qui se trouvent dans tous les traités de musique et dont le détail technique serait inutile à donner ici.

Nous ne croyons pas inopportun du reste de prémunir le lecteur contre une erreur de jugement dans laquelle on tombe lorsqu'on n'entend un morceau que transposé. On l'apprécie à certains égards presque toujours autrement qu'on ne ferait si l'on entendait l'original; et l'on peut dire que quand il s'agit d'une œuvre écrite par un maître véritable, la transposition lui enlève immanquablement une partie de son caractère. Qu'on prenne l'*andante* de la sonate en *ut* ♯ de Beethoven par exemple, et qu'on le transpose en *la* ♭, et l'on verra si l'effet est le même. Les éditeurs de musique font souvent imprimer en les transposant en différents tons des morceaux en vogue. Ce sont là certainement des complaisances pour les voix des amateurs, mais nous osons espérer que les compositeurs sérieux se soumettent à ces métamorphoses plus qu'ils ne les désirent.

III

Modes. — Mode majeur. — Mode mineur. — Tons relatifs. — Comment on trouve le ton et le mode d'un morceau sans armure ; avec des dièses ; avec des bémols. — Gammes différentes des gammes conçues dans la tonalité moderne.

Nous ne nous sommes occupés jusqu'ici que d'une seule combinaison des intervalles de la gamme, quelle que fût d'ailleurs cette gamme, naturelle, diésée ou bémolisée. Cette combinaison consiste à placer deux demi-tons, l'un, de la 3e note à la 4e, et l'autre, de la 7e à la 8e, qui n'est que la répétition de la 1re. La mélodie de cette gamme est d'une grande simplicité, et d'un caractère tel, que l'oreille en reçoit la sensation de quelque chose de net, de précis, de complet et de bien arrêté. Tous les airs qui seront écrits avec les notes prises dans une des 15 gammes connues, et au moyen desquels, en les démolissant pour ainsi dire, on pourra reconstruire une de ces 15 gammes, de façon à avoir toujours les mêmes rapports d'intervalles, tous ces airs là produiront le même effet de précision et de détermination. Ils auront une *manière d'être* ou *mode*, et ce mode s'appellera *majeur*.

Le *mode majeur*, pour parler d'une façon plus méthodique, est déterminé essentiellement par la *tierce* au-dessus de la tonique. Cette tierce doit être *majeure*, c'est-à-dire se composer de deux tons complets. Ainsi *ut-mi* dans la gamme d'*ut* est une tierce majeure, comme *sol-si* dans la gamme de *sol*, comme *ré-fa*♯ dans la gamme de *ré*, et ainsi des autres.

Nous prierons maintenant ceux de nos lecteurs qui ont

été à même d'entendre des airs bretons par exemple, ou gaéliques (les recueils ne manquent pas), de se rappeler le caractère un peu étrange de presque tous ces airs. Si on voulait les qualifier, les expressions de triste, de mélancolique, de vague, de rêveur se présenteraient naturellement. Or à quoi tiennent ce vague et cette mélancolie ? A la façon dont se compose la première tierce des gammes dans lesquelles ces airs sont écrits. Au lieu de 2 tons, cette tierce ne contient qu'un ton et demi, c'est-à-dire qu'elle est *tierce mineure*; et cette nouvelle *manière d'être*, ce nouveau *mode* prend aussi de sa première tierce le nom de *mineur*.

Le mode mineur n'est certainement pas celui qui se présente le premier à l'esprit. La gamme mineure est construite avec moins de régularité, de netteté, de simplicité que la gamme majeure. Elle n'a pas la même assiette, et elle étonne même quelque peu tout d'abord ceux qui n'ont pas l'oreille faite à ses intervalles. On serait donc tenté de croire que c'est un produit moderne tout artificiel, une création ingénieuse de quelque musicien savant ou hardi en quête d'effets mélodiques nouveaux. Il n'en est rien; le mode mineur est aussi bien dans la nature et les aptitudes humaines que le mode majeur, et ce qui est vraiment étrange, c'est qu'on le trouve même presqu'exclusivement employé dans les airs des peuples primitifs ou peu civilisés et dans les chansons populaires de certains pays. Du reste, si l'on veut comprendre quelque chose à l'histoire de la musique, il faut se défaire des habitudes musicales modernes au point de vue non-seulement diatonique, mais encore chromatique; il faut ne pas vouloir retrouver à toute force partout et toujours nos intervalles si commodes, si pratiques, si faciles d'intonation, que nous avons, je le confesse, beaucoup de peine à admettre qu'ils n'aient pas existé de toute antiquité.

Étudions la gamme mineure telle qu'elle a été définitivement constituée, et prenons pour note initiale *la*, qui nous dispense d'employer un bémol, puisque *la-ut* sans altération fait une tierce mineure. Mettons la série des notes naturelles, et désignons les demi-tons par des tirets plus courts que ceux des tons ; nous aurons :

La — si-ut — ré — mi-fa — sol — la.

c'est-à-dire un ½ ton entre la 2ᵉ et la 3ᵉ note, ce qui caractérise la gamme mineure, et un autre ½ ton entre la 5ᵉ et la 6ᵉ.

Par ses trois premières notes cette gamme est parfaitement mineure ; mais, dans l'ensemble elle présente un inconvénient grave : elle renferme exactement les mêmes sons et les mêmes intervalles que la gamme d'*ut majeur*, si bien qu'il peut survenir des dessins mélodiques où le caractère mineur se confond avec le caractère majeur. Pour éviter cette confusion, on a haussé d'un ½ ton la 7ᵉ note, et la détermination de la gamme se trouve établie, attendu que cette 7ᵉ note, qui existe également dans les gammes majeures, annonce, prépare, fait pressentir et désirer la tonique dont elle subit l'attraction. Aussi dans les deux modes l'appelle-t-on la *note sensible*. Seulement il ne faut pas oublier que dans le mode mineur elle est artificielle et toujours indiquée par un accident que la clef ne signale pas.

La gamme mineure avec sa sensible est donc construite ainsi : *la, si, ut, ré, mi, fa, sol♯, la*, et elle a 3 demi-tons : *si-ut, mi-fa, sol♯-la*. Un défaut de cette gamme c'est d'avoir du *fa* au *sol♯* un intervalle d'un ton et demi, ou de *seconde augmentée*, dont l'intonation est difficile. En haussant la 6ᵉ note *fa* d'un demi-ton, on supprime cet intervalle gênant et l'on n'a plus que des tons et des demi-tons diatoniques :

La, si, ut, ré, mi, fa♯, sol♯, la.

Du reste l'une et l'autre de ces gammes mineures sont employées.

Une des bizarreries de la gamme mineure, c'est qu'elle peut ne pas être la même en descendant qu'en montant. On la trouve ainsi établie dans certaines méthodes :

La, si, ut, ré, mi, fa, sol♯, la (gamme montante).
La, sol♯, fa, mi, ré, ut, si, la (gamme descendante).

Mais on la trouve aussi avec la forme suivante dans certaines autres :

La, si, ut, ré, mi, fa♯, sol♯, la (gamme montante).
La, sol, fa, mi, ré, ut, si, la (gamme descendante).

Les gammes mineures sont, comme les gammes majeures, naturelles, diésées ou bémolisées. Le nombre et l'ordre des dièses et des bémols sont également les mêmes. Quant à la sensible des tons mineurs on sait qu'elle est indiquée par un signe accidentel.

Lorsqu'un ton majeur et un ton mineur ont la même armure à la clef, ils sont *relatifs*, c'est-à-dire qu'ils sont dans une certaine relation l'un avec l'autre. Chaque ton majeur a donc son ton relatif mineur et réciproquement. La gamme de *la* naturel *mineur* est une tierce mineure au-dessous de la gamme de *ut* naturel *majeur*. Cette relation existe pour toutes les autres gammes ; par conséquent, étant donné un ton majeur quelconque, on n'a qu'à prendre une tierce mineure au-dessous, on a son mineur relatif. Quelques exemples parleront tout à fait aux yeux (fig. 15 et 16).

Fig. 15.   Fig. 16.

Ceci posé, nous devons maintenant savoir dire quel est le ton d'un morceau et quel en est le mode.

Quand il n'y a ni dièses ni bémols à l'armure, on est en *ut* naturel *majeur* ou en *la* naturel *mineur*. Quand il y a un seul dièse, c'est-à-dire *fa*♯, comme nous avons vu que le dièse a servi à changer *fa* en *sensible*, la tonique est *sol*, et le relatif mineur est *mi*. S'il y a 2 dièses : *fa*♯ et *ut* ♯, c'est *ut dièse* qui sert de sensible, par conséquent la tonique est *ré*, et *si* le ton relatif mineur. D'où l'on peut tirer pour les dièses cette loi commode à retenir, c'est que le ton majeur est d'une *seconde mineure* au-dessus du dernier dièse. La loi des tons relatifs est connue.

S'il y a un seul bémol, par exemple *si*♭, comme nous avons vu que ce bémol servait à baisser d'un demi-ton la quatrième note d'une nouvelle gamme afin d'avoir le ½ ton réglementaire entre la 5ᵉ et la 4ᵉ note à partir de la tonique, il est bien évident que cette tonique se trouve d'une quarte au-dessous de la note bémolisée, et par conséquent c'est *fa* majeur. A-t-on 2 bémols, *si*♭ et *mi*♭? *mi*♭ joue le même rôle que le *si*♭ de tout à l'heure ; or nous savons que les bémols se suivent de *quarte* en *quarte* en montant ; donc l'*avant-dernier* bémol d'une armure quelconque sera toujours la note de la tonique majeure, et par conséquent la tierce mineure au-dessus du ton relatif mineur.

Il reste maintenant à savoir distinguer un ton majeur de son relatif mineur, ou un mineur de son relatif majeur. Or la similitude d'armures dans les deux modes semble devoir offrir un obstacle sérieux. Mais qu'on se rappelle l'altération accidentelle, non indiquée à la clef, que subit la sensible dans le ton mineur. Si on suppose que le ton du morceau est mineur, et qu'en cherchant dans les premières mesures on trouve devant la note présumée sensible du susdit ton mineur l'altération nécessaire pour former justement la sensible, c'est-à-dire un dièse ou un bécarre, on en conclut que le morceau est mineur.

Mais il faut tout prévoir. Il arrive parfois que dans les premières mesures d'un morceau l'altération cherchée n'existe pas pour une cause ou pour une autre. Il peut arriver aussi que le morceau, quoique majeur, renferme pour des besoins particuliers de mélodie ou de modulation des altérations momentanées et parmi ces altérations, celle de la sensible.

Alors, il faut regarder la note finale du morceau, qui est la *tonique*, sauf dans des cas tout à fait spéciaux, et tellement rares qu'ils ne peuvent infirmer la règle générale.

Du reste, dès qu'on sait un peu lire la musique, il suffit de se chanter intérieurement quelques mesures du morceau. Le mineur a un caractère qui n'appartient qu'à lui et qui ne saurait se confondre avec le majeur.

En résumé, abstraction faite des tons, nous n'avons dans la musique moderne, dans celle du moins qui est la plus généralement connue, que deux formes de gamme, la gamme majeure et la gamme mineure. Il n'en a pas été ainsi toujours ni partout; et, sans entrer dans le détail des gammes ou diagrammes de la musique grecque, sans exposer le système du plain-chant qui, à bien des égards, se rattache vraisemblablement à cette même musique grecque, nous dirons que le demi-ton, signe caractéristique et précis du mode majeur et du mode mineur modernes, flotte dans les échelles musicales antiques et dans celle de la musique d'église, et change de place selon les gammes. La musique de plusieurs pays orientaux, les chants populaires de certaines régions de l'Europe présentent aussi dans leurs gammes des intervalles et un dessin mélodique qui nous surprennent à première audition. Il ne faut donc pas croire que nos deux gammes soient les seules possibles. Des centaines de milliers d'hommes pendant des siècles en ont employé d'autres; des centaines de milliers d'hommes chantent aujourd'hui ou jouent des instruments dans des systèmes tout à fait différents de celui dont nous avons l'habitude. Nous pouvons pourtant dire avec une certaine satisfaction, en nous appuyant de l'opinion d'un savant musicien, Berlioz, qu'aucun système musical ne pourrait faire tout ce que fait le nôtre, tandis qu'il n'en est pas un dont le nôtre, avec quelques conventions faciles à établir, ne puisse produire tous les effets.

IV

Mesure. — La mesure a un langage écrit en musique. — Signes de la durée des notes — Contre-sens dans la dénomination des durées de certaines notes. — Rapports binaires. — Rapports ternaires. — Notes pointées. — Triolet. — Signes des silences. — Différentes espèces de mesures. — Temps. — Mesures simples. — Mesures composées. — Mesures binaires. — Mesures ternaires. — Les mesures ternaires étaient anciennement les plus fréquentes. — Mesures à 5 temps, à 7 temps. — Moyens d'indiquer l'intention du compositeur quant à la durée exacte et absolue des notes. — Anciennes indications de nuances dans le mouvement. — Indications plus modernes. — Insuffisance et vague de ces indications. — Essais pour trouver un moyen mécanique et mathématique de marquer le mouvement. — Le métronome.

Il n'est personne qui, en écoutant un air quelconque avec un peu d'attention, ne soit amené à remarquer que les sons de cet air offrent des différences non pas seulement au point de vue de l'acuité et de la gravité, mais encore à celui de la durée. Les uns persistent, les autres passent rapidement; il y a même aussi des instants où la phrase musicale s'interrompt, pour recommencer après des *silences* variables selon l'endroit où ils sont placés.

Si l'on continue à écouter avec attention, on remarquera en outre que l'air peut se *couper* pour ainsi dire en un certain nombre de petits fragments de la même durée, dont la mesure se trouve assez vite, parce qu'une intensité notable de son se produit à des endroits périodiques. C'est un fait que l'expérience confirme : On voit tous les jours à des concerts en plein air des soldats, des ouvriers, des enfants exécuter avec la tête, ou la main, ou le pied des mouvements qui reviennent à intervalles réguliers, en un mot *battre la mesure* selon l'expression consacrée.

Cette mesure qui se marque si naturellement, ces durées qui se font sentir si facilement sont donc essentielles à la musique, du moins à la nôtre, et doivent par conséquent s'écrire dans une langue intelligible, pour que les exécutants puissent les lire avec sûreté. En effet, il y a des signes de durée comme il y a des signes d'intonation, et même les notes indiquent les deux choses à la fois; mais les durées ne sont pas les mêmes; par conséquent les formes des notes ne sont pas les mêmes non plus. On a cherché pourtant à établir autant que possible des rapports méthodiques entre les différents signes de durée, afin de ne pas encombrer la mémoire d'une foule de figures, ce qui était dans les temps anciens une cause de confusion et de fatigue. Il n'en est pas moins vrai que, simplifiée comme elle l'est, la langue des durées et mesures est parfois encore assez pénible à lire très-couramment, et qu'elle constitue une des difficultés pratiques de la musique. La question est toujours à l'étude du reste, et pour ne citer qu'une école dont on a beaucoup parlé et dont on parle encore beaucoup, celle de Galin-Paris-Chevé a travaillé la mesure avec un soin particulier. Nous exposerons plus tard sa méthode générale. Pour le moment retournons à notre notation usuelle.

On suppose une unité de durée, susceptible d'être facilement *divisée* ou *multipliée*, peu importe; nous prendrons toutefois l'unité *divisible* comme point de départ. Cette fixation d'une unité de durée, servant d'étalon en quelque sorte, a tout ce qu'il faut pour satisfaire l'esprit. On comprend en effet que les différentes durées des sons entre eux sont trop variées pour être saisies sans hésitation. Elles doivent être ramenées dans leur diversité à une unité type qui régularise le mouvement, et avec laquelle elles soient dans un rapport immuable. Cette loi d'arithmétique musicale est un des premiers besoins de l'esprit humain, tellement que l'on voit bien des gens insensibles à toute espèce de mélodie ou d'harmonie, mais que l'on ne trouverait peut-être personne restant rebelle à une mesure bien accentuée.

Posons notre unité de durée : on l'appelle *ronde.*
On la divise en 2 : chaque moitié s'appelle *blanche.*
On divise la blanche en 2 : chaque moitié s'appelle.................................. *noire.*
Chaque noire vaut à son tour .... 2 *croches.*
Chaque croche se divise en.......... 2 *doubles-croches.*
Chaque double-croche en... .... 2 *triples-croches.*
Chaque triple-croche en............ 2 *quadruples-croches.*

Par conséquent la *ronde* vaut..
- 2 blanches.
- 4 noires.
- 8 croches.
- 16 doubles-croches.
- 32 triples-croches.
- 64 quadruples croches.

Voici comment on représente ces différentes valeurs :

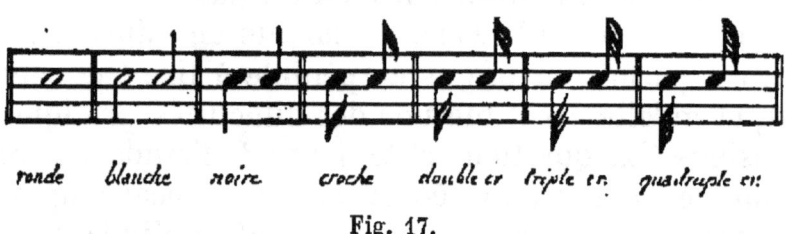

Fig. 17.

Lorsque plusieurs croches, doubles-croches, etc. se suivent, on remplace les crochets par des barres qui les relient. Exemple :

Fig. 18.

Les nécessités mélodiques peuvent quelquefois entremêler des valeurs différentes. On interrompt alors les barres et l'on a différentes constructions faciles à décomposer et à comprendre.

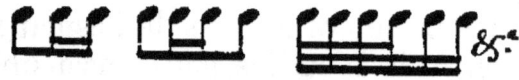

Fig. 19.

Pour le chant, on a l'habitude de ne mettre les barres

que lorsque plusieurs notes se suivent sur une seule et même syllabe. Les crochets sont réservés aux notes monosyllabiques. Voici un passage de l'*Orphée* de Gluck qui peut servir à ce sujet d'excellente démonstration :

Fig. 20.

Les expressions *doubles croches*, *triples croches*, *quadruples croches* sont, disons-le en passant, aussi mauvaises et aussi fausses que possible. Une double-croche n'est pas le double d'une croche; elle en est la moitié, de même qu'une quadruple croche ne vaut pas 4 croches, mais est le $\frac{1}{8}$ d'une croche. Le terme triple croche est encore plus absurde : il semble dire que la note de ce nom vaut 3 croches, tandis qu'au contraire la croche vaut 4 triples-croches. Il n'y a entre ces deux nombres 3 et 4 aucune espèce de relation; bien des commençants s'y trompent pendant longtemps, et on aurait grand tort de leur en vouloir. La cause de ces bévues se trouve dans le double, triple et quadruple crochet de la note. Si l'on disait simplement *demi-croche*, *quart de croche*, *huitième de croche*, on parlerait clairement. Les Allemands ont des expressions logiques qui marquent le rapport de la note avec la ronde : croche se dit *huitième*, double-croche *seizième*, triple-croche, *trente-deuxième* etc.

On trouve aussi quelquefois dans des morceaux qui ont un caractère archaïque une note double de la ronde. Elle se nomme la *carrée* de sa forme. Elle est empruntée à l'ancienne notation musicale. (Voir *brevis*, page 73.)

Nous n'avons parlé jusqu'ici que des notes qui étaient à l'égard de l'unité de temps dans des proportions représentées par des nombres tels que 2, 4, 8, 16 etc. Mais il y a des durées de son dont les rapports avec d'autres se chiffrent par 3, 6, 12, parce que la note dure 3, 6, 12 fois plus ou 3, 6, 12 fois moins que celle qui sert de terme de comparaison. Pour marquer cette nouvelle relation, on est convenu qu'un point placé après une note quelconque l'augmenterait de la moitié de sa durée. Ainsi une ronde pointée vaut 3 blanches, ou 6 noires, ou 12 croches; une blanche pointée vaut 3 noires, ou 6 croches, etc. et ainsi des autres.

Ces relations par 3 permettent de former entre autres un groupe de notes, fort commode et fort usité, dont il est impossible de ne pas parler. Il s'agit du *triolet* ou réunion de 3 notes égales équivalant comme durée à 2 notes ordinaires de même figure. On indique la qualité de ce groupe en plaçant un 3 au-dessus des notes qui en font partie.

Nous renvoyons le lecteur à n'importe quel traité de musique pour ce qui est du *double triolet*, du *sixain*, et autres groupes de notes qui ne sont que des dérivés de ceux dont nous venons de parler.

Jusqu'ici nous n'avons vu que la manière d'exprimer les sons prolongés ou les sons courts. Il nous faut maintenant dire comment se traduisent à l'œil les interruptions ou *silences*, qui ne sont pas la partie la moins importante de la *mesure*, mais qui contribuent au contraire à donner à certaines phrases musicales un caractère particulier.

De même que les notes, les *silences* ont des formes distinctes selon leurs durées, et chaque *note* a son équivalent en *silence*. Ainsi il y a le silence de ronde; on l'appelle *pause*; le silence de blanche, c'est la *demi-pause*; le silence de noire se nomme *soupir*; celui de croche *demi-soupir*; celui de double croche, *quart de soupir*; celui de triple-croche, *demi-quart* ou *huitième de soupir*; celui de quadruple-croche, *seizième de soupir*. En voici le tableau synoptique (fig. 21).

Il va de soi qu'une ronde pointée se représente par une pause plus une demi-pause; une blanche pointée par une demi-pause suivie d'un soupir, et ainsi de suite. Le point s'emploie aussi avec les silences comme avec les notes. Ainsi, un soupir suivi d'un point vaut trois demi-soupirs, un demi-soupir pointé vaut trois quarts de soupir.

Fig. 21.

N'oublions pas non plus qu'on peut mettre plusieurs points successifs soit après une note, soit après un silence, et que chaque point a pour effet d'augmenter le signe qui le précède immédiatement (note, soupir ou point lui-même) de la moitié de la valeur du susdit signe. Ainsi (fig. 22).

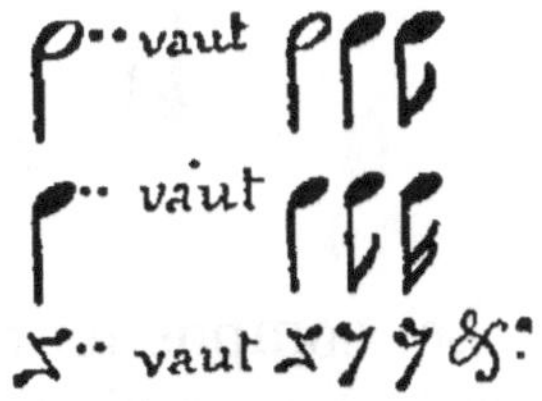

Fig. 22.

On conçoit que les compositeurs aient dû agencer et combiner à l'infini tous ces signes tant de silences, que de durées de notes. On conçoit également que, si dans une phrase musicale, les signes se suivaient tout bonnement sans rien qui les séparât en *tranches* égales par la durée, l'œil d'abord, l'esprit ensuite perdraient le sentiment de la *mesure* du morceau. Aussi, a-t-on fort à propos inventé de traverser les portées par des barres verticales qui servent de jalons. L'espace compris entre deux de ces barres s'appelle *mesure*. Remarquons en passant, à propos du terme *mesure*, cette nouvelle confusion de la langue musicale qui donne le même nom à des choses différentes.

Les barres qui nous semblent aujourd'hui, et avec raison, nécessaires à la bonne exécution d'un morceau, sont une invention relativement moderne et qui ne paraît pas remonter au delà des premières années du dix-septième siècle. Auparavant la valeur des notes suffisait pour lire un morceau. Il est vrai qu'on n'avait pas à déchiffrer de savantes combinaisons de notes ou de silences, comme on en trouve dans Bach, dans Mozart et dans Beethoven, pour ne parler que de ces trois-là.

La valeur de la *mesure* varie selon le morceau, selon la phrase et quelquefois selon la partie de la phrase. Pour rendre plus facile la lecture du contenu d'une mesure en général, on la divise en parties égales qu'on appelle *temps*. Il y a des mesures à 2 temps, à 3 temps et à 4 temps. Les mesures se battent avec la main qui prend successivement les positions ci-dessous indiquées et revient toujours au premier temps pour recommencer.

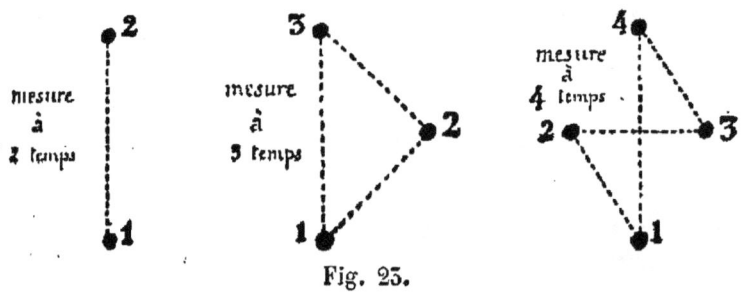

Fig. 23.

Le compositeur indique toujours son intention à ce sujet par un signe de convention placé en tête du morceau. Pour la mesure à 2 temps on met un C barré. Le chiffre 3 ou les deux chiffres $\frac{3}{4}$ indiquent une mesure à 3 temps. Enfin le chiffre 4 est le signe de la mesure à 4 temps.

L'unité de valeur est une *ronde* ou *quatre noires* pour la mesure à 4 temps, par conséquent une *blanche* ou *deux noires* pour la mesure à 2 temps, et une *blanche pointée* ou *trois noires* pour la mesure à 3 temps. Toutes les mesures qui renferment les valeurs de ces notes ou leurs équivalents sont dites *simples*.

Les mesures *composées* sont celles qui constituent des *fractions* ou *expressions fractionnaires* de mesures simples. On les indique par deux chiffres ; et, en partant de ce principe bien établi que la ronde est l'unité de durée, on comprendra facilement que le chiffre supérieur, espèce de numérateur, indique combien l'on doit trouver de notes dans la mesure présente, soit les notes elles-mêmes, soit leur équivalent ; et que le chiffre inférieur, à la façon d'un dénominateur, marque combien il faut de ces notes pour faire une ronde. Ainsi le signe $\frac{6}{8}$ indique que la mesure renfermera 6 croches ou $\frac{6}{8}$ de ronde.

Les combinaisons de notes au point de vue de la mesure sont très-nombreuses ; ainsi l'on trouve en tête de différents morceaux les formules suivantes :

$$\frac{2}{2} \quad \frac{3}{2} \quad \frac{2}{4} \quad \frac{3}{4} \quad \frac{6}{4} \quad \frac{9}{4} \quad \frac{12}{4} \quad \frac{2}{8} \quad \frac{3}{8} \quad \frac{6}{8} \quad \frac{9}{8} \quad \frac{12}{8}$$

que l'on comprendra immédiatement en les rapportant à la *ronde*. Donnons-en des exemples pour mieux parler aux yeux :

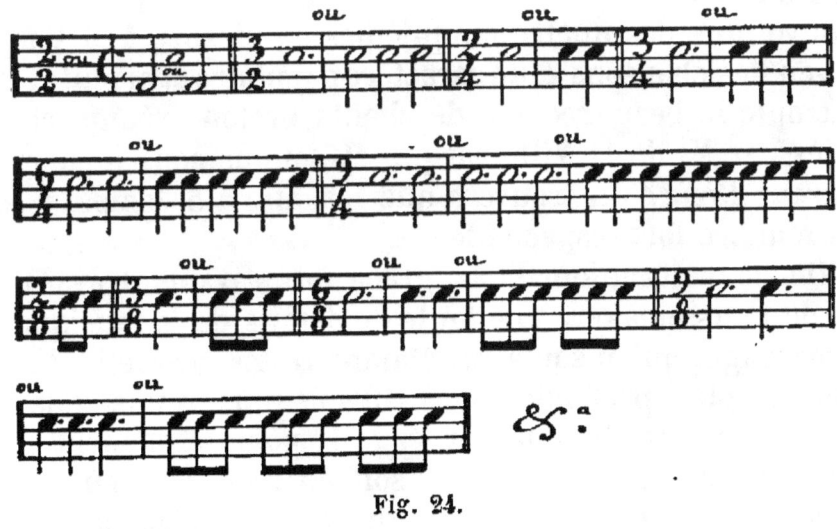

Fig. 24.

Pour reconnaître *à combien de temps* est la mesure dans les mesures composées, il suffit de voir si le signe composé de 2 chiffres qui se trouve en tête est divisible par 2, par 3 ou par 4. Ainsi les mesures à $\frac{2}{2} \frac{2}{4} \frac{6}{4} \frac{2}{8} \frac{6}{8}$ sont à 2 temps ; les mesures à $\frac{3}{4} \frac{9}{4} \frac{3}{8} \frac{9}{8}$ sont à 3 temps ; les mesures à $\frac{12}{4}$ et à $\frac{12}{8}$ sont à 4 temps.

On divise toutes les mesures en deux grandes classes :

les mesures *binaires* (*binus* en latin *double*) qui peuvent se partager en 2 temps égaux, et les mesures *ternaires* (*ternus, triple*) qui se partagent en 3 temps égaux.

Il est une question qu'on s'est posée bien souvent, et à laquelle on n'a guère répondu que par de vagues hypothèses, c'est de savoir ce qui a pu déterminer les musiciens à reconnaître comme nécessaires ces 2 ordres de mesures. A première vue, la mesure *binaire* semble la plus simple, la plus commode, la plus naturelle, celle qui s'ajuste le mieux au pas par exemple, ou à certains travaux manuels de tous les jours, par conséquent celle qui devrait être la plus usitée. Il n'en est rien pourtant. Quand on fait la revue d'un bon nombre de morceaux du quinzième et du seizième siècle, c'est-à-dire d'une époque où la musique était encore peu compliquée, on en trouve plus des quatre cinquièmes en mesure à 3 temps. Lit-on des chansons d'un caractère populaire et primitif, par exemple le beau recueil de chants bretons réunis et publiés par M. de la Villemarqué et connus sous le nom de *Barzaz Breiz?* On trouvera que les airs à 3 temps y sont en nombre fort respectable.

On connaît aujourd'hui, grâce aux savants travaux de M. de Coussemaker, une foule de détails de la musique du moyen âge, qui jusqu'à lui étaient restés ensevelis dans la nuit la plus profonde. Nous aurons plus d'une fois recours aux lumières de cet érudit; pour le moment nous ne nous servirons que de son édition des œuvres de *Adam de la Halle*, trouvère du treizième siècle. Adam était à la fois poëte et musicien. M. de Coussemaker a recueilli toute sa musique et l'a traduite en notation moderne. J'ai passé en revue tous les morceaux, un à un, prenant note de la mesure de chaque pièce. Le résultat de cet examen nous fournira un argument sans réplique. Voici les titres des ouvrages à musique du trouvère, le nombre des morceaux et l'indication des mesures :

1° 54 chansons, toutes à.................. ..... 3 temps.
2° 16 jeux-partis, tous à............. .. .. 3 temps.
3° 17 rondeaux, tous à.................... 3 temps.

4° 7 motets, tous à........................ 3 temps.
5° Le *Jeu de Robin et de Marion*, poésie dialoguée avec musique, tous les airs sont à... 3 temps.
6° Le *Jeu du Pélerin*, poésie où se trouvent deux petits airs à........................ 3 temps.

Devant cet emploi exclusif de la mesure ternaire, on serait tenté de se demander si même à de certaines époques on avait idée de la mesure binaire, ou si on ne la dédaignait pas absolument, et l'on se rappelle cette vieille tradition des siècles passés selon laquelle, le nombre 3 passant pour le plus parfait, la mesure ternaire était elle aussi appelée *parfaite*, et la mesure binaire *imparfaite*. On pourrait se livrer à de longues dissertations historiques, archéologiques et même esthétiques à ce sujet et augmenter le nombre des hypothèses déjà débitées, sans faire avancer la question d'un pas. On nous permettra donc de constater simplement les faits sans chercher à les expliquer.

On trouve quelquefois des morceaux écrits en mesure à 5 temps et même à 7 temps[1]. Ces mesures ne sont pas aussi faciles à suivre que les autres, mais employées par des musiciens de talent, elles peuvent produire des effets mélodiques originaux.

Il va de soi que les notes de même figure n'ont pas toujours la même durée; le degré de vitesse ou de lenteur dépend surtout du caractère du morceau et du sentiment qu'il doit exprimer. Ainsi des blanches dans un mouvement vif peuvent s'exécuter beaucoup plus vite que des noires dans un mouvement lent. En somme, ces termes *ronde*, *blanche*, *noire*, *croche*, *pause*, *demi-pause*, *soupir*, etc., marquent des durées relatives, et nullement le temps absolu qui appartient à chaque signe. Il a donc fallu chercher un moyen d'indiquer le mouvement vrai, réel, afin de rendre la vraie et réelle intention du compo-

1. Le grand compositeur Valentin Alkan en a donné des exemples dans ses œuvres. L'air de *viens, gentille dame* de la *Dame Blanche* se compose d'une mesure à 3 temps suivie d'une à 2 temps, et ces 2 mesures réunies font l'effet d'une mesure à 5 temps.

siteur, et de ne pas jouer vite ce qui lui était venu à l'esprit avec une allure lente et réciproquement.

Autrefois, on exécutait des danses dont les noms ne sont pas encore oubliés, bien que les danses elles-mêmes soient tout à fait tombées en désuétude. C'étaient l'*allemande*, la *courante*, la *gigue*, la *sarabande*, la *chaconne*, la *pavane*, etc. Les mouvements de ces danses étaient parfaitement fixés dans les mémoires, et les compositeurs, quand ils écrivaient un morceau, mettaient en tête un des mots précités, pour indiquer qu'il fallait le jouer, non dans le style et le caractère de la danse désignée, mais dans le mouvement et la mesure de cette danse. Qu'on feuillette les œuvres du célèbre Bach entre autres, on y lira en maint endroit ces différentes dénominations, et ce serait une erreur de croire qu'il ait eu, en les inscrivant, des intentions chorégraphiques.

Cependant la mode passa de ces danses, et d'ailleurs, quand elle n'aurait point passé, le nombre des mouvements qu'elles représentent devenait trop restreint pour le nombre des nuances de mouvement qu'exigeaient les progrès incessants de la musique. On créa alors toute une terminologie, italienne en grande partie, et on y joignit même selon le pays un certain nombre d'expressions particulières, servant d'indications. Qui n'a lu cent fois les mots *andante*, *allegro*, *presto*, par exemple, pour ne parler que des mots italiens?

Ce fut certainement un grand progrès, mais le champ resta encore trop ouvert aux interprétations individuelles des exécutants. Quand on sait que *largo*, *maestoso*, *larghetto*, *adagio*, *lento* désignent diverses variétés de lenteur; que *andantino*, *andante*, *moderato*, *allegretto* sont les différentes nuances d'une mesure modérée; que *allegro*, *presto*, *vivace*, *prestissimo* indiquent les degrés successifs de la vitesse, il reste encore à bien déterminer la variété, la nuance, le degré qu'on doit adopter sous peine de travestir son auteur. Il y a plus : la différence n'est pas de *largo* à *adagio*, d'*allegro* à *vivace*, mais d'*adagio* à *adagio*, d'*allegro* à *allegro*. La détermination de ces lenteurs ou de ces vitesses change pour le même morceau non-seulement selon le pays, mais encore selon le caractère, les goûts, le tempérament, l'humeur du musicien qui joue. Tant que subsiste le souvenir de la manière dont tel ou tel morceau était exécuté par le compositeur ou par ses contemporains, on ne peut jamais s'éloigner beaucoup de la véritable interprétation. Mais quand la tradition a disparu, l'œuvre risque fort d'être dénaturée. Pour remédier à un pareil inconvénient, on songea à inventer une machine qui pût fournir au compositeur le moyen de fixer pour l'avenir, avec une rigueur mathématique, l'indication du mouvement, tel qu'il le sentait et le voulait.

Les essais furent nombreux, et dès la fin du dix-septième siècle on voit les musiciens et les mécaniciens s'étudier à résoudre ce problème. On ne sait plus trop aujourd'hui comment étaient faites ces diverses machines, mais on sait les noms de leurs auteurs, et il paraît même que quelques-unes d'entre elles rendirent quelques services dans leur temps. On peut citer comme un des premiers chercheurs dans cette voie, le savant physicien et mathématicien Sauveur (1653-1716), qui fit faire de grands progrès à l'acoustique musicale et se trouva par la nature de ses études amené à s'occuper de l'évaluation précise du temps au point de vue de la musique. Il inventa un instrument destiné à fixer la valeur particulière des *durées* : cet instrument s'appelait à bon droit *chronomètre*. Le professeur Burja de Berlin, les chantres Weisske de Meissen, et Stackel de Burg imaginèrent d'autres machines qui s'appelèrent *métromètres* ou *métronomes*. Mais l'instrument le plus satisfaisant fut celui qui date du commencement de ce siècle, et qui porte encore aujourd'hui le nom du mécanicien Léonard Maelzel, bien qu'une partie de l'honneur de cette découverte semble devoir appartenir à Gottfried Weber et à Winkel d'Amsterdam. Le *métronome* (fig. 25) (du grec μέτρον mesure, et νόμος loi) *de Maelzel* se compose d'un balancier enfermé dans une petite boîte en forme de pyramide, et dont les oscillations s'exécutent avec un bruit sec et net. Ces oscillations sont accélérées ou ralenties selon que l'on baisse ou que l'on hausse un poids mobile porté sur une tige adaptée au balancier. Les numéros d'une échelle placée derrière le balancier indiquent le nombre des oscillations qu'il exécute dans une minute. Ainsi 50, 60, 80, etc., indiquent que, si le poids indicateur est au niveau d'un de ces

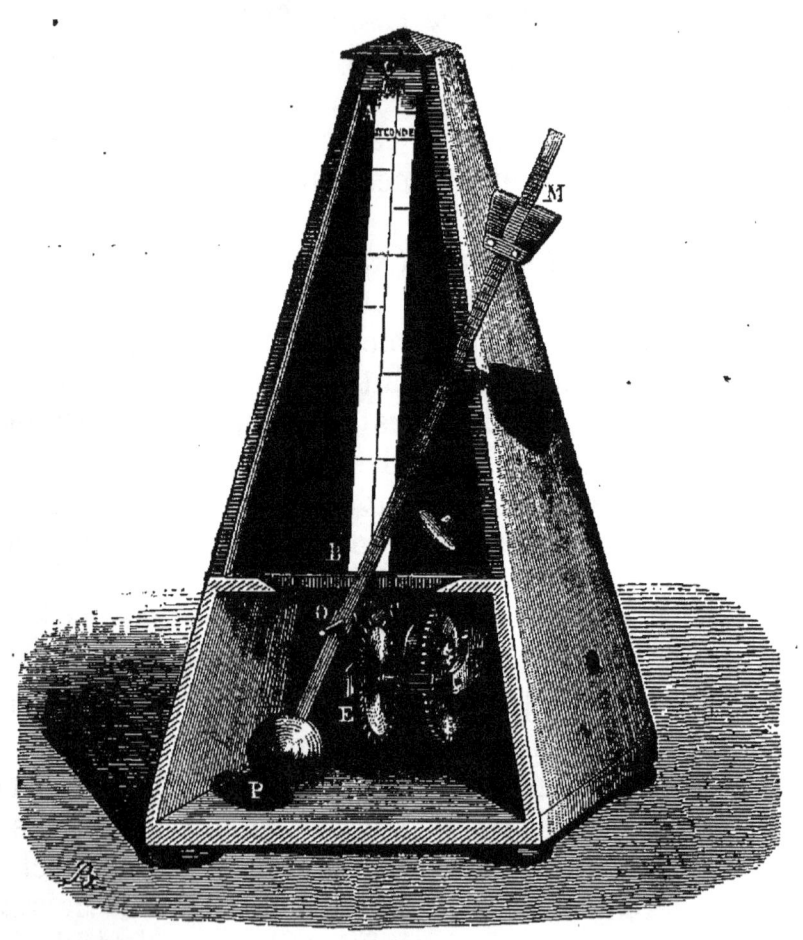

Fig. 25.

numéros, le métronome donne 50, 60, 80, etc., oscillations par minute. Le métronome donne 28 degrés de mouvement. En changeant la valeur musicale des oscillations du balancier, qui peut être celle d'une croche, noire, blanche, ou même d'une mesure entière quelconque, on obtient une série de près de 200 mouvements qui expriment véritablement toutes les nuances perceptibles.

Beaucoup d'auteurs ont pris l'habitude, depuis l'invention de cet instrument, de mettre en tête de leurs morceaux un numéro qui reproduit le numéro du métronome correspondant au mouvement qu'ils veulent donner à leur œuvre. Toutefois, il ne faudrait pas avoir pour le métronome une obéissance aveugle ; on risquerait fort de jouer comme une mécanique. Cet instrument donne de bonnes indications, et voilà tout ; encore faut-il les soumettre au contrôle du sentiment musical, si on en est doué. Schindler, qui nous a laissé des détails intéressants sur la vie de Beethoven, raconte une aventure tout à fait concluante au sujet du rôle de cette machine.

« Beethoven, dit-il, me pria de faire une copie des mouvements préparés pour Schott (éditeur de musique). La mienne devait être envoyée à Londres avec la 9ᵉ symphonie ; mais au moment du départ, elle ne se retrouva plus. Il fallut donc recommencer le travail et marquer de nouveau tous les mouvements. A peine Beethoven avait-il fini cette besogne, que je retrouvai ma copie. En la comparant aux nouveaux mouvements, nous vîmes qu'elle en différait entièrement dans tous les morceaux de la symphonie. Beethoven s'écria dans son humeur : « Pas de métronome ! Celui qui a un sentiment juste n'en a pas besoin. Quant à celui qui en est dépourvu, le métronome ne lui sera d'aucune utilité, il fera courir par là tout l'orchestre. »

V

DE L'EXPRESSION DANS LA MUSIQUE. — Dans quelles limites doit se renfermer l'expression. — Elle ne doit pas être une *réalité*, mais une *imitation*. — Il y a des règles pour l'expression. — Quelques-uns des moyens d'expression de l'exécutant. — L'expression peut s'indiquer. — Comment le compositeur *écrit-il* l'expression. — Harmonie imitative : en littérature; en musique. — Exagérations. — Limites.

On entend tous les jours des chanteurs ou des instrumentistes qui exécutent des morceaux de musique avec une perfection rare d'intonation et une correction irréprochable de mesure. Il peut même arriver que la voix ou que l'instrument qui chante ait, avec une grande beauté de son, une agilité remarquable et une rare souplesse. Nous écoutons quelque temps avec plaisir, mais nous finissons par trouver que cette beauté toujours la même est fatigante et ennuyeuse. Nous pensons à une machine bien organisée, nous ne sommes ni charmés, ni émus. Que manque-t-il à cet instrument, à cette voix ?

Il leur manque ce qui fait l'âme, la vie, la poésie de la musique; il leur manque l'*expression*, sans laquelle il n'y a pas de véritable artiste, quelle que soit d'ailleurs l'habileté de son mécanisme; l'expression, en faveur de laquelle nous pardonnons une exécution parfois incorrecte; l'expression, qui nous fait oublier des pauvretés ou des rudesses de timbre et de sonorité; l'expression, qui est la partie la plus émouvante de la musique, la plus accessible aux intelligences même les moins musicales, parce qu'elle est la manifestation, la traduction, le signe du sentiment.

L'expression en musique est, d'une manière générale, l'ensemble des accents et des intentions que le compositeur met dans un morceau, et que l'exécutant exprime et traduit quand il joue ce morceau. Le compositeur donne de l'expression à ses œuvres en les écrivant d'une manière qui soit en rapport avec les sentiments qu'il éprouve et qu'il veut faire éprouver. L'exécutant donne de l'expression aux morceaux en restant fidèle aux intentions de l'auteur : il faut qu'à la justesse de l'intonation, à la correction de la mesure et du rhythme, il joigne des inflexions de voix tendres, passionnées, fières, douloureuses, tristes, gaies, qui fassent venir à l'âme de l'auditeur des sentiments analogues aux sentiments exprimés. C'est de cette concordance de sentiments, de cette sympathie qui s'établit entre l'artiste et ceux qui l'écoutent, que naissent ces effets véritablement prodigieux, ces émotions toutes puissantes qui sont le suprême effort et le plus noble résultat de l'art musical.

Une remarque importante à faire, c'est que l'expression ne doit pas être la *réalité*, mais l'*imitation* intelligente du sentiment. Prenez par exemple un de ces airs gais, badins, folâtres dont la musique bouffe italienne est si riche. Il est bien évident que le chanteur devra, non pas *rire*, ce qui serait la vérité réelle, et en même temps la négation de l'art, mais *donner l'idée* du rire par la rapidité, la légèreté, les inflexions joyeuses de sa voix. S'agit-il au contraire d'une situation terrible, comme celle d'Arnold à qui Guillaume Tell vient d'annoncer le meurtre de son père ? Que l'artiste mette dans ses accents de la douleur et du désespoir, mais en respectant religieusement les intonations et le rhythme de l'admirable phrase écrite par Rossini. Si sa douleur était trop *réelle*, si au lieu de chercher à rendre l'effet que produisent les larmes, le chanteur s'avisait de pleurer lui-même, il compromettrait la puissance d'émotion que le génie du compositeur a donnée à la mélodie, et pourrait bien obtenir un résultat absolument contraire à celui qu'il attendait.

On obtiendra en général l'expression dans le chant de la voix ou dans le jeu des instruments par des manières particulières de modifier le timbre ou d'attaquer la note ; par des variations dans l'intensité du son ; par des changements dans le mouvement de la phrase, qu'on accélèrera ou qu'on ralentira, mais sans altérer le rhythme; par des accentuations en rapport naturel, clair et intelligible avec le sentiment qu'on veut rendre.

Ces différentes nuances peuvent être *écrites* dans la langue musicale au moyen de signes, de lettres et de termes de convention. La simple lecture d'un certain nombre de ces indications et de leur traduction suffira pour montrer de quelles richesses d'expression dispose un compositeur.

EXEMPLES DE NUANCES DE FORCE ET DE DOUCEUR DES SONS.

FFF.		le plus fort possible.
FF	*fortissimo*	très-fort.
F	*forte*	fort.
MF	*mezzo-forte*	à moitié fort.
MV	*mezza voce*	à demi-voix, à demi-son.
Sot. voc.	*sotto voce*	— —
P	*piano*	doux.
PP	*pianissimo*	très-doux.
PPP		avec le plus douceur possible.

EXEMPLES DE NUANCES DE GRADATIONS DANS LES SONS.

Sf. ou Sfz	*sforzando*	en forçant, en renforçant le son subitement.
Rinf. ou rfz	*rinforzando*	en renforçant le son insensiblement.
Cresc.	*crescendo*	en augmentant le son progressivement.
Decresc.	*decrescendo*	en diminuant le son de force.
Smorz.	*smorzando*	en diminuant progressivement jusqu'à ce que le son se perde tout à fait.
Mor.	*morendo*	
Perd.	*perdendosi*	
FP	*forte-piano*	la première note forte, la deuxième faible.
PF	*piano-forte*	l'effet contraire.

EXEMPLES DE NUANCES DE SENTIMENTS, D'INTENTIONS.

Cant.	*cantabile*	chantant (expression et grâce).
Aff⁰	*affettuoso*	affectueusement.
Amor⁸⁰	*amoroso*	avec tendresse.
Con del²²	*con delicatezza*	avec délicatesse.
Con anˢ	*con anima*	avec âme.
Con f⁰⁰	*con fuoco*	avec feu.

Con br.......	*con brio*.......	d'une manière brillante.
Fier^{te}........	*fieramente*.....	avec fierté.
Ris^{to}.........	*risoluto*	résolument.
Scherz.......	*scherzando*	en badinant (mouvement rapide).
Ag^{to}..........	*agitato*........	avec agitation, sans régularité dans le mouvement.

et autres du même genre qui se comprennent facilement.

Les compositeurs modifient encore les vitesses de mouvement ou les intensités de son par des mots qu'ils ajoutent à l'indication principale lorsqu'ils veulent indiquer une nuance tout à fait particulière. Dans la musique moderne surtout, ces indications ont souvent la valeur d'un petit commentaire et ne laissent aucun doute sur les atténuations, augmentations et restrictions que les auteurs ont eues en vue.

A la question de l'expression se rattache celle de l'*harmonie imitative*. On sait que dans la littérature on appelle harmonie imitative une certaine habileté de style qui consiste à donner des choses une idée caractéristique et frappante même pour l'oreille. Les sons des mots, l'arrangement des propositions produisent alors une impression de douceur ou de rudesse, de lenteur ou de rapidité, de majesté ou de brusquerie en rapport avec la nature des idées et des sentiments exprimés. Qu'on ouvre n'importe quel grand auteur, on trouvera des exemples intéressants de cette harmonie. Lorsque nous lisons dans Virgile le vers :

> Insonuere cavæ gemitumque dedere cavernæ

la monotonie sourde des finales de tous les mots, sauf un, rend très-bien le sourd bruissement qui s'échappe des flancs de l'énorme cheval de bois ébranlé par la javeline de Laocoon. Le même Virgile veut nous peindre les efforts pénibles que fait le géant Encelade pour soulever la masse de l'Etna qui l'accable : *urgeri mole hac*, dit-il avec une sorte d'hiatus dur et lourd qui donne une sensation d'écrasement. Veut-il nous montrer un bœuf qui tombe tout d'un coup, frappé par la main puissante du vieux lutteur Entelle? un simple monosyllabe pesant placé à la fin du vers exprime à la fois la chûte subite de l'animal et la lourdeur de cette chûte : *procumbit humi bos*. On a cité nombre de fois ces expressions si pittoresques :

Le coche arrive au haut. (La Fontaine.)
Siffle, souffle, tempête. (Id.)
L'essieu crie et se rompt. (Racine.)
Quoi! dit-elle d'un ton qui fit trembler les vitres. (Boileau.)
Et l'orgue même en pousse un long gémissement. (Id.)

Il est bien évident que dans ces différents passages tant latins que français, la *forme* même des mots, c'est-à-dire le *son*, peint l'action ou l'objet et ajoute de la force à l'expression. Est-ce à dire pour cela qu'il faille systématiquement chercher ces agencements de sons ? Non certes, car on n'arriverait qu'à un résultat mesquin, et qui sentirait l'effort. Il faut que l'harmonie jaillisse de l'inspiration ; et d'ailleurs c'est toujours ce qui a lieu dans les écrivains de premier ordre : ils cherchent avant tout la justesse de la pensée et ils atteignent tout naturellement la justesse de l'expression et la convenance de l'harmonie.

Il en est de même en musique : le rapport du son à l'objet est un élément tout puissant d'expression, et les musiciens qui ont à leur disposition, non pas de simples mots, mais des timbres variés d'instruments et de voix, et des ressources infinies de mouvement et de rhythme, ont de tout temps éprouvé la tentation de *peindre* avec des sons. Les plus grands compositeurs ont laissé en ce genre des œuvres remarquables, non-seulement sous la forme de l'oratorio ou de l'opéra, où les paroles aident à comprendre, mais encore sous la forme de symphonie. La *Création* et les *Saisons* d'Haydn, le *Requiem* de Mozart, un grand nombre de scènes de Gluck, de Rossini, de Meyerbeer, de Weber, de Gounod, de Félicien David, de Wagner, de Reyer peuvent faire voir toute la puissance et toute la vérité d'expression qui résultent de l'union de la musique et de la parole ; la *Symphonie pastorale* de Beethoven, la *Marche funèbre* de sa *Symphonie héroïque*, bien des pages de Chopin, de Berlioz, d'Alkan peuvent prouver comment, rien

qu'avec des sons, un musicien inspiré peut traduire des sentiments. Hâtons-nous de dire cependant que dans aucun cas il ne faut demander à la musique autre chose que ce qu'elle peut donner. La musique a des couleurs, des contours, des lignes toujours un peu vagues, qui ne sont pas, qui ne peuvent pas être d'une exactitude minutieuse, et qui éveillent des impressions plutôt qu'elles ne représentent des idées ou des tableaux. Certaines sonorités, certains accords, certaines modulations, certains rhythmes nous font songer à telle ou telle chose, en produisant dans l'esprit ce phénomène rapide et curieux qu'on appelle *association des idées*. Il y a des phrases musicales et des timbres d'instruments qui évoquent en nous la pensée de la guerre, de la chasse, de la tempête, du calme. Lorsque dans le *Pré-aux-Clercs* « le couvre-feu fait entendre sa phrase
« mélancolique, traînante comme l'heure, mourante comme
« la clarté du jour... l'esprit se représente l'horizon embrasé qui pâlit peu à peu, les bruits de la ville qui expirent, le sommeil qui déploie ses ailes grises dans le
« crépuscule, le murmure de la Seine qui reprend son
« empire à mesure que les chants et les cris humains s'éloignent et se perdent [1] ».

La musique peut même faire songer à certains états particuliers de l'âme, la douleur, la rêverie, l'extase; mais il ne faut pas qu'elle aspire à les décrire de point en point : une pareille recherche d'exactitude ne produirait que des séries de notes courant l'une après l'autre sans se tenir, et promenant l'esprit à travers des divagations fatigantes. On sait qu'Haydn avait l'intention de faire exprimer à l'orchestre la confusion du chaos et les merveilles des six jours, les enlacements et les replis du serpent et le sourd fourmillement des insectes ; on sait qu'il voulait dépeindre avec des sons la neige, la chaleur, le soleil. Il faut bien avouer que quand il avait de pareilles idées il oubliait les règles, les lois et les limites de son art; qu'il s'exposait à devenir ou inintelligible ou pédant, et qu'il alourdissait, en la rendant

---

[1]. G. Sand, *Lettres d'un voyageur.*

parfaitement ennuyeuse, la musique dont la puissance est toute de sentiment et de passion.

Il ne faut pas oublier d'ailleurs que les formes mélodiques et les combinaisons harmoniques laissent toujours à l'imagination une part immense d'invention et de rêverie, et que, quand les paroles ne sont pas là pour fixer l'attention sur un point déterminé, ou même tout simplement quand on ignore le titre du morceau qui est joué, on peut devenir assez facilement la dupe de ses sensations musicales et se laisser aller à de bien étranges erreurs. Il suffit que l'imagination prenne son vol en partant d'une idée préconçue; il n'en faut pas plus pour se créer toute une histoire qui n'aura souvent aucun rapport avec l'intention du compositeur. N'a-t-on pas vu un admirateur de Beethoven, un esprit de premier ordre dans les choses d'art, un auteur qui a écrit sur la musique des pages d'une émotion profonde et d'une éloquence admirable, faire de la *Symphonie pastorale* un poëme inspiré du *Paradis perdu* de Milton, et placer la chûte de l'ange rebelle là où le compositeur fait chanter la caille et le rossignol. Le même écrivain a réparé toutefois cette naïve et étrange méprise en parlant ailleurs de la même œuvre dans un style digne d'elle. « Plus exquise
« et plus vaste que les plus beaux paysages en peinture,
« la *Symphonie pastorale* de Beethoven n'ouvre-t-elle pas à
« l'imagination des perspectives enchantées, tout un para-
« dis terrestre où l'âme s'envole, laissant derrière elle et
« voyant sans cesse s'ouvrir à son approche des horizons
« sans limites, des tableaux où l'orage gronde, où l'oiseau
« chante, où la tempête naît, éclate et s'apaise, où le soleil
« boit la pluie sur les feuilles, où l'alouette secoue ses
« ailes humides, où le cœur froissé se répand, où la poi-
« trine oppressée se dilate, où l'esprit et le corps se ra-
« niment et, s'identifiant avec la nature, retombent dans
« un repos délicieux [1] ».

Quant aux extravagances d'harmonie imitative, elles ont été de tout temps innombrables, et ne semblent pas près de

---

1. G. Sand, *Lettres d'un voyageur*.

prendre fin. Elles naissent de ce besoin de faire de l'effet qui porte un esprit faux à frapper fort au lieu de frapper juste, et à prendre des sons pour des idées. La littérature mécanique a pour digne pendant la musique mécanique. Ronsard et son école prétendaient reproduire par les mots jusqu'au chant et au vol de l'alouette, et croyaient avoir fait merveille dans les vers suivants :

> Elle est guindée du Zéphire,
> Sublime en l'air vire et revire,
> Et y déclique un joli cri,
> Qui rit, guérit, et tire l'ire
> Des esprits mieux que je n'écris.

Un traducteur de Virgile au dix-septième siècle voulant rendre le « *procumbit humi bos* » du poëte latin, vous expliquait à grands renforts de commentaires qu'il avait heureusement lutté avec son modèle en produisant la belle chûte de vers suivante :

> . . . . . à bas tombe le bœuf.

Ces sottises existent aussi dans la musique, et l'on a vu de prétendus compositeurs descendre jusqu'à l'imitation matérielle et puérile. Ce ne sont plus des combinaisons de notes ou d'instruments qui sont employées : si ennuyeuses, si lourdes, si inintelligibles qu'elles soient, elles ressemblent encore à des sons, et cela ne suffit pas aux *réalistes* de l'art musical. Beethoven vous donne l'idée du vent et de la tempête avec quelques gammes chromatiques admirablement préparées et placées ; ils introduiront, eux, dans leur orchestre des plaques de tôle qu'on agite, des pois secs qu'on fait glisser dans un tube d'étoffe, d'énormes crécelles dont les dents craquent. Leur idéal est de vous donner la sensation matérielle et brutale de la pluie, du vent et du tonnerre. Dans un morceau de musique où il sera question de chevaux et de voiture, les claquements de fouet feront leur partie, et s'il s'agit d'une scène militaire, les coups de pistolet, de fusil et même de canon viendront compléter l'harmonie. De pareilles aberrations montrent jusqu'où va le faux goût des auteurs qui produisent de semblables niaiseries, et du public qui les écoute. En tout cas, ce n'est même plus de la mauvaise musique qui remplace les idées par les sons; c'est de l'impuissance qui remplace les sons par le bruit.

VI

Notations diverses. — (Deux grandes divisions : notations par lettres alphabétiques; notations par signes conventionnels. — Notations chez les peuples de l'Orient. — Chez les Grecs. — Chez les Romains. — Notation attribuée à Boèce. — Notation attribuée au pape Saint-Grégoire. — Neumes. — Opinions diverses sur leur origine. — Progrès de la notation neumatique du huitième siècle à la fin du douzième. — Progrès amenés par le principe de la hauteur respective des signes. — Introduction d'une ligne indicatrice. — Améliorations remarquables de Gui d'Arezzo. — La portée musicale se complète. — Origine des *clefs* de la notation moderne. — Transformation des neumes en notation carrée, fin du onzième siècle et douzième siècle. — La notation moderne est née de la notation carrée. — Tablature d'orgue de la fin du seizième siècle. — Tablature de luth du commencement du dix-septième siècle. — Notation des facteurs de pianos. — Indication des tons en lettres sur les morceaux de musique de certains peuples modernes. — Notation par chiffres de J.-J. Rousseau. — Notation par chiffres de l'École Galin-Paris-Chevé. — Notation sur deux portées de trois lignes.

La musique est donc une langue qui, comme toutes les langues, a son alphabet. Les signes qui traduisent le son, la durée et la mesure s'appellent *notes* et l'ensemble de ces signes s'appelle *notation*.

Il ne faudrait pas croire que la *notation* musicale a toujours été ou est partout la même. Elle a varié et elle varie selon les temps et les peuples, selon les besoins et les systèmes musicaux de ces peuples ou de ces temps[1].

[1]. Nous ne voulons pas dans ce livre, purement élémentaire et *descriptif*, faire même en abrégé une histoire de la musique, ni exposer les différentes théories musicales qui ont pu exister. Le sujet est encore trop vague en bien des points, malgré les travaux sagaces et consciencieux de certains érudits musicologues et musiciens. La question musicale dans l'antiquité et au moyen âge est remplie d'hypothèses : elle exige, pour être étudiée avec soin, deux choses presque contradictoires, d'une part, qu'on soit bon musicien, et de l'autre, qu'on fasse abstraction de ses connaissances et de ses idées en musique

En comparant les différentes notations que l'on connaît, on peut d'abord faire une remarque, c'est qu'elles se partagent toutes en deux systèmes distincts. Dans l'un, les signes se traduisent par les lettres alphabétiques laissées dans leur intégrité ou légèrement modifiées, de manière à être reconnaissables. Dans l'autre, on a jugé à propos d'employer des signes de convention qui n'ont aucun rapport avec les lettres. Le premier système a été mis en pratique par la plupart des peuples anciens. Le second a été adopté par les modernes. Quant à la notation par chiffres qui est usitée de nos jours dans l'école Galin-Paris-Chevé, elle peut rentrer jusqu'à un certain point dans la classe de la notation par *lettres*. La notation par signes spéciaux a été longue à se former, mais elle a constitué un véritable progrès, et, comme instrument, il est certain qu'elle a facilité le travail, augmenté les ressources et contribué au développement de l'art musical.

Les savants nous apprennent que chez les peuples de l'Inde et de la Chine la notation musicale était employée dès les temps les plus reculés de l'histoire. Cette notation consistait en signes empruntés aux lettres de l'alphabet ou aux caractères radicaux de la langue. Les différences d'octaves s'indiquaient par des dispositions ou modifications particulières apportées à ces lettres ou caractères. D'autres signes accessoires marquaient la durée des sons.

Comme on n'a aucun monument relatif au système musical de l'antique Égypte ou de la Judée, on est dans une ignorance complète de la notation dont pouvaient se servir les peuples de ces contrées.

Les Grecs ont employé les lettres de leur alphabet. A

---

moderne. Or notre livre s'adresse à ceux qui ne sont pas musiciens du tout, non pour leur apprendre la musique, mais pour leur faire comprendre ce que c'est que la musique, à titre de manifestation curieuse de l'esprit humain. Nous n'essaierons donc pas de traiter la matière à un point de vue qui demanderait des volumes et entraînerait dans des discussions, objections, réfutations et expositions dénuées d'agrément ou d'intérêt pour la plupart de nos lecteurs. Nous n'emprunterons à l'histoire des théories musicales que ce qui nous sera indispensable pour élucider le sujet, et cela dans la stricte mesure de notre plan.

l'origine leur système musical était simple et leurs mélodies peu étendues : les airs ne montaient ni ne descendaient beaucoup ; il suffisait de placer quelques lettres déterminées au-dessus des syllabes à chanter. Mais peu à peu leur musique se compléta et se compliqua ; on ajouta des notes, puis des nuances aux notes ajoutées ; le nombre des *modes* augmenta ; on imagina d'écrire la partie des instruments avec une notation différente de celle de la voix. Il fallut donc un grand nombre de signes ; l'alphabet tout entier fut épuisé et ne suffit pas. On donna aux lettres des positions variées : on les coucha, on les retourna, on les inclina dans un sens ou dans l'autre, on les rogna, on y ajouta. Cette complication et cette multiplicité de signes créèrent, comme on peut le penser, des difficultés considérables. Il paraît qu'on était obligé de passer déjà plusieurs mois, certains auteurs disent plusieurs années, à étudier les signes pour les posséder complètement. On ne s'entend pas du reste sur le nombre de ces signes : dans les livres des érudits modernes on le voit varier de 1860, ce qui est beaucoup, à 44, ce qui n'est guère. On a donné d'autres nombres : 1620, 990, 90, 140. Il est visible que la question n'est pas claire et qu'on n'est pas près de s'accorder.

Je donne ici, sans autre explication et comme pure curiosité pittoresque, un fragment suivi de la double échelle des signes employés par les Grecs dans le *trope* ou *mode hypodorien* par exemple[1] :

Fig. 26.

Il n'est pas besoin d'en voir davantage pour remarquer : des lettres grecques dans leur forme et position naturelles,

---

1. Emprunté à M. Ch. Ém. Ruelle dont le nom fait autorité en ces matières.

d'autres gardant leur forme, mais changeant leur position, d'autres enfin prenant la forme archaïque ou se transformant tout à fait.

Le signes s'écrivaient au-dessus des paroles, sur une seule ligne horizontale; la forme seule du signe indiquait la hauteur relative de la note. Si la musique devait être à la fois chantée et jouée sur les instruments, on écrivait deux lignes de signes; la supérieure, paraît-il, était la ligne instrumentale. Les Grecs avaient en outre des signes pour marquer le rhythme.

Les Romains, peu inventeurs de leur nature, et qui dans les arts n'ont guère été que des plagiaires, ne paraissent pas avoir eu d'autre système musical que celui des Grecs et, par conséquent, d'autre notation que la notation alphabétique, en lettres romaines, bien entendu. Le philosophe Boèce, qui était versé dans toutes les questions musicales théoriques et même pratiques, puisqu'il faisait fabriquer des instruments, a émis l'opinion que la notation des Romains consistait dans les 15 premières lettres de leur alphabet. On trouve aussi exprimée par certains auteurs l'assertion fort raisonnable que la multiplicité des signes romains se ressentait de celle des signes grecs, et que ce fut Boèce qui, au sixième siècle, réduisit ce grand nombre à 15 ou à 17 lettres.

Une opinion plausible, mais qu'on ne peut appuyer sur des faits incontestables, c'est que le pape saint Grégoire, ayant remarqué que les rapports des sons demeurent exactement les mêmes dans chaque octave, réduisit à son tour la notation de Boèce aux 7 premières lettres. Dans ce système, si une mélodie dépassait les limites de l'octave, on employait pour la première octave les lettres majuscules, pour la seconde les minuscules, et on les doublait pour la troisième. Du reste que la réforme vienne de saint Grégoire ou d'un autre, ce qui est sûr, c'est que la notation boétienne et la notation grégorienne ont été usitées au moyen âge. M. de Coussemaker cite trois exemples parfaitement authentiques de notation boétienne; ce sont : 1° un manuscrit du onzième siècle de l'abbaye de

Jumiéges ; 2° l'office de saint Thuriave, évêque de Dol en Bretagne, dans un manuscrit du onzième siècle ; 3° l'antiphonaire de Montpellier. Les deux derniers ouvrages sont écrits également en *neumes*, ce qui fournit de précieux renseignements pour l'étude de la notation *neumatique*, dont nous dirons quelques mots. Quant à « la notation dite grégorienne, elle se trouve répandue dans une foule de manuscrits. La plupart des didacticiens du moyen âge ont noté leurs exemples de musique dans ce système ; mais on ne connaît pas de livres liturgiques écrits en entier dans cette notation. » (De Coussemaker, *Harmonie au moyen âge*.)

Pendant les huitième, neuvième, dixième, onzième et douzième siècles, les manuscrits sont notés avec des signes particuliers et qui n'ont de rapport avec les lettres d'aucun alphabet. Ces signes sont de deux sortes : les uns, sous la forme de points, de virgules, de traits horizontaux, ou plus ou moins inclinés, représentaient des sons isolés ; les autres, sous la forme de crochets et de traits contournés et liés de différentes manières, représentaient des groupes de sons.

Le nom que devaient porter ces signes a été l'objet de savantes contestations. Nous résumerons ce qu'on a pu écrire à leur sujet en disant, d'après des autorités compétentes, que c'est plus que probablement à ces signes qu'on appliquait la dénomination de *neumes*. M. de Coussemaker, dans son bel ouvrage de l'*Harmonie au moyen âge*, se range à l'opinion émise par Ducange, qui déclare que les notes musicales au moyen âge s'appelaient *neumes*, et que *neumer* voulait dire *noter*.

M. de Coussemaker avance aussi l'opinion que « de ces virgules, de ces points, de ces traits couchés et horizontaux sont nées la longue, la brève et la semi-brève de la notation carrée, usitées dans la musique mesurée du douzième et du treizième siècle », et que « les crochets, les traits diversement contournés et liés ont produit les ligatures ou liaisons de notes de cette même notation ». Cet écrivain donne du reste des raisons fort plausibles de cette dérivation, et les exemples qu'il cite à l'appui ont tout le caractère de la vraisemblance.

La question de l'origine des *neumes* est encore plus controversée que celle de leur rôle ou de leur valeur. Les érudits s'accordent bien pour assigner à leur usage une date antérieure même au huitième siècle, quoique les plus anciens livres écrits en neumes ne remontent pas au delà de ce siècle; mais là s'arrête l'accord. L'un [1] déclare que les neumes ont été les *notes romaines* dont saint Grégoire se serait servi pour noter son antiphonaire. Un autre [2], complétant le précédent système, donne aux neumes la même origine qu'aux notes graphiques et tachygraphiques ordinaires, en usage chez les Romains. Ces deux opinions semblent contredire la théorie des lettres exposée par Boèce; mais cette contradiction n'est qu'apparente. Boèce, dans son ouvrage, s'occupe plus de la théorie que de la pratique; il fait connaître les noms des notes, mais il n'avance pas qu'elles fussent exclusivement figurées par des lettres, et il n'y a rien d'absurde à admettre que de son temps il existait déjà une notation usuelle, qui finit peu à peu par prévaloir sur la notation alphabétique.

Une autre opinion complétement différente attribue l'introduction en Europe de ce genre de notation aux peuples du Nord qui l'auraient primitivement reçue de l'Orient. Enfin la quatrième théorie sérieuse [3] donne comme origine aux neumes les signes d'*accent* des anciens, c'est-à-dire les signes qui marquaient l'élévation et l'abaissement de la voix, étendus et appliqués par une analogie bien naturelle à toutes les parties de tous les mots au lieu d'être restreints comme emploi à certaines syllabes. De sorte que l'*accent aigu* ou l'*arsis*, l'*accent grave* ou la *thésis*, et l'*accent circonflexe*, formé de la réunion de l'*arsis* et de la *thésis*, seraient les signes fondamentaux de tous les neumes. Il aurait suffi plus tard de différentes conventions et

---

1. M. Kiesewetter.
2. M. Th. Nisard.
3. Celle de M. de Coussemaker.

combinaisons pour répondre à toutes les nécessités musicales du temps.

Du huitième siècle à la fin du douzième, il s'opéra dans les neumes de nombreuses modifications qui les ont peu à peu rapprochés de la notation carrée [1]. Au point de vue historique, on peut les diviser en neumes primitifs, en neumes à hauteur respective, en neumes à points superposés, et en neumes guidoniens. Ces divisions correspondent à trois périodes où les principales transformations ont eu lieu; mais il est à remarquer que l'amélioration qui caractérise les neumes des trois dernières classes n'a pas été assez absolue pour faire disparaître les systèmes antérieurs. Ainsi au dixième siècle, au onzième et au douzième, on trouve des livres de chant écrits en neumes primitifs, et après Gui d'Arezzo on voit continuer presque avec un égal succès l'usage des neumes à hauteur respective et des neumes à points superposés.

Les neumes primitifs sont écrits au-dessus du texte, sans lignes et sans clefs. La position d'élévation ou d'abaissement des signes ne paraît pas y avoir été le caractère déterminatif absolu de l'intonation.

Les neumes primitifs ont été seuls en usage jusqu'à la fin du neuvième siècle. Alors apparaît dans certains manuscrits une tendance à donner à presque tous les neumes une position de hauteur déterminée. Au commencement du dixième siècle, ce principe, étendu à tous les signes, est complétement adopté. Il en surgit même un système où les signes sont superposés et en même temps simplifiés par la suppression d'un grand nombre de ligatures. C'est ce genre de neumes que l'on peut appeler « neumes à points superposés ».

L'introduction du principe de la hauteur respective des neumes a été un progrès considérable; il a exercé la

---

[1]. Pour la question des neumes, si l'on veut pousser cette étude plus loin, on fera bien de lire l'*Harmonie au moyen âge* de M. de Coussemaker. C'est un livre consciencieux et détaillé, où l'auteur expose d'une manière claire et impartiale les différentes théories relatives au sujet. Je lui emprunte du reste une grande partie des détails historiques de ce chapitre, pour la période du moyen âge.

plus grande influence sur la notation musicale. Par leur position d'élévation et d'abaissement, les neumes parlaient aux yeux en même temps qu'à l'intelligence; l'esprit était astreint à un effort bien moins grand qu'auparavant. Mais l'application de ce principe, tant dans les neumes à points superposés que dans les autres, lorsqu'il s'agissait de mélodies un peu compliquées, n'était pas toujours exempte d'erreurs, surtout chez les copistes peu intelligents. Il en résultait des hésitations, des incertitudes chez les chanteurs. Pour obvier à ces inconvénients, on imagina de tracer au-dessus du texte une ligne parallèle qu'on marqua d'abord à la pointe sèche, puis à la plume avec de l'encre rouge ou noire. Cette ligne, à laquelle on assigna la place d'une note fixe, servait de point de ralliement pour écrire les signes dans une position de hauteur exacte et pour les lire avec facilité et sécurité. Dans les commencements, la ligne ne portait aucune indication tonale; bientôt elle fut marquée soit par une lettre placée en tête de la ligne, soit par une couleur correspondant à une note. Ces modifications, dont l'auteur n'est pas connu, se propagèrent avec une grande rapidité dans toute l'Europe, car on trouve des manuscrits ainsi notés dans les principales bibliothèques.

Les neumes guidoniens sont encore un progrès. Gui d'Arezzo, qui s'occupa avec tant de soin de tout ce qui pouvait rendre plus facile la pratique de l'art musical, donna au système de lignes une nouvelle impulsion qui compléta la *portée*. A la ligne employée par ses devanciers il ajouta une nouvelle ligne parallèle, tracée en *rouge* et portant en tête la lettre F, qui était la *clef de fa*. L'autre ligne, marquée en encre jaune, avait en tête la lettre C, qui était la *clef d'ut*.

Ces deux lignes constituaient donc deux excellents points de repère[1]. Il n'y avait plus guère d'incertitudes possibles. Gui, pour obtenir toute la clarté désirable,

---

1. Pour donner une idée de la facilité introduite dans la lecture musicale par l'addition d'une seconde ligne, il suffira de présenter au lecteur le tableau de la gamme grégorienne écrite dans ce système. Avec un peu de soin de la part

ajouta deux autres lignes, qui furent marquées à la pointe sèche dans l'épaisseur du vélin, quelquefois à la plume, et qui avaient des positions variables par rapport aux deux lignes de couleur. Comme on met des notes dans les espaces, le système de Gui d'Arezzo finit par se composer de la portée complète.

Les lignes de couleur perdent aussi leur caractère absolu. On marque les quatre lignes tantôt dans l'épaisseur du vélin, tantôt en rouge ou en noir. Pour s'y reconnaître, il n'est besoin que de placer au commencement d'une ligne ou de deux des lettres indiquant la place des notes principales, ou, en simplifiant encore, un point en tête d'une ligne pour désigner le *fa*.

Nos clefs de *fa*, d'*ut* et de *sol* ne sont pas autre chose que les lettres F, C et G altérées et transformées.

Les neumes guidoniens rendent de tels services qu'on les distingue de tous les autres. On les appelle même *neumes réguliers* ou *musicaux* par opposition aux neumes primitifs, qui prennent le nom de *neumes irréguliers*. Un musicologue du moyen âge, *Jean Cotton*, écrit qu'avec les premiers, « *le chanteur, même s'il le voulait, ne pourrait se tromper* », tandis que les seconds « *produisent l'incertitude et l'erreur* » et ne sont employés que par « *les clercs ignorants et rustiques* ».

Nous laisserons de côté ce qui concerne la traduction, la classification, la succession et l'enchaînement des neumes. Là encore plusieurs opinions sont en présence, et nous ne faisons pas une dissertation critique. Nous dirons seulement qu'il est très-raisonnable d'admettre que les neumes,

du copiste, il était impossible de confondre les hauteurs et, par conséquent, l'intonation des notes :

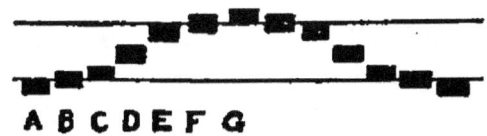

Fig. 27.

Ce tableau est donné par Martini dans son *École d'orgue*.

qui étaient un perfectionnement au point de vue de la facilité de lecture et d'intonation, aient fourni à la science musicale un moyen de marquer la durée des sons et les ornements du chant. Il suffisait de bien arrêter les formes données aux points, aux virgules, aux barres, et de bien caractériser les ligatures ou combinaisons pour exprimer clairement la brièveté et la longueur ou pour tracer en quelque sorte un dessin mélodique. On avait inventé des choses certainement plus difficiles, et, une fois que l'on est sur la route d'un progrès véritable, on va vite.

Les neumes reçurent donc une configuration plus précise : la position des signes était régularisée par la portée ; la netteté de position introduite par la portée invita à donner également plus de netteté à la forme. Les neumes prirent plus de volume et un dessin plus arrêté pour mieux se distinguer et sur les lignes et dans les interlignes. Ce qui n'était que des traits, des virgules, des angles, devint des points ronds ou carrés avec des queues ou des ligaments réguliers. Cette modification, commencée dès la fin du onzième siècle, s'est accomplie principalement pendant le douzième. C'est du reste une époque d'étude et de création dans les arts ; c'est l'instant où l'architecture romane se transforme pour devenir la merveilleuse architecture ogivale qui produit tant de chefs-d'œuvre aux treizième, quatorzième et quinzième siècles. A ce moment, l'esprit humain a la passion du travail : il n'y a donc rien d'étonnant à ce qu'on ait apporté une amélioration décisive à la musique, cet art passionnant par excellence.

Je transcris ici quelques exemples des neumes les plus caractéristiques transformés en notes carrées du douzième siècle, d'après l'ingénieuse théorie de M. de Coussemaker[1] (fig. 28).

La mutation des neumes en notes carrées s'explique ainsi naturellement ; quant à notre notation moderne, elle est

---

1. *Se non e vero, e ben trovato.* Je renvoie aux deux tableaux synoptiques de cet auteur (*Harmonie au moyen âge*, page 184) dans le cas où l'on voudrait étudier le système complet.

tout entière dans la notation carrée, dont une partie du reste a subsisté dans le plain-chant.

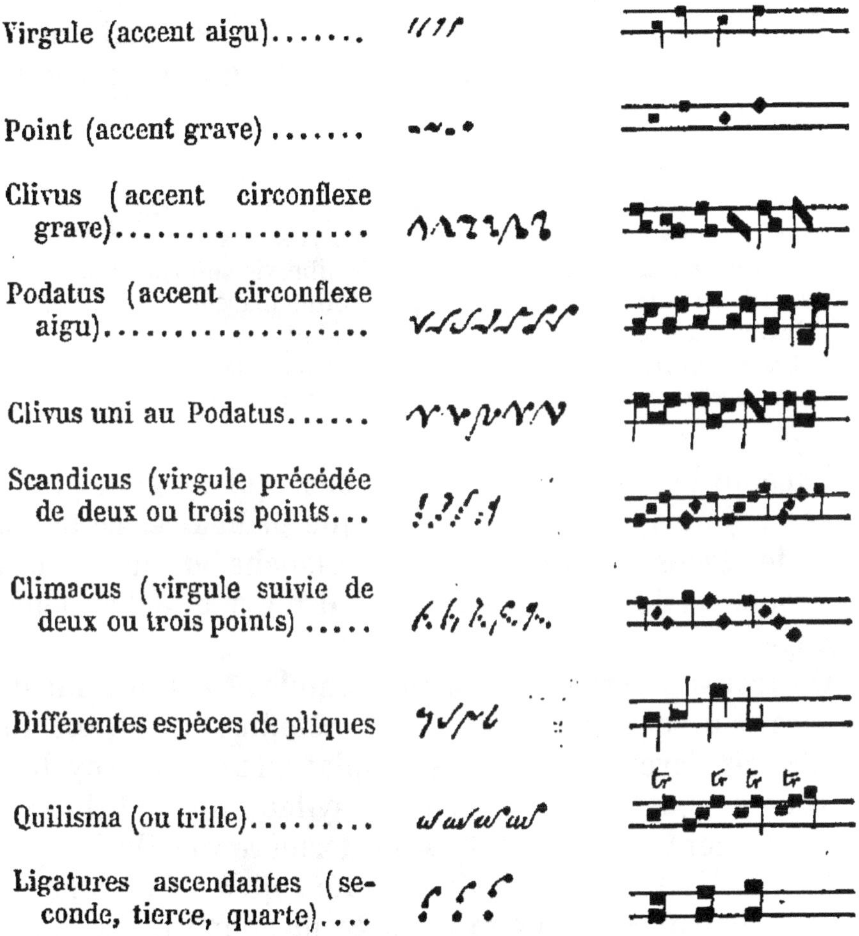

Virgule (accent aigu).......
Point (accent grave).......
Clivus (accent circonflexe grave)................
Podatus (accent circonflexe aigu)..................
Clivus uni au Podatus......
Scandicus (virgule précédée de deux ou trois points...
Climacus (virgule suivie de deux ou trois points).....
Différentes espèces de pliques
Quilisma (ou trille).........
Ligatures ascendantes (seconde, tierce, quarte)....

Fig. 28.

Voici un petit tableau du nom, de la forme et des valeurs proportionnelles des notes, telles qu'elles provinrent

8
4
2
1
1/2
1/4
1/8
1/16
maxima
longa
brevis
semi-brevis
minima
semi-minima
chroma
semi-chroma

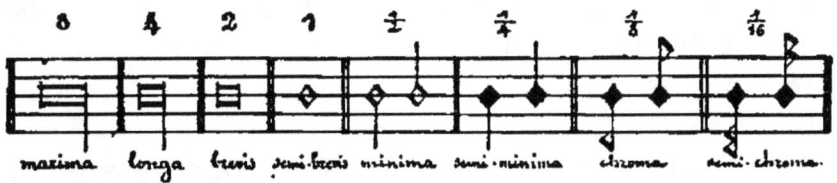

Fig. 29.

de la notation carrée, et telles qu'on les employa pendant

longtemps. Le P. Kircher, à qui je l'emprunte, prend la semi-brève pour unité ; les chiffres superposés aux notes indiquent les rapports.

Quant aux durées des notes, les anciens musiciens les indiquaient par les formules suivantes qui ne manquent pas de pittoresque :

MAXIMA DORMIT.	Maxima dort.
LONGA RECUBAT.	Longa est couchée.
BREVIS SEDET.	Brevis est assise.
SEMIBREVIS DEAMBULAT.	Semibrevis se promène.
MINIMA AMBULAT.	Minima marche.
SEMIMINIMA CURRIT.	Semiminima court.
CHROMA VOLAT.	Chroma vole.
SEMICHROMA EVANESCIT.	Semichroma s'évanouit.

Excepté les trois premières notes qui ne sont plus en usage aujourd'hui[1] dans la musique ordinaire, ce tableau offre les types de la ronde, de la blanche, de la noire, de la croche et de la double-croche. Il n'y a que les noms à changer.

On trouve aussi le mot *neume* employé par les musicologues pour désigner une figure mélodique, une vocalisation assez développée, que l'on place sur une voyelle et le plus souvent sur la dernière syllabe du mot *Alleluia;* on la rencontre également sur la dernière voyelle de *Kyrie.* Cette vocalisation ne s'applique guère qu'à l'*e* ou à l'*a*. Les théologiens du moyen âge lui avaient donné un sens symbolique de transport et d'enthousiasme, et en trouvaient la raison et l'origine dans un passage de saint Augustin où il est dit que « ne pouvant trouver des paroles dignes de Dieu, l'on fait bien de lui adresser des chants confus de jubilation ». Dans ce dernier cas, l'étymologie de *neume*, au lieu d'être le mot grec *neuma*, qui signifie *signe*, serait le mot *pneuma*, qui vient de la même langue, et dont le sens est *souffle*.

Il ne faudrait pas croire que les améliorations et transformations des neumes furent adoptées d'une manière

---

1. Sauf dans quelques imitations archaïques.

générale et absolue. La simplicité ne plaît pas à tout le monde; certains esprits aiment la complication; la vanité et la pédanterie y trouvent leur compte, et les pédants se soucient fort peu d'être clairs : le premier de leurs soucis est d'être sinon admirés, du moins considérés avec étonnement. Joignez à cela la paresse ou l'entêtement de certains musiciens qui avaient leurs habitudes prises, et qui, ayant surmonté les difficultés, ne se souciaient pas d'apprendre du nouveau, même quand ce nouveau aurait dû faciliter leur travail par la suite. On ne saurait s'expliquer autrement la persistance de notations embrouillées, d'un aspect effrayant, difficiles à lire, très-longues à écrire, et vraiment dignes de figurer avec les neumes barbares des premiers temps.

Nous exposerons ici, comme modèle à ne pas imiter, bien entendu, une notation inconnue aujourd'hui, qui semble avoir été d'un usage assez général chez les organistes, et que le savant Forkel assure avoir persisté jusqu'à la fin du dix-septième siècle. Les principes de cette notation étaient les suivants, d'après cet auteur :

Les notes exprimées par des lettres :

7 grandes..............

7 petites non barrées......

7 petites avec une barre...

7 petites avec deux barres.

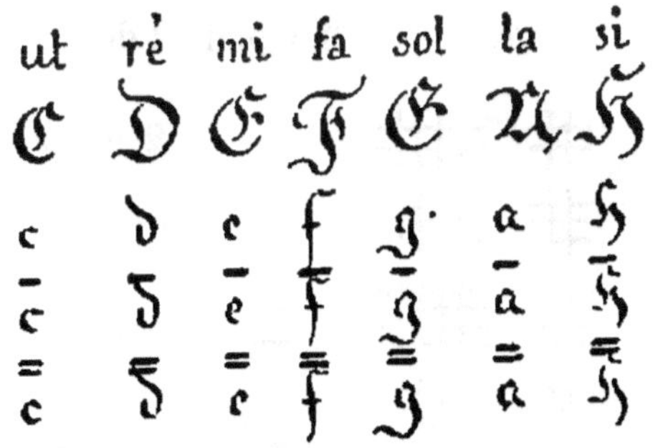

Fig. 30.

On ajoutait quelquefois *c* barré 3 fois, pour avoir 4 octaves pleines, les orgues au seizième siècle ayant déjà au moins cette étendue.

La valeur des lettres ou notes et des pauses était marquée comme l'indique la figure 31.

Quand les lettres étaient sous ces signes, le signe marquait la valeur de la note. Seul, sans la lettre, le signe indiquait une pause de même valeur. Quand deux ou plu-

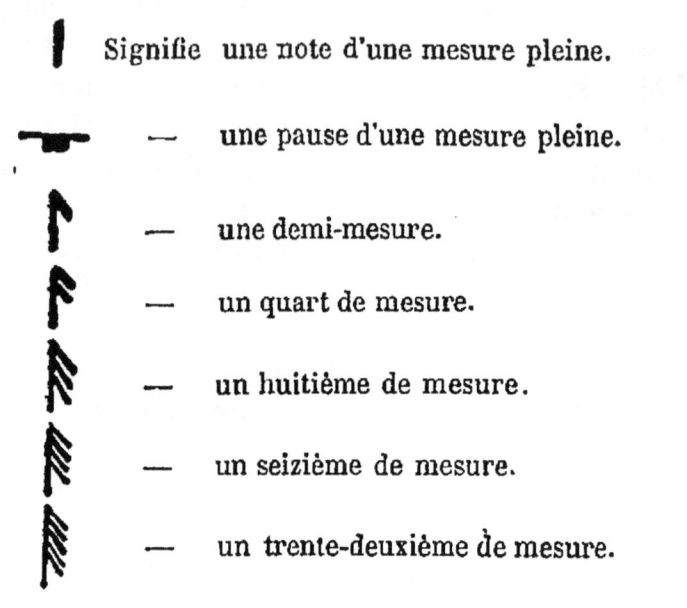

Signifie une note d'une mesure pleine.
— une pause d'une mesure pleine.
— une demi-mesure.
— un quart de mesure.
— un huitième de mesure.
— un seizième de mesure.
— un trente-deuxième de mesure.

Fig. 31.

sieurs lettres de même valeur se suivaient, on les notait de la façon suivante :

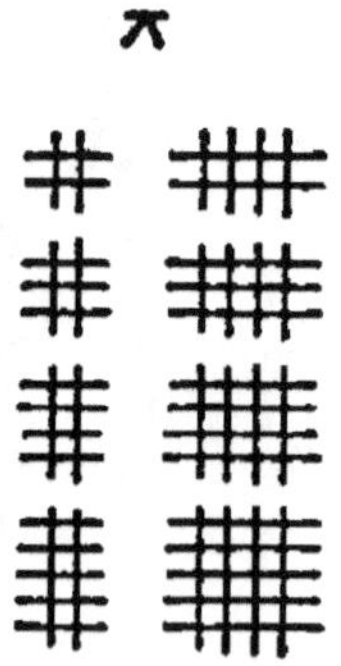

Marquait 2 demi-mesures.
— 2 ou 4 quarts de mesure.
— 2 ou 4 huitièmes de mesure.
— 2 ou 4 seizièmes de mesure.
— 2 ou 4 trente-deuxièmes de mesure.

Fig. 32.

Se présentait-il dans un morceau une note chromatique, on mettait à côté de la lettre qui la représentait un petit crochet.

Donnons avec la traduction quelques mesures d'un morceau écrit dans cette notation, pour qu'on saisisse l'application du système. On trouve dans un livre de tablature d'orgue, à la date de 1583, un morceau de Josquin, à 6 voix, adapté à l'orgue. Disons d'avance que l'harmonie n'en est pas très-touffue et que les voix ou parties marchent rarement toutes ensemble.

Fig. 33.

La notation par lettres ne disparut pas de la pratique musicale. Par exemple dans les « AIRS DE COVR MIS EN TABLATVRE DE LVTH PAR ANTHOYNE BOESSET, *maistre de la Musique de la Chambre du Roy et de la Reyne* » (à la date de 1620), on trouve deux notations réunies, celle des signes modernes et celle des lettres : la première est pour le chant, la seconde pour l'instrument. Je transcris quelques notes d'un de ces airs avec l'accompagnement pour qu'on puisse juger de l'effet produit par l'ensemble :

Fig. 34.

Les lettres sont toujours employées par les facteurs de pianos qui les impriment dans leurs instruments pour indiquer la série des notes, ce sont du reste toujours les mêmes lettres, qui se répètent, avec le même aspect, quelle que soit l'octave. Qu'on ouvre un piano, on trouvera au-dessus des chevilles, sur le sommier, les caractères suivants : *A♯ B C♯ D♯ EF♯ G♯ A♯ B C♯ D♯ EF♯ G♯* etc., ce qui revient à *la, la♯, si, ut, ut♯, ré, ré♯, mi, fa, fa♯, sol, sol♯, la*, etc.; et ainsi de suite, tant qu'il y a des touches, c'est-à-dire des notes. Le demi-ton n'est indiqué que d'une manière, par un dièse. On voit que c'est plutôt un moyen mécanique de se reconnaître dans le classement de chaque octave qu'une véritable notation musicale.

Les lettres grégoriennes se retrouvent encore dans certaines notations étrangères modernes, mais seulement à titre d'indication du ton en tête de morceaux, sur des catalogues, ou sur des programmes de concert. Chez nous on imprimera en toutes lettres les formules suivantes : symphonie de Beethoven en *ut majeur* ou en *ut mineur*; trio de Haydn en *fa majeur*, ou en *la♭ majeur*, ou en *fa ♯ mineur*. En Allemagne, les mêmes formules auront pour équivalentes les expressions suivantes : symphonie de Beethoven en *C dur* ou en *C moll;* trio de Haydn en *F dur* ou en *As dur* ou en *Fis moll*. Comme j'ai vu pas mal de personnes embarrassées par ces dénominations, et qu'aujourd'hui on importe en France beaucoup de musique imprimée en Allemagne, je demande la permission de donner comme renseignement le tableau des trois séries de notes : naturelles, diésées et bémolisées, telles que les Allemands les emploient dans les indications typographiques de tonalité. La syllabe *dur* ajoutée signifie *majeur* et la syllabe *moll, mineur*.

C,	D,	E,	F,	G,	A,	H.	Notes naturelles.
ut,	ré,	mi,	fa,	sol,	la,	si.	
Cis,	Dis,	Eis,	Fis,	Gis,	Ais,	His.	Notes diésées.
Ces,	Des,	Es,	Fes,	Ges,	As,	B.	Notes bémolisées.

On retrouve les mêmes lettres et les mêmes syllabes chez d'autres peuples dont la langue a du rapport avec la langue allemande ou qui ont emprunté aux Allemands leur terminologie musicale. Les Suédois, entre autres, sont dans ce cas.

En 1743, Jean-Jacques Rousseau exposa un système de notation où les signes ordinaires étaient remplacés par des chiffres. Ce système ne fut pas approuvé, il faut l'avouer, par le grand musicien Rameau. De nos jours il a été repris par Pierre Galin, soutenu et propagé avec une grande ardeur par Aimé Paris et Émile Chevé. Voici les éléments principaux de ce système, qui est aujourd'hui fort répandu, qui a produit des résultats considérables, et qui mérite sans contredit d'être étudié ou au moins connu par quiconque s'occupe de musique[1].

On prend comme base la gamme du médium de la voix, et on la représente par les 7 premiers chiffres :

ut	ré	mi	fa	sol	la	si.
1	2	3	4	5	6	7.

L'octave supérieure se compose des mêmes chiffres surontés d'un point:

$$\dot{1} \quad \dot{2} \quad \dot{3} \quad \dot{4} \quad \dot{5} \quad \dot{6} \quad \dot{7}.$$

---

1. Consultez l'ouvrage complet de M. P. Bos.

L'octave inférieure prend le point au-dessous :

1 2 3 4 5 6 7.

On peut suffire à tous les besoins de la voix avec ces 3 octaves.

Les dièses s'indiquent par une barre oblique en direction d'accent aigu. Les bémols par une barre oblique en direction d'accent grave. Les doubles dièses et les doubles bémols par deux barres (fig. 35).

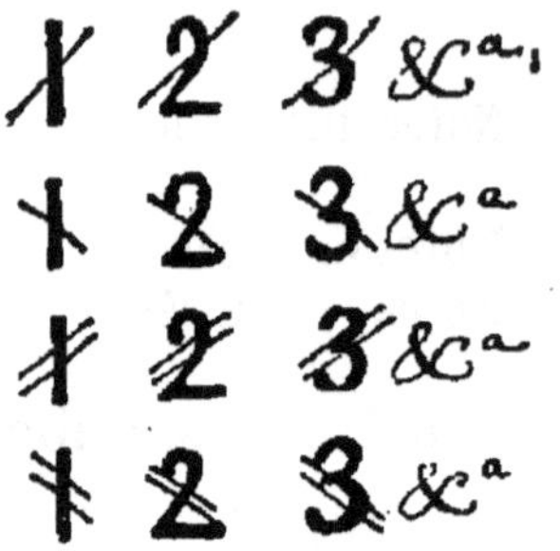

Fig. 35.

Le bécarre est inutile : le dièse et le bémol n'ont qu'une valeur accidentelle et se répètent autant de fois qu'il en est besoin.

Il n'y a que 2 gammes, la gamme d'*ut* pour les tons majeurs, la gamme de *la* pour les tons mineurs. Le ton absolu n'existe pas. En tête du morceau, on écrit seulement la *tonique*, c'est-à-dire la note que l'on nomme *ut* ou *la*. On prend le ton vrai au moyen du diapason ou d'un instrument, et l'on exécute le morceau comme si l'on était en *ut* ou en *la*. Je ne parle pas des modulations, qui m'entraîneraient un peu loin et qui d'ailleurs n'ont rien de particulier au point de vue de la notation.

Les silences sont marqués par le chiffre 0 répété autant de fois qu'il est nécessaire. Les mesures sont séparées par des barres verticales. Quant à l'écriture des durées, elle est très-simple et très-logique. Résumons-la :

Tout signe isolé représente une unité de temps.

Cette unité peut être un son articulé,
   ou une prolongation,
   ou un silence.

Le son articulé est représenté par un chiffre,
La prolongation par un point,
Le silence par un zéro.

Quand l'unité de durée est fractionnée, les différente

parties en sont toujours réunies sous une seule barre horizontale et forment, par conséquent, un seul groupe. Ce fractionnement de l'unité s'opère exclusivement par 2 ou par 3. Ainsi les moitiés s'écrivent : 1̄2̄ ; et les tiers 1̄2̄3̄. C'est le principe fondamental de la langue des durées.

Comme maintenant l'oreille ne se rend un compte exact que des divisions binaires ou ternaires, les dérivés des moitiés et des tiers s'écrivent ainsi :

Division binaire, quarts dérivés...... 1̿2̿ 3̿4̿

— sixièmes dérivés.... 1̿2̿3̿ 4̿3̿6̿

Division ternaire, sixièmes dérivés... 1̿2̿ 3̿4̿ 5̿6̿

— neuvièmes dérivés.. 1̿2̿3̿ 3̿4̿5̿ 5̿4̿3̿

Par l'application du même procédé, on arrivera pour les huitièmes au signe suivant :

1̿2̿ 3̿4̿ 5̿6̿ 5̿4̿

Si l'on avait des dix-huitièmes, on écrirait avec la même facilité :

1̿2̿3̿ 2̿3̿4̿ 4̿2̿5̿ 5̿4̿3̿ 3̿2̿3̿ 5̿4̿1̿

Et ainsi de suite. Quand il y a des valeurs mixtes réunies dans une mesure, on les écrit en suivant toujours le même mode de groupement. Voici différents types de ces subdivisions mixtes :

1̿2̿ 3̿4̿5̿   1̿2̿3̿ 4̿5̿   1̿2̿ 3̿4̿ 5̿6̿7̿   1̿2̿ 3̿4̿5̿ 6̿7̿   1̿2̿3̿ 4̿5̿ 6̿7̿

Et ainsi de toutes les combinaisons qui peuvent se présenter.

Quant aux points et aux zéros, ils entrent dans les ignes comme des chiffres ordinaires.

On a fait quelquefois à propos de notre portée moderne de 5 lignes une observation, c'est que les notes de deux octaves consécutives ne sont pas semblablement et symétriquement placées. La même note par exemple se trouve sur une ligne à l'octave inférieure, et dans un interligne à l'octave supérieure, et inversement. Cette irrégularité a paru une difficulté, et l'on a cherché si l'on ne pourrait pas la faire disparaître en restant aussi près que possible de la portée telle qu'elle s'est constituée au bout de tant de siècles. Il existe un système [1] qui est peu connu, qui n'est pas employé, que je sache, dans l'enseignement, et qui a pour but d'établir la régularité et la symétrie dans les positions des notes de deux gammes consécutives. Je termine la liste des notations par ce système, et j'en donne le tableau, sans discussion du reste. La portée de 5 lignes y est remplacé par 2 portées de 3 lignes légèrement distantes l'une de l'autre : chaque portée de 3 lignes renferme une gamme entière, ce qui fait qu'il suffit d'apprendre une seule disposition de notes, la portée supérieure étant identique à l'inférieure :

Fig. 56.

1. Celui de M. Fourier.

VII

Instruments de musique. — Trois familles d'instruments. — Instruments à percussion, instruments à vent, instruments à cordes. — Instruments a percussion : 1° Instruments à sons indéterminables : castagnettes, triangle, chapeau ou pavillon chinois, sistre, cymbales, tam-tam, tambour, tambour roulant, tambourin, tambour de basque, grosse caisse. — 2° à sons fixes et appréciables : cymbales antiques, timbales, cloches, carillons, jeux de clochettes ou de timbres ou glockenspiel, boîtes ou tabatières à musique, harmonica, xylorganon ou claquebois.

L'homme a donc cherché et trouvé de tout temps ou à peu près le moyen d'écrire le son, mais ce résultat ne lui a pas suffi. Son esprit curieux, avide d'impressions toujours nouvelles et désireux d'atteindre dans la mesure de ses forces le beau sous toutes ses formes, a voulu trouver différentes sonorités pour produire des effets différents. De ce besoin sont nées les diverses variétés d'instruments.

On a beaucoup disserté pour savoir quelle espèce d'instrument avait été inventée la première. La question nous semble assez oiseuse, d'une part, et, de l'autre, assez difficile à résoudre. Rien ne prouve d'ailleurs que le même ordre dans l'invention ait été suivi par les différents peuples, et il ne serait pas déraisonnable d'admettre que les uns aient pu trouver les instruments à cordes avant les instruments à vent, et les autres les instruments à vent antérieurement aux instruments à cordes. Nous laisserons donc de côté toute recherche à ce sujet, dans la peur d'ajouter une hypothèse à toutes celles qu'on a déjà faites, et nous examinerons les instruments dans un ordre purement logique.

Il y a trois manières de produire les sons : 1° par les

vibrations de certains corps élastiques de formes variées que l'on frappe ; 2° par les vibrations de l'air dans les tubes ; 3° par les vibrations des cordes. De là trois grandes classes d'instruments : les instruments *à percussion*, les instruments *à vent*, les instruments *à cordes*.

Instruments à percussion. — Cette famille renferme : 1° des instruments d'une sonorité indéterminable, qui produisent seulement des bruits d'espèce diverse ; 2° des instruments d'une sonorité fixe, appréciable et musicale.

Les instruments à sonorité indéterminable ne servent le plus souvent qu'à marquer le rhythme. Toutefois certains compositeurs leur ont fait jouer un rôle plus important dans leur orchestre. On peut prendre comme types principaux de ces instruments les *castagnettes*, le *triangle*, le *chapeau* ou *pavillon chinois*, les *cymbales*, le *tam-tam*, le *tambour*, la *grosse caisse* et le *tambour de basque*.

Les *castagnettes* sont composées de deux petites pièces de bois dur ou d'ivoire, concaves en forme de coquilles ou de noix, et réunies par un cordon qui fait charnière. On passe le pouce dans le cordon, et l'on fait résonner les deux concavités en les appliquant l'une contre l'autre, au moyen de la main qui s'ouvre et se ferme vivement. Cet instrument est fort en usage chez les Espagnols, qui s'en servent pour marquer le rhythme en dansant le *bolero*, le *fandango*, la *seguidille*. Les habitants des campagnes et les gens du peuple dans les provinces napolitaines s'en servent aussi, et les voyageurs ont également trouvé des castagnettes employées par les femmes de l'Orient.

Les castagnettes ont depuis longtemps un caractère véritablement national en Espagne. Les peuples de l'ancienne Bétique avaient des coquilles qui jouaient le rôle de castagnettes : on les appelait alors *crousmata*, du mot grec *Krouô* (heurter, choquer).

Les *crotales* des anciens, que l'on voit souvent dans les mains des satyres et des bacchantes, étaient de véritables castagnettes, quant au rôle, sinon quant à la forme. On les fit d'abord d'un roseau fendu en long ; les deux morceaux s'ouvraient et se fermaient comme un bec de cigo-

Fig. 37. — Castagnettes.

gne et en rappelaient le bruit. De là, du reste, l'épithète significative de *krotalistria* (joueuse de crotales), donnée à cet oiseau. On fit ensuite ces instruments avec des coquilles, du bois, du métal.

Les *kroupezai*, ou instruments à marquer le rhythme au théâtre et dans les chœurs chez les anciens, se composaient de sandales de bois ou de fer, disposées en crotales, et étaient en quelque sorte des castagnettes de pied.

Au moyen âge, le nom de *marronettes*, semble avoir désigné un instrument analogue aux castagnettes. Les deux noms viennent de la forme de cet instrument qui rappelle jusqu'à un certain point une coque fendue de marron ou de châtaigne. On improvise des castagnettes économiques avec deux débris d'assiette ou deux morceaux de latte entre lesquels on intercale un doigt. Chacun peut à ce sujet consulter ses souvenirs personnels d'enfance.

Le *triangle*, d'après le polygraphe Athénée, est d'origine syrienne. Au moyen âge, on l'appelait *trépie*. Il a dû avoir à peu près toujours la même forme et le même usage. Son timbre cristallin, vibrant et incisif en fait l'instrument par excellence du rhythme, de la danse et de la musique militaire. Il consiste en une tringle d'acier repliée deux fois de manière à figurer un triangle. On en joue en le frappant intérieurement avec une baguette du même métal. Pour ne pas interrompre les vibrations, on le tient suspendu à une cordelette. Gluck et Weber en ont tiré un très-heureux parti dans des airs de chœur et de ballet, où il fallait produire un effet bizarre et sauvage. Depuis, bien des compositeurs trop *coloristes* en ont usé et abusé.

Le *chapeau* ou *pavillon chinois*, inventé par les Chinois, est une espèce de petit parasol ou chapeau de cuivre, terminé en pointe, garni de grelots et de sonnettes et fixé au bout d'une tige. On tient cette tige d'une main, et de l'autre on la heurte en mesure. C'est avant tout un instrument de musique militaire, qui a été plus employé qu'il ne l'est et ne le sera probablement.

Le *sistre* des anciens Égyptiens pourrait bien être un

ancêtre du chapeau chinois. C'était une lame de métal sonore, recourbée en ovale un peu rétréci à un bout, et tenue par un manche. Cette lame était percée de trous opposés, par lesquels passaient, en ressortant, des baguettes de métal repliées en crochets ou en anneaux à leurs ex-

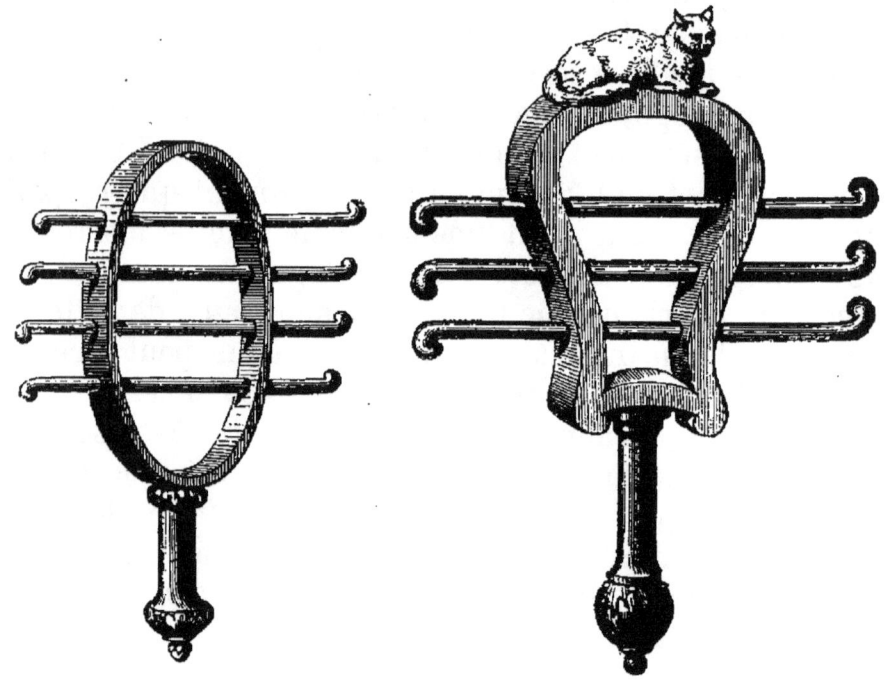

Fig. 58. — Sistre.   Fig. 59. — Sistre.

trémités de manière à pouvoir s'agiter librement sans sortir du cercle. On remuait vivement le sistre pour le faire résonner. C'était pour les Égyptiens un instrument guerrier, religieux et symbolique.

Les *cymbales* sont des plaques circulaires d'airain, minces et larges, dont la partie centrale forme une petite concavité hémisphérique. Au centre même se trouve un trou, où passe une double courroie qui sert à tenir l'instrument. On frappe les cymbales l'une contre l'autre du côté creux. Le son qu'elles rendent n'est pas appréciable comme intonation, mais le timbre de ce son frémissant et grêle a quelque chose de pénétrant qui se reconnaît au milieu d'un orchestre tout entier. Les coups de cymbales se joignent ordinairement à la grosse caisse, aux timbales et aux tambours, et scandent le rhythme avec une grande puissance. Elles sont d'un grand effet au théâtre dans les scènes d'orgies bacchiques, de danses furibondes, et dans les chœurs où la férocité se déchaîne. Gluck et Meyerbeer, par exemple, en ont tiré des effets grandioses. Les cymbales jouées en sourdine produisent une sonorité mystérieuse, quoique toujours pénétrante, dont ont su tirer un parti excellent quelques compositeurs, parmi lesquels on peut citer au premier rang Weber, Félicien David, Gounod et Reyer.

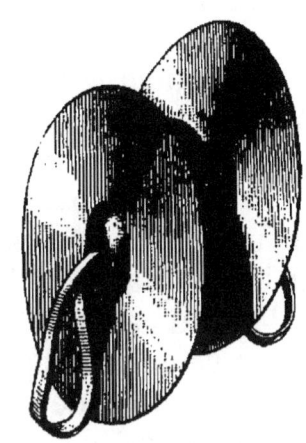

Fig. 40. — Cymbales.

Le *tam-tam* ou *gong* (fig. 41) est originaire des Indes ou de la Chine. C'est un plateau d'un métal dans lequel l'analyse a fait reconnaître du cuivre jaune et de l'étain. Le refroidissement de ce mélange se fait, dit-on, dans des conditions particulières. Le tam-tam se porte suspendu à une corde, et on le frappe avec un marteau ou une forte baguette garnie d'un tampon de peau. Le son qui en résulte est puissant et lugubre. Quand on le frappe d'un grand nombre de coups qui se suivent rapidement, en ayant soin d'effleurer seulement d'abord la surface en une quantité de points différents et d'augmenter progressivement l'intensité de la percussion, on obtient une sonorité effrayante qui ressemble presque au fracas du tonnerre et qui se perd dans des vibrations prolongées et de sourds roulements.

Le tam-tam, indispensable dans les orchestres des Orientaux, ne s'emploie chez nous que rarement, dans certaines scènes de musique dramatique où l'on cherche des effets sombres et terribles, et dans des cérémonies funèbres d'apparat. Ce fut aux funérailles de Mirabeau, le 4 avril 1791, qu'on entendit pour la première fois peut-être un tam-tam dans un orchestre européen.

Le *tambour* ou *caisse* est l'un des plus anciens instruments connus en Orient. Les prêtres de Cybèle et les bacchantes s'en servaient dans leurs fêtes. Les Grecs et les Romains le connaissaient. Leurs écrivains le désignent par son nom (*tympanon* et *tympanum*); mais ils semblent ne pas en avoir fait usage et l'avoir remplacé par les timbales qui, après tout, sont une variété de tambour.

Le tambour a été importé en Europe par les Sarrasins. Il fut adopté par les Espagnols, les Italiens, les Allemands et les Anglais. En 1347, lors de l'entrée d'Édouard III à Calais, il apparaît en France, et, depuis ce moment, entre dans les usages des troupes françaises. Il a changé plusieurs fois de dimensions, mais sa forme générale est toujours restée la même. En principe, il est composé d'une caisse cylindrique en cuivre ou en bois, dont les extrémités sont fermées par une peau d'âne, de chèvre, ou de veau. Cette peau est tendue par des cercles que tire un système de cordes dont la longueur peut se modifier à volonté. Une double corde en boyau est appliquée et tendue sur la peau du dessous et par ses vibrations donne du timbre et du mordant au son de l'instrument. On le fait résonner avec des baguettes.

Le tambour est surtout un instrument militaire : il marque le pas, sert aux signaux, et accompagne au besoin certaines fanfares. On s'en sert néanmoins dans les orchestres et au théâtre, pour exécuter des morceaux d'un caractère guerrier.

On trouve aujourd'hui des tambours à peu près chez tous les peuples du monde.

Le *tambour roulant* ou *caisse roulante* est un tambour plus long que le tambour ordinaire. Il a un son plus doux et un peu sourd : il sert dans la musique militaire.

Le *tambourin* est une véritable caisse roulante dont se servent les gens du Midi. On le frappe d'une main avec une seule baguette, et l'on joue en même temps d'une petite flûte ou *galoubet*. Les descriptions de cérémonies et de fêtes publiques de la Provence ne tarissent pas en éloges sur l'habileté et l'agilité des joueurs de tambourin. Lors

Fig. 41. — Tam-tam ou gong et cymbales.

du voyage de la célèbre cantatrice Saint-Huberti à Marseille, on la reçut avec une pompe presque royale, et les mémoires du temps n'oublient pas de citer au premier rang les danses exécutées par le peuple devant la grande artiste au son des *tambourins* et des *galoubets*.

Fig. 42. — Tambourin et galoubet.

Le *tambour de basque* est un simple cercle de bois sur equel est tendue une peau. Dans l'épaisseur du cercle ont attachés des grelots et des plaques de métal. On le ait résonner de plusieurs manières : on l'agite, on le appe avec les doigts ou le dos de la main, on fait glisser e pouce le long de la peau. Les danseurs et les musiciens es rues s'en servent fréquemment. On le voit aussi dans es mains des Bohémiens. Au théâtre, on le donne aux anseuses dans certains ballets de caractère. Cet instrument existait chez les anciens et figure sur leurs monuments. Les commentateurs de la Bible disent que c'est de ambours semblables qu'il s'agit dans le verset si connu e l'Exode : « Et Marie la prophétesse, sœur d'Aaron, prit un tambour en sa main ; et toutes les femmes sortirent après elle, avec des tambours et des flûtes ». (Ex., XV, 20.) Ce qui est assez bizarre, c'est que ce genre de tambour porte le nom des Basques, qui ne l'ont pas inventé et qui ne le connaissaient pas. Il y a des airs de danse pour le piano composés par des artistes de mérite avec accompagnement de tambour de basque.

La *grosse caisse*, ou *caisse*, ou *gros tambour* est un tambour de grande dimension que l'exécutant porte ou tient devant lui dans une position horizontale. Il le frappe d'un côté avec un tampon ajusté au bout d'un manche, de l'autre avec un petit faisceau de baguettes flexibles. Dans certains cas le faisceau de baguettes est remplacé par une cymbale que l'exécutant tient de la main gauche, et dont il frappe l'autre cymbale attachée sur la caisse. La grosse caisse n'a été pendant longtemps qu'un instrument de rhythme et de mesure employé dans la musique militaire.

La grosse caisse peut cependant, quand on n'en abuse pas, rendre des services variés à l'orchestre. Dans un *crescendo* de tous les instruments, en faisant aussi grandir progressivement ses coups répétés, on obtient un effet d'énergie formidable. Frappée toute seule, et *pianissimo*, elle a quelque chose de menaçant, et rappelle les coups de canon lointains. Si les coups sont frappés toujours *pianissimo*, et à de longs intervalles, mais pendant un morceau lent et grave, ils ont quelque chose de mystérieux et de solennel. Gluck et Spontini l'avaient employée avec réserve. Rossini s'en servit avec un peu moins de ménagement, ce qui lui valut de la part des amateurs et des critiques effarouchés le surnom de *Signor Vacarmini*.

Depuis, *on en a mis partout :* il y a des morceaux symphoniques où la grosse caisse couvre et écrase tout. On a fait pour des chœurs des accompagnements d'orchestre où cet instrument domine. Tel finale d'acte, telle ouverture rappelle le tapage des baraques des foires. Le goût bien naturel que les saltimbanques professent pour cet instrument, l'emploi qu'ils en font, a donné naissance à une métaphore claire pour tous : Dire de quelqu'un *qu'il joue de*

Fig. 43. — Timbalier

la grosse caisse signifie qu'il fait des réclames bruyantes et effrontées.

Il y a bien encore quelques instruments à percussion à son indéterminé et indéterminable que l'on trouve dans les mains soit des sauvages, soit même des paysans de certains pays, mais ils rentrent tous dans quelqu'une des espèces que nous venons de citer.

Parmi les instruments à percussion à sonorité fixe, appréciable et musicale, on peut citer les *cymbales antiques*, les *timbales*, les *cloches*, et les *carillons* dans lesquels rentrent les *jeux de clochettes* ou de *timbres*, que l'on appelle aussi de leur nom allemand *glockenspiel*, l'*harmonica* et le *xylorganon* ou *claquebois*.

Les anciens avaient des cymbales différentes de taille et par conséquent de son. Ce son était musical et appréciable. Berlioz, qui en a vu au musée de Pompeï à Naples, dit qu'elles sont fort petites, que leur son a d'autant plus d'acuité qu'elles ont plus d'épaisseur et moins de largeur, et qu'il y en a de la taille d'une piastre environ dont le son est si aigu et si faible, qu'il pourrait à peine se distinguer sans un silence complet des autres instruments.

Les *timbales* tirent leur nom soit du mot grec *tympanon*, soit du mot latin *tympanum*. Cet instrument va généralement par paires dans notre musique moderne. Il est formé de deux grandes calottes hémisphériques en cuivre, sur lesquelles sont adaptées des peaux tendues au moyen d'un cercle métallique et d'écrous ou de vis. On fait résonner l'instrument avec des baguettes garnies de peau à leur extrémité. La tension de la peau change la note des timbales, et les deux bassins d'ailleurs étant inégaux, on peut les accorder facilement d'après un intervalle déterminé et dans un ton donné.

Les timbales, comme bien d'autres instruments à percussion, paraissent originaires de l'extrême Orient. Elles furent introduites en Europe par les Sarrasins, et les croisades les firent encore mieux connaître. On les voit désignées dans les auteurs du moyen âge, poëtes ou chroniqueurs, sous le nom de *nacaires*.

Au quinzième siècle, la cavalerie française les adopta ; les timbaliers marchaient à côté des trompettes ; on les choisissait parmi les plus braves soldats, et la perte des timbales dans une bataille était considérée comme une grande honte. On les supprima à la fin du dix-huitième siècle. Depuis le premier empire elles ont reparu et ont été attribuées à différents corps de cavalerie.

On les employait aussi dans la musique civile, et l'on en jouait chez les grands personnages : il est vrai que les orchestres en question avaient un caractère guerrier, et même plutôt bruyant que symphonique. Ainsi il paraît que Henri VIII d'Angleterre entendait pendant ses repas une musique exécutée par des fifres et des *timbales*. On sait que la reine Élisabeth avait un orchestre du même genre composé de douze trompettes et de deux *timbales* avec des fifres, des cornets et des tambours.

Les timbales s'introduisirent au théâtre. Lulli les employa. Les grands symphonistes comme Haydn et Mozart les admirent plusieurs fois dans leur orchestre, et le symphoniste par excellence, Beethoven, a écrit une partie de timbales pour chacune de ses neuf symphonies. On sait le parti merveilleux qu'il a tiré de cet instrument dans le magnifique *crescendo* de la symphonie en *ut mineur :* les roulements des timbales font comme un sourd tonnerre qui va toujours grandissant et qui éclate tout à coup en une marche sonore d'un élan triomphal incomparable.

En jouant *pianissimo* sur les timbales, ou en les recouvrant d'un voile, on obtient des sons mystérieux et étranges. Les deux timbales donnent la tonique et la dominante, mais certains compositeurs ont trouvé que deux notes ne suffisaient pas : Meyerbeer a employé quatre timbales différentes dans la marche des chevaliers de *Robert le Diable*, et Berlioz, pour obtenir une sonorité puissante, en a mis douze dans le *tuba mirum* de sa messe de *Requiem*.

Le facteur Sax, à qui l'orchestre est redevable de bon nombre d'inventions ingénieuses, a supprimé les bassins des timbales, pour les rendre et moins encombrantes et plus portatives. Les timbales Sax peuvent donner tous les tons de la gamme et s'accordent rapidement. Elles se composent d'une série de cercles concentriques dont le diamètre est en rapport avec le son qu'elles ont à produire. Un mécanisme à vis hausse ou baisse les différents cercles et laisse par conséquent la liberté des vibrations à une plus ou moins grande surface de la peau tendue sur le cercle supérieur.

Nous ne parlerons ici des *cloches* qu'au point de vue du rôle qu'elles jouent dans la musique instrumentale, sans nous occuper de leur histoire, ni de leur fabrication. Ce n'est que depuis peu de temps qu'on les a introduites dans les orchestres. Comme cet instrument ne peut être employé que d'une façon purement accidentelle, il est bien évident que son rôle consiste surtout à éveiller certains sentiments en vertu du fait psychologique qu'on appelle l'*association des idées*. Les effets produits par la cloche au théâtre, sont donc moins musicaux que mélodramatiques et *pittoresques*, si l'on peut se servir de ce dernier mot. Les cloches aiguës font penser à des chapelles de village et à des scènes champêtres ; aussi Rossini n'a-t-il employé une de ce genre dans le chœur du second acte de *Guillaume Tell* : *Voici la nuit*. Les cloches graves ont quelque chose de solennel et même de lugubre ; elles font penser au tocsin, au glas des morts : aussi Meyerbeer fait-il donner par une cloche grave le signal du massacre des protestants dans le 4° acte des *Huguenots*. Verdi dans le *Trouvère* augmente le pathétique de son *Miserere* par les sons du même instrument.

La sonorité pénétrante des cloches a fait venir au moyen âge l'idée de les employer comme instruments populaires et publics en quelque sorte. On forma des gammes avec des cloches ou timbres de différentes grandeurs, que l'on frappait avec un maillet. On perfectionna peu à peu ce procédé trop sommaire, et, comme le nombre des cloches augmentait, au lieu de les frapper directement, on construisit des claviers dont les touches enfoncées avec les mains et avec les pieds mettaient en mouvement des marteaux adaptés aux cloches. On a fini même par construire des carillons qui jouent au moyen de cylindres pointés comme ceux des serinettes ou des orgues de Barberi ; les chevilles sont simplement très-saillantes et très-solides. Un système de poids attachés à des câbles fait marcher le mécanisme.

Les carillons se trouvent ou dans les clochers d'églises

Fig. 44. — Carillon ancien.

ou dans les tours d'hôtels de ville. On a dit que le pl

ancien avait été établi à la fin du quinzième siècle à Alost, jadis capitale de la Flandre impériale, aujourd'hui chef-lieu d'arrondissement du royaume de Belgique. Mais si l'on en croit une autre tradition, les cloches de Sainte-

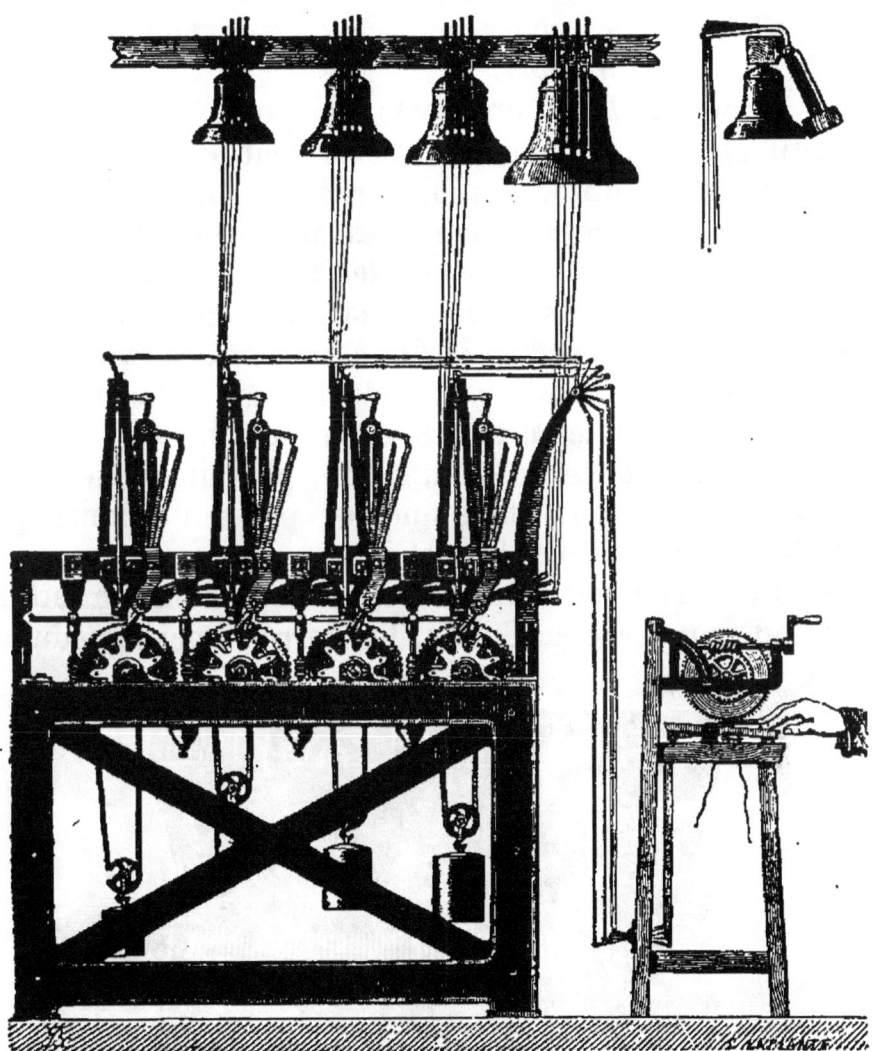

Fig. 45. — Carillon moderne.

Catherine-lez-Rouen jouaient déjà des airs d'église au commencement du quatorzième siècle. Les airs pouvaient à la vérité n'avoir que très-peu de notes, mais le principe du carillon était appliqué. Les carillons se sont surtout répandus dans les villes du nord de la France, dans celles de Belgique et de Hollande ; ils jouent généralement aux différentes heures de la journée.

On peut rattacher aux carillons différentes inventions musicales, telles que le *jeu de clochettes* ou de *timbres*, que l'on appelle aussi *glockenspiel*, en lui conservant son nom allemand, les *boîtes* ou *tabatières à musique*, l'*harmonica* et le *xylorganon*.

Le *glockenspiel* est une sorte de carillon d'orchestre, portatif et très-maniable. Les notes sont données par des clochettes ou timbres, semblables à des timbres de pendule et de calibres proportionnés aux sons qu'elles doivent fournir. On fait résonner les timbres au moyen de petits marteaux mus par un clavier comme celui des pianos. Dans son opéra de la *Flûte enchantée*, Mozart écrivit une partie pour un jeu de clochettes. A la place de timbres on emploie aussi des barres d'acier qui ont une sonorité plus douce, plus délicate, plus mystérieuse et qui répond bien aux effets quelque peu fantastiques que l'on demande en général à cet instrument.

Dans les *boîtes* ou *tabatières à musique*, dont on fait un si grand commerce en Suisse, les barres d'acier, réduites

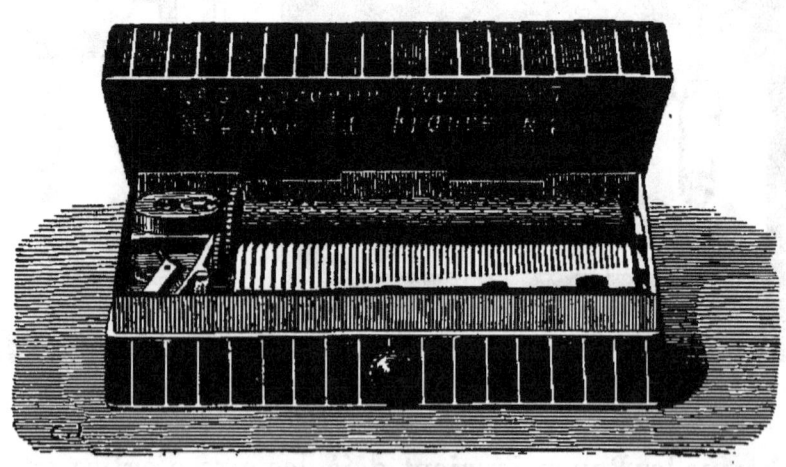

Fig. 46. — Tabatière à musique.

à peu près au volume des dents d'un peigne dont elles ont la disposition, sont ébranlées automatiquement par de petites chevilles implantées sur un cylindre qui se meut au moyen d'un mouvement d'horlogerie. Ce mouvement se remonte avec une clef comme une montre.

L'*harmonica* est d'invention moderne, et a déjà subi plusieurs transformations. C'était d'abord un assemblage de verres inégalement remplis d'eau, de manière à produire une série de demi-tons. Les verres étaient disposés en ligne. On en humectait les bords que l'on frottait ensuite légèrement avec les doigts trempés dans de l'eau. Il en résultait des sons d'un timbre particulier, très-pénétrant et que l'on voit dans certains écrits qualifié de magnétique. En résumé, on obtenait des effets assez considérables par des moyens très-simples. Franklin, dont l'esprit pratique s'intéressait aux objets faciles à construire, peu coûteux et pouvant fournir une agréable distraction, s'occupa de perfectionner cet instrument. Il disposa des coupes de verre de grandeurs proportionnées le long d'un axe horizontal qui les traversait et que faisait tourner une roue mue par le pied. On jouait avec les mains comme auparavant. On entendit cet instrument à Paris pour la première fois en 1765. Un peu plus tard on imagina d'opérer le frottement, non plus avec les doigts, mais avec un archet de violon enduit de colophane, ou de térébenthine, ou de cire, ou de savon. Ce fut ce qu'on appela l'*harmonica double*. Le contact des doigts et du verre présentait des inconvénients. Pour les éviter, on inventa un système de touches mues par un clavier. Aujourd'hui, on donne aux enfants des *harmonicas* qui se composent de lames de verre disposées par ordre de taille entre deux rangées de fils qui les soutiennent sans les empêcher de vibrer; on les frappe avec un ou deux petits marteaux de liège.

Dans la musique militaire allemande, on emploie une lyre garnie de barres d'acier. Le musicien qui en joue porte cette lyre pendue et maintenue devant lui, et avec des marteaux frappe les barres sonores. C'est un mélange du glockenspiel et de l'harmonica.

Le *xylorganon* ou *claquebois* est identique à l'harmonica

des enfants ; seulement les lames de verre sont remplacées par des morceaux de bois dur et sonore reliés les uns aux autres à l'aide de minces cordons, de manière à former une sorte d'échelle. On tient l'instrument par une boucle fixée à son plus petit bout, et on le fait résonner avec une baguette ou un marteau. C'est un instrument élémentaire comme son et comme construction. On le trouve dans les mains de certains paysans et aussi de certains peuples sauvages. Il ne faudrait pas cependant prendre tous ceux qui viennent des pays lointains comme documents utiles pour étudier la musique des indigènes. J'ai vu des claquebois rapportés d'Océanie, qui avaient absolument les mêmes notes que notre gamme et dans le même ordre. Évidemment ils avaient été fabriqués par des Européens de passage dans le pays, ou d'après les conseils de ces voyageurs.

VIII

INSTRUMENTS A VENT : Trois classes : 1° Instruments à embouchure de flûte. 2° Instruments à anche. 3° Instruments à embouchure à bocal.

1° Instruments à *embouchure de flûte*. — Principe du sifflet, du flageolet, de la flûte à bec, de la flûte traversière, du fifre. — Histoire de la flûte : antiquité de cet instrument. — Ses dénominations variées et nombreuses. — Le mot *flûte* est évidemment un terme générique quand il s'agit des anciens. — Syringe ou flûte de Pan. — Monaulos. — Flûte à bec. — Flûte traversière. — Flûte à bocal. — Flûte à anche. — *Glossocomion*. — Flûte double. — Flûte droite, flûte gauche. — Formes variées de la flûte. — Hypothèses sur les chevilles des flûtes antiques. — La *Phorvia* des flûtistes. — Rôles nombreux et variés de la flûte dans l'antiquité. — Flûte moderne ; deux variétés : flûte à bec, flûte traversière. — Histoire et progrès.— Piccolo. — Fifre.

Dans les *instruments à vent*[1], le corps qui produit le son par ses vibrations est une colonne d'air contenue dans un tuyau et ébranlée soit par l'insufflation provenant de lèvres humaines, soit par une soufflerie mécanique. Cet ébranlement s'exécute au moyen d'appareils d'espèces diverses, et cette diversité d'*embouchures* nous permet de classer rationnellement les instruments modernes. Quant aux instruments anciens, on est obligé d'avouer que sur plus d'un point il faut les juger par les apparences et se contenter à leur égard du plus vague à peu près.

Les instruments à vent modernes présentent à première

---

1. De tous les instruments chantants le plus beau sans contredit est la voix humaine. Nous renvoyons à l'ouvrage de M. Radau, l'*Acoustique*, et à celui du docteur Le Pileur, le *Corps humain*, ceux des lecteurs qui voudraient avoir des détails sur la physiologie même des organes de la voix et de l'audition. Nous ne parlerons de la voix qu'au point de vue des effets musicaux, parfois merveilleux, qu'elle produit, et nous reporterons ce que nous avons à en dire à la fin du volume, en le disséminant sous forme d'anecdotes.

vue les dimensions, les formes et les mécanismes les plus différents. Un fifre ou un sifflet de deux sous, par exemple, ne ressemble guère à une belle flûte de Bœhm ou à un majestueux *trente-deux pieds* d'orgue d'église. Les physiciens nous montrent cependant qu'au point de vue de la production du son le procédé est le même dans ces différents instruments. Si nous passons en revue tous les autres instruments en ayant égard aux lois fondamentales de la

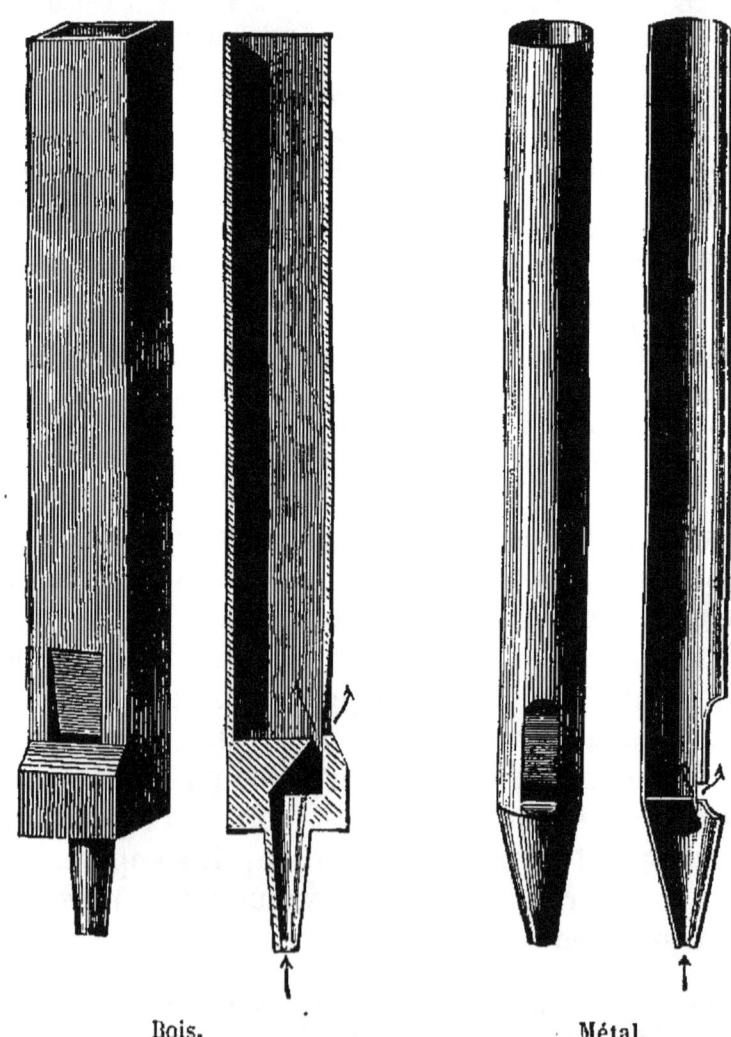

Bois.   Métal.
Fig. 47.

physique qui concernent la production du son, et non pas aux détails de la fabrication, nous verrons qu'on n'a besoin d'établir que trois grandes classes, constituées par le mode d'embouchure. Nous aurons : 1° les instruments à *embouchure de flûte*; 2° les instruments à *anche*; 3° les instruments à *embouchure à bocal*.

1° *Instruments à embouchure de flûte.* La figure 47 qui représente deux tuyaux d'orgue (l'un en bois, l'autre en métal) à embouchure de flûte, peut faire comprendre comment la colonne d'air est ébranlée dans le tuyau. Les flèches indiquent la direction du courant qui, amené dans le pied du tuyau par la soufflerie, va frapper la partie taillée en biseau et s'y divise en deux autres courants, l'un qui se perd à l'extérieur, et l'autre qui fait vibrer la colonne d'air intérieure.

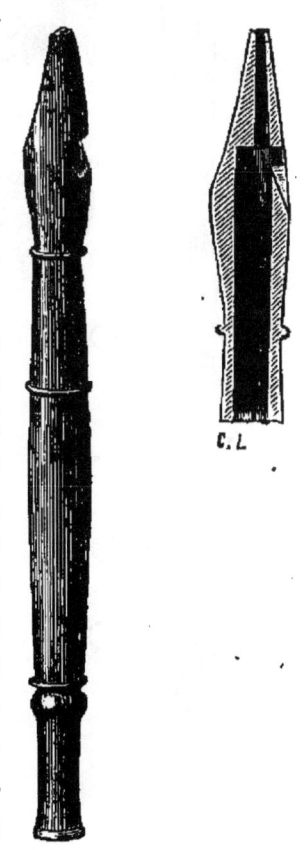

Fig. 48. — Flageolet.

Les sifflets et les flageolets sont les plus simples et les plus fréquents des instruments dits *à embouchure de flûte* en usage aujourd'hui. La figure ci-jointe en montre le mécanisme. La disposition intérieure est la même que celle des tuyaux d'orgue pris plus haut pour la démonstration. Le pied est seulement modifié en façon de bec pour s'ajuster convenablement aux lèvres de l'exécutant. Le tube adapté à cette embouchure est percé de trous correspondent aux points où se roduisent les nœuds de la colonne 'air intérieure, lorsqu'elle vibre. L'acion des doigts qui bouchent et débouhent ces trous d'après des règles déerminées, produit des changements ans les vibrations de l'air et par suite ans les notes de l'instrument.

Dans la *flûte* exclusivement employée aujourd'hui par os orchestres, il n'y a ni pied ni bec. L'embouchure est trou ovale dont les bords sont taillés en biseau. Les èvres serrées insufflent un courant d'air sur le biseau et

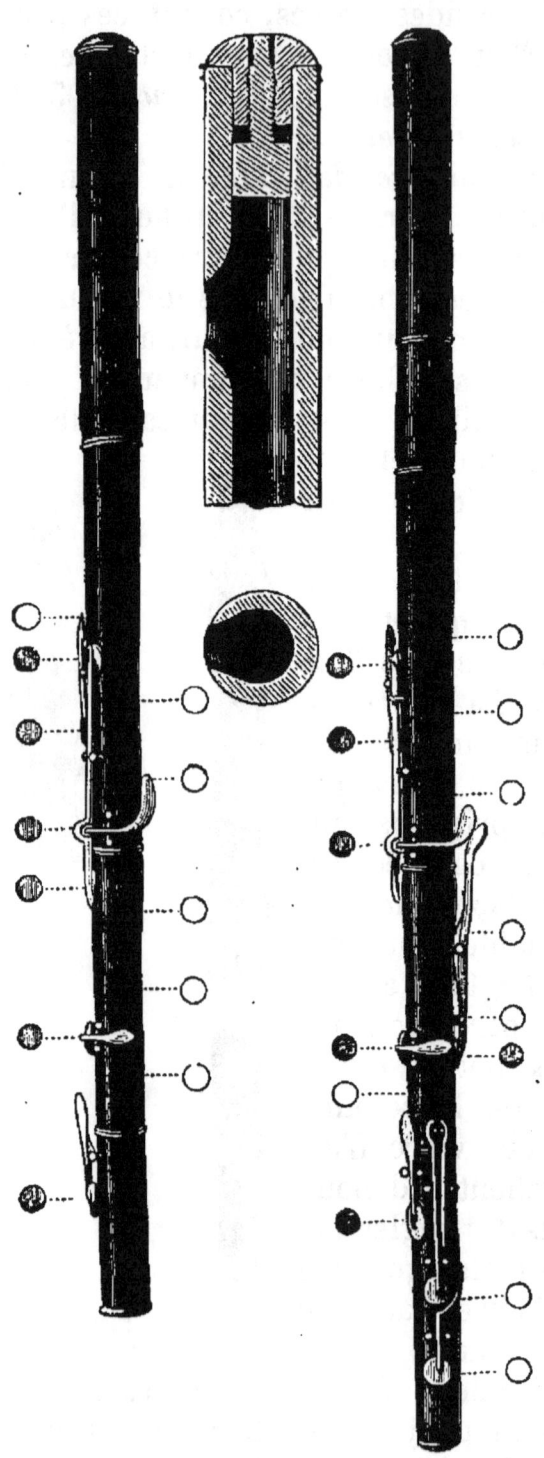

Fig. 49. — Flûtes.

remplacent le pied ou porte-vent. De cette manière le courant d'air qui fait vibrer est transversal à la colonne d'air qui vibre, au lieu d'être sur son prolongement, et cette différence donne au son une plus belle qualité.

On donnait à cette flûte le nom de *flûte traversière* pour la distinguer de la flûte dite *à bec*, qui n'était qu'un flageolet amplifié et dont on se servit très-longtemps. On trouvera plus loin des détails sur ces deux espèces de flûte, ainsi que sur le *piccolo*, ou *petite flûte* proprement dite, et le *fifre* qui est une petite flûte traversière à six trous.

Si l'antiquité d'origine doit passer pou un titre de noblesse il n'est pas d'instrument qui puisse s vanter d'être aussi no ble que la flûte. Ell apparaît immédiate ment dans l'histoir des arts ; et, po expliquer cette anti quité, les poëtes des différents pays ont pris le parti de la citer comme une invention des dieux. Osiris, disent les Égyptiens, inventa la flûte simple (*monaule*). Pan, racontent les Grecs, créa la flûte qui porte son nom, et Minerve plus ingénieuse, remplaça la flûte à plusieurs tuyaux par un seul tuyau percé de plusieurs trous. Remarquons en passant que cette fiction poétique expose le perfectionnement rationnel qui dut être apporté à la flûte.

Ce qu'il y a de certain, c'est que la flûte a existé de tout temps, dans tous les pays. Hébreux, Égyptiens, Chinois, Grecs, la connaissaient, en parlaient ; on en trouve des représentations dans des peintures, sur des bas-reliefs.

On a dit que, chez les Grecs, l'invention de la lyre fit grand tort à la flûte. Certains commentateurs ont même prétendu que ce discrédit de la flûte avait donné naissance à la légende de Marsyas, grand flûteur en son temps et dépouillé de sa peau par Apollon, dieu de la lyre. Il ne faut pas oublier que la monnaie en quelques pays fut primitivement de cuir. Cette histoire est ingénieuse, mais elle n'est peut-être qu'ingénieuse.

La flûte était trop commode pour disparaître, et la meilleure preuve qu'elle ne perdit pas, ou qu'elle reconquit sa vogue, c'est l'immense quantité des noms servant à désigner l'immense variété des flûtes en usage chez les anciens. Ainsi elles s'appellent de leur forme : *courbe, longue, petite, simple, double, gauche, droite, égales, inégales*, etc; de leur matière : *éléphantine* (d'ivoire), *lotine* (en bois de lotos), etc.; de l'usage particulier auquel elles servent : *citharistérienne* (propre à accompagner la cithare ou la lyre), *embatérienne* (propre à jouer des airs de marches militaires), *pythique* (usitée dans les jeux pythiens), etc.; du peuple qui les avait inventées ou qui s'en servait : *argienne, béotienne, corinthienne, égyptienne, phénicienne*, etc. On nommait encore les flûtes d'après les différents genres de poésie qu'elles accompagnaient, d'après la qualité de leur son, etc.

Cette multiplicité de dénominations très-intelligibles quant à la lettre, ne laisse pas que d'être embarrassante dès qu'il s'agit de saisir le sens précis et technique du mot, et de déterminer les nuances qui séparaient ces instruments. Le savant Lefèvre désespéra d'y rien débrouiller et composa comme conclusion des vers latins où il loue Minerve d'avoir jeté la flûte dans l'eau, et où il ne souhaite que le supplice de Marsyas à ceux qui l'en avaient retirée pour le plus grand souci des érudits à venir. Les vers, à en croire sa fille, la docte madame Dacier, sont dignes du siècle d'Auguste. Il est certain que la colère s'y exprime congrûment et selon toutes les recettes de la prosodie; mais la question des flûtes n'en est pas éclairée davantage.

Sans prétendre tout dire, il y a pourtant un certain nombre de points sur lesquels on peut avancer des choses fort vraisemblables et fort raisonnables. En tout cas, la partie historique de l'instrument et son rôle (car il avait un rôle, même important, en beaucoup de circonstances de la vie privée et publique) ne peuvent échapper à l'étude qui emprunte aux auteurs, aux monuments, aux textes de lois des matériaux abondants et solides.

Tout d'abord il faut se débarrasser des idées restreintes que fait naître dans l'esprit ce mot *flûte*. La flûte moderne produit le son d'après une façon *spéciale et exclusive* d'y faire vibrer l'air, si bien que l'expression *embouchure de flûte* a toute la rigueur d'un terme scientifique, et que cette embouchure ne se confondra dans aucun cas avec l'embouchure *à anche*, qui produit le son par les battements d'une languette flexible; ni avec l'embouchure *à bocal*, où les intonations se forment par les modifications du mouvement et de la position des lèvres. Or chez les anciens l'emploi des différentes embouchures est évidemment continuel, et ils appellent indistinctement *flûtes* des instruments que, d'après ce que nous croyons savoir de leur structure et de leur timbre, nous serions portés à classer, les uns, parmi les flûtes proprement dites, les autres, parmi les clarinettes, les autres parmi les hautbois ou les cors anglais, d'autres même parmi les trompettes, sans attribuer toutefois à ce classement quoi que ce soit d'absolu.

Quand on examine avec soin les bas-reliefs ou les statues qui nous restent de l'antiquité, on y trouve toutes les formes ou plutôt tous les aspects des flûtes indiquées ci-dessus, le travail de la statuaire ne donnant que l'à peu près en fait de détail pour un objet aussi petit qu'une flûte. Du reste, quand le sculpteur avait déterminé pour l'instrument la ligne artistique qu'il devait avoir dans l'harmonie de la statue, il est clair qu'il ne cherchait pas à reproduire tous les petits accidents de sa structure. L'instrument qui ne laisse aucun doute d'aucune espèce, c'est la *syringe* dite *flûte de Pan.* Elle a traversé tous les siècles et est encore en usage aujourd'hui parmi les musiciens ambulants. D'une construction primitive, elle se comprend à première vue et se joue sans apprentissage.

Quant à l'instrument appelé *monaulos* (flûte seule), ancêtre de toutes les variétés de la flûte *simple*, et dont on attribue l'invention tantôt aux Phrygiens, tantôt aux Égyptiens, ce n'était évidemment à l'origine qu'un tube fait avec une matière naturellement creuse, soit roseau, soit os de biche ou de cerf, le *tibia*, selon toute apparence, d'où son nom, *tibia* en latin, nom générique de toutes les espèces de flûtes. Il faut croire du reste que ce procédé de fabrication vient naturellement à l'esprit, car les voyageurs et les historiens racontent que des peuples sauvages du nouveau monde avaient pour instruments de musique guerrière des flûtes faites avec les ossements de leurs ennemis.

Le *monaulos* eut d'abord peu de trous, trois, disent les commentateurs. Le nombre des trous s'augmenta peu à peu, sans devenir jamais bien considérable, et on les perça avec plus de méthode. On fit aussi des flûtes avec d'autres matières dont le percement où le travail demandait plus d'art, avec le buis, le laurier, l'ivoire, le cuivre, l'argent et l'or. Quant à la manière de produire le son, elle varia selon les temps. D'abord on dut jouer de la façon la plus simple, en dirigeant tout bonnement le courant d'air sur le bord d'une des extrémités du tube ouvert à ses deux bouts. Quelques peuples peu civilisés, ou ayant gardé à travers les siècles les habitudes de leurs ancêtres, ont encore aujourd'hui des flûtes, qui ne sont que des tubes avec des trous, mais sans embouchure.

Les anciens ont-ils connu la flûte à *biseau*, ou *à bec*, ou *douce*, telle que celle qui fut presque exclusivement employée en France jusqu'au dix-huitième siècle? La réponse serait facile, si l'on pouvait distinguer nettement dans les statues et les bas-reliefs l'extrémité des flûtes, ou si l'on trouvait des explications précises dans les auteurs. Malheureusement ces ressources manquent, mais il n'est pas invraisemblable que les anciens aient connu, sinon parfait, du moins dans ses éléments principaux, un procédé qui n'est pas autre chose que celui du *flageolet* ou même du simple *sifflet*.

Une question assez controversée est celle de la flûte *traversière*. Les anciens l'avaient-ils? On trouve bien dans les auteurs les termes *flûte droite* et *flûte oblique;* mais le mot *oblique* est très-général et très-vague. On trouve sur

Fig. 50. — Flûteurs égyptiens

des bas-reliefs et en particulier sur des bas-reliefs égyptiens des flûteurs qui, debout ou accroupis, ont parfaitement la mine de jouer d'une grande flûte traversière. Mais il peuvent en jouer par l'extrémité même, en soufflant s le bord, et de la façon indiquée plus haut. On trouve de bas-reliefs ou statues où la flûte est placée parfaitement de travers, et où la bouche est à une certaine distance du bout du tube, mais le flûteur joue au moyen d'une espèce d'embouchure saillante, dans le genre de celle du basson. Dans d'autres monuments, la flûte est de travers, mais éloignée des lèvres, comme si le joueur avait fini ou n'avait pas encore commencé de jouer. Je crois bien qu'il serait impossible de trouver dans les monuments anciens une position de flûte qui ne prêtât pas matière à quelque objection. On aurait tort pourtant de refuser d'une manière absolue cette espèce de flûte aux anciens. Le système de la flûte traversière n'est en somme que celui de la flûte de Pan perfectionnée, et comme les anciens ont trouvé des choses plus compliquées et plus savantes, la flûte à anche par exemple, il y a de fortes preuves morales en faveur de l'existence de la flûte traversière chez les Grecs et les Romains. Ce n'était pas la flûte de Quantz, de Hugot, de Tulou, de Dorus et d'Altès, mais c'était, sans nul doute, un instrument de la même famille.

L'embouchure à *bocal*, c'est-à-dire évasée, telle que celle des cors et des trompettes, est assez simple pour qu'on puisse admettre que les anciens l'adaptaient à leurs flûtes.

Quant à la flûte *à anche*, il n'y a pas le moindre doute à son égard. Les textes sont formels à ce sujet; les onuments nous montrent aussi des joueurs et des oueuses de flûte, qui ont au cou une boîte ou étui, et si ous ouvrons les auteurs, nous y voyons que cette boîte 'appelait *glossocomion*, et était destinée à serrer les *glottes* u *languettes*, c'est-à-dire les *anches*.

La flûte simple ne resta pas solitaire, et les flûtistes recs, romains, égyptiens, étrusques, comme le montrent 'innombrables bas-reliefs, statues, dessins et vases, jouent vec deux instruments à la fois. C'était même la manière a plus commune de se servir de la flûte. Ici recommenent les discussions; ces deux flûtes servaient-elles à obnir un son unique, mais plus fort, ou bien avaient-elles e fonction différente? Étaient-elles réunies à demeure par une même embouchure, ou pouvaient-elles se séparer ? On mettra les commentateurs d'accord, et on sera dans le vrai, ce semble, en répondant par une affirmation à chacune de ces demandes.

Les flûtes étaient différentes, selon la main qui les tenait : la gauche, *sinistra*, était plus longue que la droite, *dextra*. Quand on coupe les roseaux qui servent à faire les flûtes, disent les auteurs anciens, la partie la plus proche de terre, étant la plus grande, sert pour les flûtes de la main gauche. On en peut conclure que quand un flûtiste jouait avec une droite et une gauche (*tibiis dextris*

Fig. 51. — Flûtes doubles. Cérémonie funèbre chez les Romains.

et sinistris ou *imparibus*, inégales, comme disaient le Latins), il ne jouait pas à l'unisson. L'une des deux flûte pouvait servir à commencer le chant, et quand la séri de ses notes était épuisée, on continuait le chant s l'autre. Dans ce cas les deux embouchures étaient forc ment distinctes.

Une supposition qui a bien un côté plausible, c'est que les deux tuyaux servaient à passer d'un mode dans un autre : on changeait de flûte pour changer de *trope*. Les anciens n'avaient-ils pas imaginé un trépied tournant, garni de lyres montées dans des *modes* divers et se présentant à la main du musicien par un mécanisme que le pied mettait en mouvement.

On peut bien admettre aussi que dans certains cas, une des deux flûtes formait une sorte de basse, tenue en façon de pédale, comme il arrive pour les vielles et les musettes, ou bien donnait quelques notes d'accord excessivement simple. Les anciens ne semblent pas avoir connu l'harmonie en tant que science ; mais il est de certains accompagnements naturels et spontanés qu'avec un peu d'oreille il n'est pas possible de ne pas trouver. A-t-on bien le droit de refuser aux artistes de l'ancienne Grèce la faculté de faire ce que font tous les jours, sans étude et sans règles, les paysans des moindres villages d'Allemagne, ou les ouvriers de Provence et d'Italie ?

On trouve aussi dans les auteurs, ces expressions : *tibiis paribus dextris* (jouer) de deux flûtes égales droites ; et *tibiis paribus sinistris* (jouer) de deux flûtes égales gauches.

Les flûtes antiques sont tantôt unies d'un bout à l'autre, tantôt sinueuses, tantôt droites jusqu'à l'extrémité qui se recourbe et s'évase en pavillon, et tantôt ce même pavillon continue la flûte en ligne droite et reste dans son axe.

On voit fréquemment sur les flûtes antiques de petites proéminences de figure variée, terminées parfois par un bouton ou une petite tête. Les uns ont prétendu que ces espèces de chevilles tenaient lieu de clefs, et que les doigts, en pressant dessus, bouchaient des trous le long du corps de la flûte. D'autres, qui pourraient bien ne pas avoir tort, disent que comme les *nomes* ou airs des flûtes étaient réglés d'avance, et que les *modes* variaient avec les *nomes*, on produisait avec ces chevilles, selon les trous où on les plaçait, des modifications dans l'ensemble des notes, et conséquemment l'on obtenait le *mode* exigé par le *nome* qu'on allait jouer. Cette dernière explication est très-satisfaisante, surtout lorsqu'on voit certaines flûtes tellement longues qu'il semble bien difficile pour ne pas dire impossible que la main ait pu atteindre ces chevilles placées souvent vers l'extrémité du tube. Parfois aussi le

Fig. 52. — Flûte à chevilles (bas-relief antique).

tube n'est pas d'une longueur démesurée, mais alors les chevilles sont trop distantes entre elles, et le plus grand écart des doigts ne suffirait pas pour les manier. Les chevilles des anciens, en admettant la dernière hypothèse, rappelleraient, sinon quant au procédé, du moins quant au résultat, les tubes transpositeurs mobiles à l'aide desquels on change aujourd'hui la gamme de certains instruments de cuivre.

Un accessoire qu'il ne faut pas oublier non plus dans l'histoire de la flûte, c'est l'espèce de bandage ou de mentonnière que l'on voit autour de la tête et devant la bouche des flûteurs dans un certain nombre de monuments antiques. Ce bandage (*Phorvia* en grec, *capistrum* en latin : les deux mots signifient *licou* ou *têtière*) se composait d'une large courroie de cuir avec une ouverture pour la bouche. Il servait à presser les lèvres et les joues

Fig. 55. — Flûteur antique avec la Phorvia.

de manière à ce que le son fût plus égal, plus rond et plus ferme.

Le son ou timbre des flûtes antiques semble avoir été aussi varié que leurs espèces, et les expressions des différents auteurs à ce sujet témoignent de sentiments fort divers. Il en faut conclure, comme nous le disions au début, que la flûte n'était pas un instrument unique, qu'elle variait selon les temps, qu'elle changeait même de caractère, au point de ne plus se ressembler du tout, et que les appréciations des auteurs, malgré leurs divergences, sont toutes vraies, parce qu'à un moment donné la flûte a été ce qu'ils ont dit qu'elle était.

On comprendra maintenant sans difficulté l'emploi continuel de la flûte chez les anciens. Par sa diversité de structures, d'aspects, de modes, de timbres, d'effets produits, elle se prêtait à tous les rôles, aussi bien aux plaintes déchirantes ou lugubres des funérailles qu'aux bouffonneries des atellanes, à la majestueuse allure des processions qu'aux transports orgiaques des corybantes ou au mouvement vif et martial des marches militaires. Elle sert à la guerre ; elle est un des éléments indispensables de tout festin bien ordonné ; les riches élégants ont pendant les repas d'apparat d'habiles flûteuses qui font danser les souples et légères Gaditaines ; les pauvres gens de la campagne ont des joueuses de flûte de leur classe, qui pour une maigre rétribution les feront sauter ou plutôt bondir lourdement. A bord des navires un flûtiste marque la cadence et le rhythme à chaque coup de rame, et sert aussi à amuser et à flatter les rameurs par le charme de sa mélodie. On veut accorder au consul Duilius des honneurs inusités : outre le triomphe, il a une colonne commémorative au Forum et le droit glorieux de se faire reconduire le soir chez lui à la lueur des torches et au son des *flûtes*. Dans certains pays, chez les Tyrrhéniens, les esclaves étaient fouettés au son de la flûte ; les maîtres, disent les uns, voulaient ainsi adoucir la punition ; d'autres plus sceptiques prétendent que c'était pour mieux marquer la mesure des coups de verges ou de fouet. Les orateurs à Rome avaient à côté d'eux un joueur de flûte qui les accompagnait pendant leurs harangues, sans doute pour diriger et soutenir leur voix ou pour la ramener à ses tons naturels lorsque la chaleur de l'action l'en écartait. Si de la tribune nous passons au théâtre, nous y trouvons encore la flûte et au premier rang. On ne dit pas *jouer*, mais *chanter une pièce, cantare fabulam* et la flûte accompagnait.

Flûte moderne. — Dans les temps modernes, l'histoire de la flûte est beaucoup plus simple à faire, parce que l'instrument s'est simplifié, parce que les textes sont plus précis, et parce que nous avons en main l'instrument lui-même.

Nous avons exposé sommairement au commencement de cet article le principe de la production du son qui est le même dans les deux espèces de flûtes modernes, la flûte à *bec* et la flûte *traversière*.

La flûte à bec fut longtemps d'un usage presque universel et exclusif en France, en Italie, en Espagne et chez nos voisins les Anglais; on l'appelait même *flûte douce* ou *flûte d'Angleterre*.

La flûte traversière fut jusqu'au dernier siècle appelée *flûte allemande*, parce qu'on prétendait que l'usage s'en était renouvelé tout d'abord en Allemagne, et que les Allemands en jouaient avec une véritable supériorité. Cette flûte prit une grande extension au dix-huitième siècle, et aujourd'hui c'est la seule dont se servent les artistes, surtout depuis qu'elle est arrivée au plus haut degré de justesse et de précision par l'effet des découvertes modernes de l'acoustique.

Il ne faudrait pourtant pas croire que la flûte traversière ait été jusqu'au dix-huitième siècle un instrument négligé ou peu apprécié. Dès le quatorzième siècle, dans les vers de Guillaume de Machau et d'Eustache Deschamps, on trouve les *flaustes* ou *fleuthes traversaines* signalées de compagnie avec les *doussaines* ou *douçaines* (flûtes douces). Au seizième siècle, elle est nettement désignée par Rabelais : « Il (Gargantua) apprint jouer du luct, de l'espinette, de la harpe, de la *flutte d'Alemant*, etc. »

On trouve encore un témoignage intéressant de l'existence de la flûte traversière au seizième siècle dans la magnifique rosace de la cathédrale de Sens qui représente un concert céleste. Le Christ est au centre, et tout autour de lui sont rangés d'une façon symétrique des anges qui jouent de divers instruments de musique : deux d'entre eux jouent de la flûte traversière.

Fig. 54. — Ange de la cathédrale de Sens.

L'ancienneté de cette flûte, par rapport aux temps modernes, ne saurait donc être mise en doute : puisqu'on en parle dès le quatorzième siècle comme d'une chose toute naturelle, et que son nom est simplement cité par les poëtes dans leurs énumérations, sans aucun commentaire, il est assez probable qu'elle remonte encore plus haut.

L'histoire de la flûte n'offre rien de particulier jusqu'au commencement du dix-septième siècle. C'est surtout, comme nous l'avons dit, de la *flûte à bec* qu'on se sert. A cette époque, il y en avait de différents formats ; les plus petites s'appelaient *flageolet* ; le dessus était nommé *flûte douce* ; le ténor, *chalumeau* ; et la basse de flûte, *laridon*. Tous ces instruments jouaient des morceaux d'ensemble, qu'on appelait *concerts de flûte*, et qui font penser aux *synaulies* des anciens.

Parmi ces flûtes à bec il y en avait de fort grande taille, où l'on donnait le vent au moyen d'un tube recourbé s'ajustant à l'extrémité du bec. On trouve dans certaines flûtes, les basses principalement, une clef toujours enfermée dans un barillet, à travers lequel le son s'échappe par une infinité de petits trous percés habituellement en figures régulières, rosaces, étoiles, fleurs, etc. Il paraît qu'il y eut même certaines *flûtes douces* tellement longues que les deux trous les plus éloignés du bec étaient fermés par des clefs que le flûtiste faisait manœuvrer avec son pied. Il y avait des flûtes à bec que l'on fabriquait en ivoire et que l'on sculptait et ciselait avec le plus grand soin.

Pendant la première moitié du dix-septième siècle, la flûte et d'autres instruments à vent semblent éclipsés par les diverses variétés d'instruments à cordes. Mais on sentit bientôt que rien ne pouvait remplacer les instruments à vent dans un orchestre, et Lulli eut grand soin d'en mettre dans ses partitions, tant de ballets que d'opéras. Avec les hautbois, les bassons, les cornets, les trompettes, reparaissent aussi les *flûtes*. Il faut remarquer seulement que c'est toujours la flûte à bec qu'il emploie.

Avec le dix-huitième siècle commence véritablement, on peut le dire, une ère nouvelle pour la flûte. La *traversière* prend possession de l'orchestre, et son importance s'accroît de jour en jour. On invente la *clarinette*, on perfectionne le basson et le cor ; on perfectionne aussi la flûte ; on en améliore le doigté ; des artistes, comme Quantz, y ajoutent une clef.

On avait beaucoup gagné en facilité de jeu et en égalité de son ; les travaux des savants, les recherches et les expériences de Gordon et de Boëhm firent encore faire de nouveaux progrès. De nos jours, en perçant les trous, on ne songe plus à la commodité et à la disposition des doigts, mais aux vibrations des ondes sonores et aux fractionnements mathématiques de la colonne d'air. Dans la flûte de Boëhm, les trous sont bouchés et débouchés par un mécanisme de clefs et d'anneaux qui permettent aux doigts d'agir sans extensions fatigantes et sans positions fausses. La flûte y a de plus gagné quelques notes à l'aigu et au grave.

On a fabriqué des flûtes traversières en buis, en ébène, en cristal, en argent. On en trouve même en porcelaine ornée de fines peintures dans des collections d'amateurs, et l'on a poussé le luxe jusqu'à construire des clefs d'argent enrichies de pierres précieuses. Ces instruments là n'ont rien à voir avec l'art musical et rentrent dans le domaine de la pure curiosité.

Les flûtes en ébène ou en grenadille, qui ont les plus beaux sons, ont l'inconvénient de s'échauffer par le souffle et de changer ainsi le ton. Mais on remédie à ce défaut en adaptant à la tête de la flûte un corps à pompe qui se tire lorsque l'instrument s'échauffe et qui rétablit l'équilibre en allongeant le tube.

La flûte est de tous les instruments à vent le plus agile, et elle se prête à toutes les valeurs et à toutes les combinaisons de notes : tenues ; traits rapides ou lents, diatoniques ou de modulation serrée ; trilles, arpèges liés, détachés, piqués. Les ressources de la flûte sont même cause en grande partie de la vulgarité, de la monotonie et du désagrément du jeu de certains virtuoses qui, par manque total de goût, abusent de leur connaissance du mécanisme, cherchent à produire des kyrielles de notes et non plus des sons, et n'aboutissent qu'à une sorte de prestidigitation, qui s'adresse en quelque sorte aux yeux plutôt qu'aux oreilles.

La flûte est pourtant, lorsqu'on sait s'en servir, un bel instrument. D'une sonorité un peu pointue à l'aigu, elle a dans le médium une grande douceur, une homogénéité vibrante et persuasive, et au grave elle possède une noblesse émue, un velouté, une mystérieuse tristesse que rien n'égale. Quand on veut se faire une idée du vrai rôle de la flûte, ce n'est pas dans tel ou tel thème aux variations vertigineuses qu'il faut l'étudier, c'est dans les admirables parties que les Gluck et les Weber, pour ne citer que ces deux-là, lui ont confiées dans leurs orchestres.

La *petite flûte* (piccolo) est à l'octave haute de la précédente. Elle a un timbre perçant et déchirant, d'une grande puissance dans certains effets d'orchestre, tempête, danse sauvage, combat, etc. La grande affaire est de la placer à propos et de n'en pas abuser.

Le *fifre*, petite flûte traversière à six trous, est un instrument de musique militaire, datant du quinzième siècle disent les uns, du seizième, disent les autres. On l'a tantôt pris, tantôt laissé. Son accompagnement naturel est le tambour. Quant au son qu'il produit, il est trop connu pour qu'on ait besoin d'en parler ici.

IX

Instruments a vent (suite). — 2° Instruments *à anche*. — Principe de l'anche : anche battante, anche libre. — Hautbois, cor anglais, basson et ses dérivés. — Cornemuse, musette, biniou. — Clarinette et ses dérivés. — Saxophone. — Orgue expressif. — Accordéon.

Les instruments à *anche* sont ceux dans lesquels le son est produit par les vibrations d'une lame ou languette élastique en métal ou en roseau ajustée à l'ouverture des tuyaux sonores et soumise à l'action d'un courant d'air. Donnons comme types théoriques les deux espèces d'anches usitées dans les orgues, c'est-à-dire l'*anche battante* et l'*anche libre*; une fois le principe compris, on pourra le retrouver dans n'importe quel instrument.

Les tuyaux à anche ont un *porte-vent* ou cavité servant de réservoir; par une des extrémités de ce porte-vent l'air est poussé dans l'instrument. A l'autre extrémité sont adaptées l'anche et sa monture. L'anche *ab* (fig. 55) est disposée au-devant de l'ouverture d'une pièce creuse *cd*, qu'on nomme *rigole*. L'anche peut recouvrir complètement l'ouverture de cette rigole, si bien qu'à chacun de ses battements elle vient frapper contre les bords en s'y appliquant. Les vibrations de la languette communiquent à leur tour un mouvement vibratoire à la colonne d'air du tuyau sonore qui surmonte l'appareil. Telle est l'anche *battante*.

Fig. 55. — Anche battante.

Dans l'anche *libre* (fig. 56), la languette peut vibrer librement dans une ouverture dont elle exactement la forme, et elle oscille de cette façon successivement en dedans et en dehors.

Si l'on veut augmenter ou diminuer la partie vibrante de la languette, on tire ou on pousse la tige *t* repliée à son extrémité *m*. Cette courbure appelée *rasette* sert à accorder le tuyau en modifiant les vibrations de la languette et par suite celles de la colonne d'air.

Les principaux instruments à *anches* sont le *hautbois*, le *cor anglais*, le *basson* et ses dérivés, la *clarinette* et ses dérivés, le *saxophone*, l'*accordéon* et l'*orgue expressif*. Nous mettons à part l'*orgue* proprement dit qui renferme à la fois des tuyaux de différentes embouchures.

Dans le *hautbois*, l'anche est formée de deux lamelles de roseau appliquées l'une contre l'autre bord à bord et du côté où elles sont concaves. La longueur de la partie vibrante dépend de la longueur dont les anches sont enfoncées entre les lèvres de l'exécutant. Le corps de l'instrument peut se faire en différents bois : en cèdre, en ébène, en grenadille.

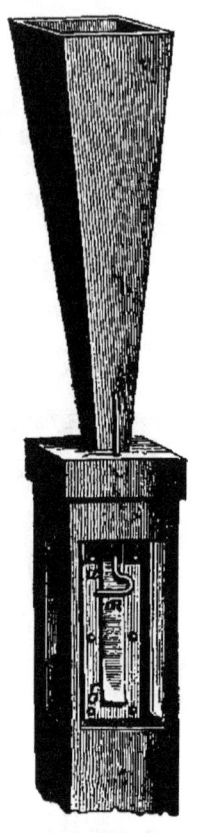

Fig. 56. — Anche libre.

Le hautbois dont le nom veut dire *bois* (flûte) *à son haut*, a été ainsi appelé, parce qu'autrefois sa partie était ordinairement écrite plus haut que celle des violons, ou parce qu'il servait à renforcer leurs notes aiguës. En tout cas le hautbois est l'instrument aigu de la famille du basson et du cor anglais. Le terme *Oboe* que l'on voit dans beaucoup d'anciennes et de nouvelles partitions n'a aucune valeur étymologique ; c'est tout simplement le mot français écrit et prononcé à l'italienne.

Le hautbois est un instrument qui date déjà de plusieurs siècles. On en trouve des traces vers la fin du quinzième siècle : inutile de dire qu'il était d'une sonorité peu suave et que son tube était percé de simples trous que l'on bouchait avec les doigts sans le secours d'aucune clef. Ce n'était guère qu'un instrument rustique, mais on en jouait. Au seizième siècle, on trouve cité quelque part un certain Jean d'Estrées, *joueur de hautbois du roy*.

Le *Krumhorn* (cor courbé) était un grand hautbois assez grossier, en forme de bâton pastoral (d'où son nom) et employé en Allemagne à cette époque. L'instrument se perfectionnait peu à peu cependant : on avait diverses espèces de hautbois en allant du grave à l'aigu, comme on avait diverses espèces de flûtes. La basse du hautbois 'tait remarquable par ses dimensions. lle était longue d'environ cinq pieds t avait onze trous dont quatre se ouchaient avec des clefs enfermées ans un barillet. Cet instrument se ouait avec un tube recourbé comme elui du basson.

Les artistes devenaient aussi plus abiles. Au dix-septième siècle, Filiori de Sienne se fit applaudir à la our de Louis XIII. Il laissa même un i bon souvenir dans l'esprit du roi, e, quelques années après, entendant e Français Danican, qui était renommé omme hautboïste, ce prince s'écria : J'ai retrouvé un autre Philidor ! » e nom de *Philidor* en resta à la faîlle des Danican, musiciens distinés du reste. Le hautbois d'ailleurs vait déjà frappé par son timbre caactéristique, et les poëtes parmi les-

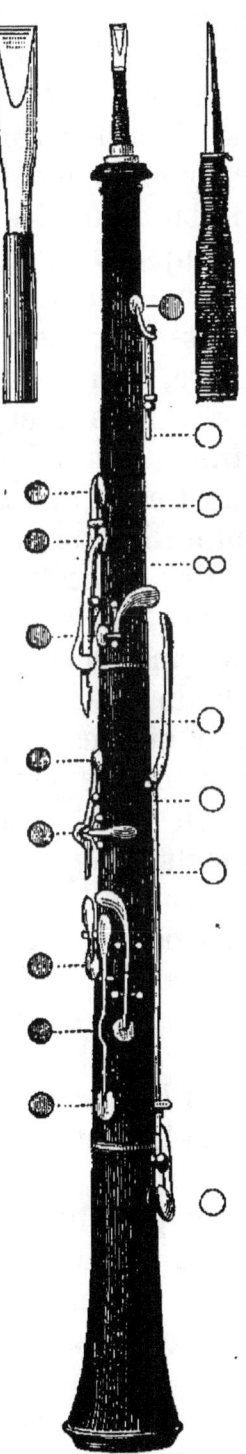

Fig. 57. — Hautbois.

quels on peut citer Boileau, le prenaient dans leurs vers pour symbole de la *poésie pastorale* (Boil. *Art. poét.* II).

Au dix-huitième siècle, le progrès continue ; les anches des hautbois sont plus fines ; l'instrument a plus de douceur et de moelleux ; il joue un rôle de plus en plus important dans les opéras et dans la symphonie.

Aujourd'hui le hautbois avec toutes ses améliorations est un instrument qui rappelle la musette, mais avec une finesse particulière. Le son du hautbois est simple, champêtre, naïf, ce qui ne l'empêche pas d'avoir quelque chose de pénétrant et d'ému, et de servir dans des scènes fort dramatiques. Du reste, malgré sa petite taille, cet instrument est d'une grande puissance, et on le distingue même au milieu de masses orchestrales considérables. Gluck en a plus d'une fois tiré un admirable parti dans ses opéras. Quant à Beethoven, il suffit de se rappeler le scherzo de la symphonie pastorale, le scherzo de la symphonie avec chœurs et l'air d'angoisse de *Florestan* dans *Fidelio*, pour voir quelles ressources variées d'expression et de couleur le hautbois peut fournir à un compositeur de génie.

En allant de l'aigu au grave on trouve d'autres instruments de la famille du hautbois, tels que le *cor anglais*, l *basson* et le *contre-basson*. Ces quatre instruments à vent répondent comme échelle aux quatre instruments à corde et à archet qui sont : le *violon*, l'*alto* ou *viole*, le *violoncelle* et la *contre-basse*.

Le *cor anglais*, ou *quinte de hautbois*, sonne une quint plus bas que le hautbois, auquel il ressemble. Il a le tub plus long et plus gros et est un peu recourbé. Son pavillor se termine en boule au lieu d'être évasé. Comme sa cour bure présentait des inconvénients au point du vue du sor et du doigté, on l'a redressé, on lui a donné une embo chure recourbée et l'on a divisé le tube d'après des pr portions plus mathématiques.

Les sons du cor anglais expriment surtout la tendress mélancolique ; mais toutes les notes n'en sont pas agréables On lui confie cependant quelques solos à l'orchestre.

Le cor anglais fut inventé, dit-on, par Joseph Ferlendis

de Bergame, vers 1760. Le nom de cor anglais lui vient peut-être de ce que pour le construire on aura pris modèle sur quelque vieil instrument d'Angleterre.

Le *basson* ou *basse de hautbois* se compose de trois pièces de bois qui s'ajustent et se démontent. Les Italiens l'ont appelé *fagotto*, parce que ses pièces démontées forment une espèce de fagot. Les notes se font au moyen de clefs qui ferment des trous, et le vent est introduit dans l'instrument par une anche adaptée à un canal de cuivre recourbé nommé *bocal*. Le mot *bocal* a un second sens qu'on verra plus loin.

Le basson est à proprement parler le violoncelle des instruments à vent. Quoique toutes ses notes ne soient pas également justes et agréables, il rend néanmoins des services continuels à l'orchestre; il accompagne et il chante. Il a un timbre sympathique, et, comme le cor anglais, excelle à rendre la tendresse et la mélancolie. Il donne de la douceur et du recueillement aux airs religieux, et peut cependant acquérir de la vigueur et de l'accent dans certaines phrases passionnées. Dans l'harmonie des instruments à vent, c'est lui qui est la base.

Les notes aiguës du basson ont quelque chose de pénible et de souffrant, et font penser à des soupirs étouffés. Beethoven en a tiré un étrange et bel effet dans le *decrescendo* de la symphonie en *ut mineur*. Meyerbeer, dans sa scène de l'évocation des nonnes, s'est servi de la sonorité flasque des notes du médium pour produire une impression fantastique, glaciale et funèbre. Le basson a aussi un frémissement particulier et un timbre légèrement strident dont on trouve un très-habile et très-pittoresque emploi dans plus d'une page de Berlioz et de Gounod. La scène de la cathédrale dans le *Faust* de ce dernier compositeur renferme entre autres des cris et des plaintes d'un effet saisissant produit par le mélange de la sonorité spéciale des bassons avec celle des flûtes, hautbois, clarinettes, cors, trombones, trompettes et timbales.

Le basson présente donc des ressources assez nombreuses, et la douceur, l'agrément et la discrétion de son timbre, surtout dans certains tons où il a une grande agilité, ont déterminé nombre de musiciens à écrire pour lui des airs variés, des duos, des trios et des symphonies où il joue un rôle important.

Le *basson-quinte* est un diminutif du basson, dont le diapason est plus élevé d'une quinte. Le cor anglais remplace avantageusement le basson-quinte pour ses deux octaves supérieures, mais le basson-quinte a un timbre plus fort et peut être d'un excellent emploi dans la musique militaire.

Dans les musiques militaires allemandes, on se sert d'un contre-basson qui correspond à la contre-basse à cordes, mais le jeu en est fatigant, certaines notes sortent mal et toutes s'articulent lentement.

L'invention du basson remonte déjà assez haut. On l'attribue à Afranio ou Afanio, qui naquit à Pavie dans les dernières années du quinzième siècle, et qui fut plus tard chanoine de Ferrare. La forme et les dimensions du basson ont varié avec les époques. Il y en avait de différentes espèces. On a parlé plus haut de la basse de hautbois qui était une espèce de basson. Le *fagot* proprement dit, le *courtaut*, le *cervelas* étaient des instruments graves de la famille du hautbois et du basson, et qui sont oubliés depuis longtemps. Leurs noms venaient de leur configuration. Le dernier de la liste, le cervelas, qui était la contre-basse du hautbois et qui avait la forme d'un barillet, était d'une telle construction que tout en n'ayant que cinq pouces de longueur, il avait des notes aussi graves que s'il eût été long de trois pieds et demi.

En fait d'inventions ou de tentatives, on peut citer encore à la fin du dix-septième siècle le *stock-fagott* (basson canne) et le *racketten-fagott* (basson à raquette ou à fusée) d Jean Christophe Denner, lesquels ont cessé depuis long temps d'être en usage. Denner, disons-le tout de suite, inventa aussi la clarinette, qui, avec le temps, est devenu un des plus beaux instruments de l'orchestre moderne.

La *cornemuse* peut se rattacher à la famille du hautbois. Elle a un timbre plus aigre et plus criard, mais comme le haut bois elle a un caractère champêtre et naïf. Une différence capitale, c'est que l'air qui produit le son, au lieu de venir directement de la bouche de l'exécutant, commence par être emmagasiné dans une poche de peau. La figure indique suffisamment le mécanisme : une peau de mouton A est gonflée par le souffle du joueur au moyen du *porte-vent* C. Une soupape intérieure s'ouvre de dehors en dedans : l'air peut entrer, mais non sortir. B, E, F sont trois espèces de hautbois, munis à leur extrémité intérieure d'anches de roseau. B et F se nomment le *gros* et le *petit bourdon;* ils résonnent à l'octave l'un de l'autre. E est le *chalumeau.* E et F sont percés de trous que les doigts bouchent et débouchent pour obtenir les notes. Quand le musicien a gonflé la cornemuse qu'il tient entre son corps et son bras gauche, il la presse avec le coude et force ainsi le vent à s'échapper par les anches et à produire les sons. Le jeu des doigts fait l'air et l'accompagnement. Les tubes sonores sont ajustés de manière à pouvoir être accourcis ou allongés, afin de s'accorder soit entre eux, soit avec d'autres instruments.

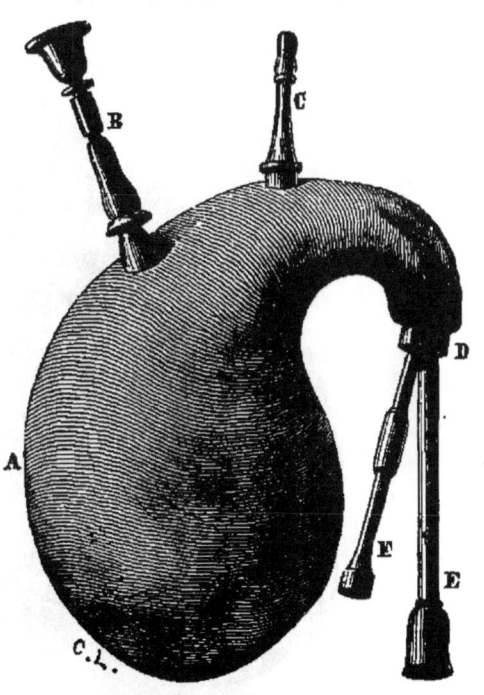

Fig. 58. — Cornemuse

La cornemuse était déjà connue des Romains. C'est elle que les auteurs désignent sous le nom de *tibia utricularis* (flûte à outre). Certains peuples d'Asie, tels que les Mysiens, et d'autres habitant l'ouest et le nord de l'Europe, tels que les Celtes et les Scandinaves, en faisaient également usage. La cornemuse est restée l'instrument national des Ecossais; elle anime les fêtes de la basse Bretagne. On trouve encore des cornemuses en Espagne et dans l'Italie méridionale : les joueurs de *becco-polacco* italiens sont le pendant des *sonneurs de biniou* bretons.

La *musette* est confondue généralement et à tort avec la cornemuse. C'est un instrument du même système, mais d'une construction plus délicate, d'un timbre plus doux et d'une justesse plus grande. Dans la musette, les chalumeaux C et D sont munis de clefs ; le bourdon E est un cylindre contenant une série de tuyaux auxquels des anches sont adaptées intérieurement. Quelques-uns de ces

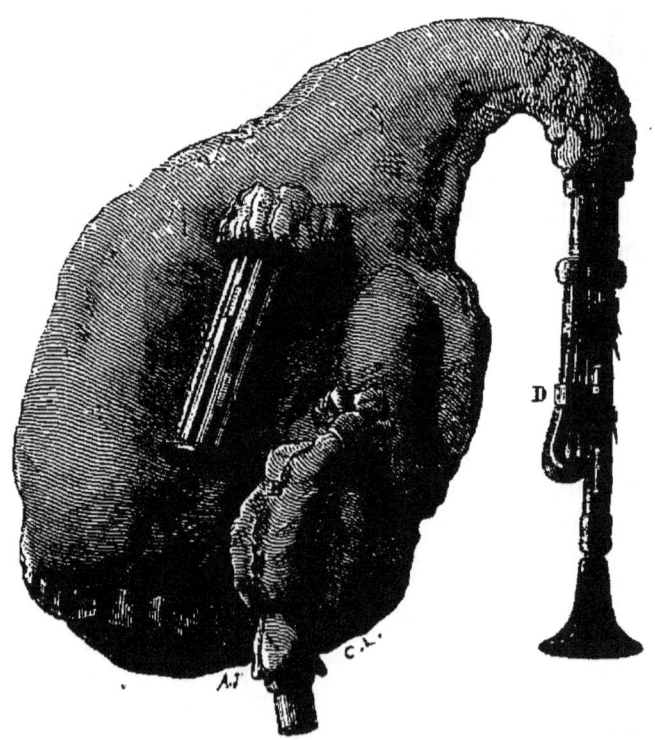

Fig. 59. — Musette.

tuyaux sont doublement courbés, de manière à rendre des sons d'autant plus graves que leur longueur totale est plus grande. Des coulisses qui font saillie à l'extérieur, et qu'on nomme des *layettes*, peuvent glisser le long du bourdon et servent soit à boucher tout à fait, soit à laisser plus ou moins ouverte une fente qui correspond à l'ouverture de chaque tuyau. On obtient ainsi les notes d'ac cord du ton dans lequel on veut jouer. Une différence importante avec la cornemuse, c'est que dans cette dernière le vent est insufflé avec la bouche, tandis que dans la musette le porte-vent B reçoit le vent d'un soufflet attaché au corps de l'exécutant.

La musette, abandonnée aujourd'hui, a été en grande vogue au dix-septième et au dix-huitième siècle. Lulli ne dédaigna pas de l'employer dans l'orchestre de l'*Académie royale de musique*; elle avait également sa place dans la musique du roi. Au dix-huitième siècle les dames de la cour en jouaient, à commencer par la marquise de Pompadour.

Étymologiquement, le mot *musette* est un diminutif de *muse* et doit avoir la même origine que *cornemuse* (*cornu*,

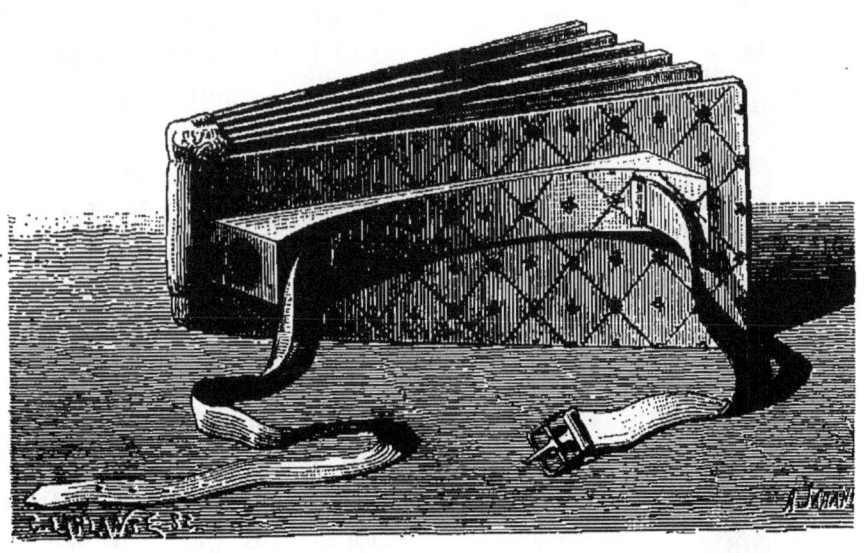

Fig. 60. — Soufflet de musette.

orne ; *musa*, air, mélodie, chanson). Certains chercheurs prétendent aussi que la musette aurait été jouée avec succès au treizième siècle par un musicien appelé *Muset*: d'où le nom de l'instrument.

On appelle aussi par extension *musette* un air fait pour l'instrument en question, dont le caractère est champêtre, naïf et doux, et le mouvement un peu lent.

Dans la *clarinette*, l'embouchure est formée par une

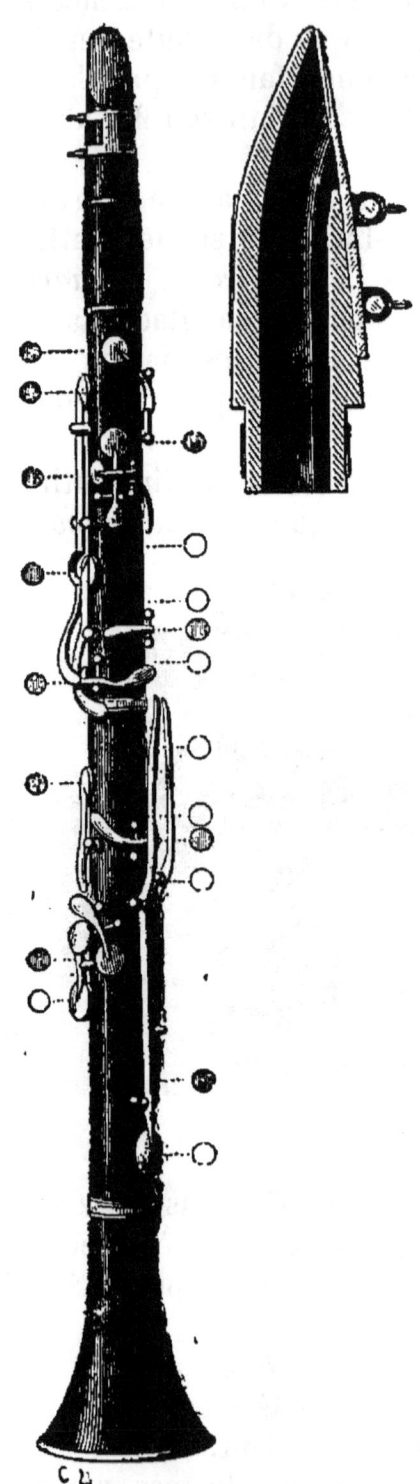

Fig. 61. — Clarinette.

languette de roseau ajustée à un bec de buis, d'ébène ou d'ivoire, et que l'on fait vibrer en soufflant à l'intérieur de l'étroite ouverture qui les sépare. Les lèvres du joueur, selon la pression plus ou moins forte qu'elles exercent contre les deux côtés du bec de l'instrument, modifient la rapidité des vibrations et jouent le rôle de la rasette. Le tube de la clarinette est percé d'un certain nombre de trous que l'on ouvre et que l'on bouche, selon les notes qu'on veut produire, avec les doigts ou avec des *clefs* ou soupapes. L'instrument se termine par un pavillon modérément évasé.

La clarinette fut inventée en 1690 par Jean-Christophe Denner, de Leipzig, qui était venu tout enfant avec sa famille à Nuremberg. Son père, habile luthier, s'établit dans cette ville, et Jean-Christophe resta. Il perfectionna l flûte, inventa les variétés d basson citées plus haut e créa la clarinette qui devai plus tard fournir à l'or chestre des ressources con sidérables. La clarinette fu d'abord d'un jeu difficil et d'un son peu homogène; mais le timbre parut si beau que les luthiers firent tous leurs efforts pour améliorer cet instrument. Il est certain que dès son apparition cet instrument a été l'objet d'études sérieuses. La clarinette de Denner avait deux clefs. Vers la fin du dix-huitième siècle, elle en avait six. En 1811, Ivan Müller, célèbre clarinettiste allemand, porte le nombre des clefs à treize. M. Sax fait encore quelques modifications de détail qui facilitent l'exécution, et son fils essaye d'une clarinette à vingt et une clefs pour obtenir plus de justesse à tous les degrés de l'échelle chromatique : il est vrai que le jeu de l'instrument devient plus compliqué et que la sonorité s'affaiblit.

On a des clarinettes en plusieurs tons, qui varient de diamètre et de longueur, mais le doigté est le même, ce qui permet de produire des gammes différentes, en évitant des difficultés d'exécution parfois considérables.

Les sons du médium de la clarinette respirent la fierté, la tendresse noble et héroïque, et éveillent dans l'âme des sentiments d'une poésie pénétrante. Il n'est personne qui n'ait admiré la phrase lente, pure et rêveuse du solo de clarinette qui est accompagnée par le tremolo des instruments à cordes dans l'ouverture du *Freyschütz*. Cette phrase, unique dans son genre, semble une plainte douce et tendre qui plane au-dessus « du bruit des bois profonds agités par l'orage ».

Berlioz, dans son morceau symphonique *le Retour à la vie*, a produit un effet de mélancolique accablement, de triste murmure, à l'accent vague et lointain, à la sonorité effacée, en faisant envelopper l'instrument dans un sac de peau qui joue le rôle de sourdine.

Beethoven dans ses symphonies, Gluck dans ses ballets ont écrit de belles parties pour la clarinette. On connaît l'adorable phrase du quintette de Mozart, composée pour le ême instrument et toute pénétrée de grâce passionnée.

L'octave basse de la clarinette, que l'on nomme *chalueau*, manqua longtemps de justesse; mais ce défaut disarut avec le temps et les efforts des luthiers, et certains compositeurs ont su tirer un heureux parti de ce timbre nasillard et sombre. On peut citer comme exemple le *trio des Masques* du *Don Juan*, où Mozart avec les notes graves de la clarinette produit un accompagnement lugubre et tout à fait en situation. Rossini, dans son trio du premier finale d'*Othello*, s'est servi avec succès de cette belle sonorité de la clarinette, et Weber, dans plusieurs passages de son *Freyschütz*, en a tiré des effets sinistres et fantastiques.

La *clarinette alto* est d'une quinte au-dessous des clarinettes en *ut* ou en *si bémol*.

La *clarinette basse* est plus grande encore que la précédente, et sonne à l'octave basse de la clarinette en *si bémol*. Il y en a une en *ut*, mais elle est moins employée que l'autre. Les notes graves sont les meilleures ; encore faut-il avoir soin de ne confier à cet instrument que des passages lents, calmes et un peu solennels. On se rappelle le monologue écrit par Meyerbeer dans le trio du cinquième acte des *Huguenots*.

Le *cor de basset* est de la nature de la clarinette ; seulement, comme il est plus grave, il est plus long et par conséquent il a fallu le recourber un peu pour le rendre maniable. Il date, dit-on, de 1770, et fut inventé à Passau. C'est surtout en Allemagne qu'il est employé. Les sons graves sont les plus beaux et les mieux caractérisés. Mozart, dans son *Requiem*, a écrit deux parties de cor de basset, dont l'effet est d'assombrir l'harmonie et de donner à la musique une teinte triste et voilée parfaitement en situation. Le même compositeur a confié aussi au cor de basset des solos importants dans son bel opéra de la *Clemenza di Tito*.

Parmi les améliorations importantes apportées à la clarinette par Ad. Sax, il ne faut pas oublier la transformation du bec de bois, en bec de métal doré. Le bec de bois subissait des modifications fâcheuses par l'action de l sécheresse ou de l'humidité. Avec le bec de métal il n'y plus de variations à redouter ; le son a plus d'éclat, l jeu plus d'étendue, d'égalité, de facilité et de justesse.

La clarinette basse elle-même, quoique relativement très-moderne, a profité des découvertes faites à propos de la clarinette en général, et est devenue presque tout de suite un instrument à son intense, juste et homogène. Comme le tube est fort long, et que l'exécutant est obligé de se tenir debout, le pavillon se trouve tellement près de terre que le son serait amorti si le facteur Sax n'avait imaginé un réflecteur métallique qui renvoie le son dans la salle et s'incline de manière à le diriger. Du reste, la clarinette basse, à son tour, est devenue le point de départ de la clarinette contre-basse, construite d'après les mêmes principes et possédant des notes d'une profondeur et d'une beauté remarquables.

Le *saxophone* est un instrument grave, en cuivre, dont les notes se font avec des clefs, et qui se joue avec un bec à anche dans le genre de celui de la clarinette basse. Il a été inventé par Sax, qui lui a donné son nom. Il existe des saxophones dans un grand nombre de tons. Ils se divisent généralement en six familles : saxophone basse, baryton, ténor, alto, soprano, suraigu.

Le saxophone est arrivé du premier coup à la perfection. Il est d'un jeu commode et agile, il a une grande étendue. Son timbre original et noble est d'un grandiose « pontifical » dans les notes graves. Sur le saxophone on enfle et on éteint le son avec la plus grande facilité. De là résultent de beaux effets, et Berlioz a pu dire avec raison que c'est la plus belle voix à employer pour les morceaux d'un caractère mystérieux et solennel.

Parmi les INSTRUMENTS A ANCHE LIBRE, un des plus connus et des plus utiles est celui que l'on désigne sous le nom général d'*orgue expressif*. Dans les anciennes orgues d'église il y avait un jeu d'anches sans tuyaux, dont le son était tellement goûté qu'on appelait ce jeu *régale* ou *jeu royal*. Ce jeu d'anches est devenu l'origine de l'orgue de petite taille qu'on appelle *expressif*, parce qu'on peut lui donner de l'*expression* en augmentant ou diminuant le son au moyen de la soufflerie. Cette soufflerie est mise en mouvement par les pieds mêmes de celui qui joue et qui règle sa pression comme il l'entend. En modifiant la forme et les dimensions des *languettes* ou *anches*, on obtient des timbres différents ; on produit, par exemple, des effets de *bourdon*, de *basson*, de *clarinette*, de *clairon*, de *hautbois*, de *flûte*, de *fifre* et de quelques autres instruments. On fait jouer ces différents timbres au moyen de registres comme dans les grandes orgues.

C'est dans les premières années de ce siècle que Grenié imagina l'application des anches libres aux jeux d'orgues. Les facteurs allemands et français perfectionnèrent assez rapidement cette découverte. Une amélioration des plus importantes apportée à l'instrument fut l'adaptation de marteaux qui, frappant sur les languettes, les firent parler instantanément et permirent, par conséquent, de jouer des morceaux vifs ; ce qui était impossible avec les anches toutes seules dont les vibrations étaient lentes à se produire. Les termes de *physharmonica*, *œolodium*, *poikilorgue*, *concertina*, *organino*, *harmonium*, *mélodium*, ont été successivement employés par les facteurs pour désigner l'orgue expressif, qui a pu subir des modifications de détail, mais dont le principe est toujours resté le même.

Parlons pour mémoire de l'*accordéon*, qui dérive de l'orgue expressif par son système de languettes ou anches libres. L'accordéon est une petite caisse renfermant un soufflet que l'on tire et que l'on pousse avec une main, tandis qu'avec les doigts de l'autre on manœuvre de petites clefs ou soupapes rangées sur la surface de la caisse. Ces clefs bouchent et débouchent des ouvertures derrière lesquelles se trouvent des anches libres, deux à chaque ouverture. L'une résonne quand on tire le soufflet, l'autre quand on le pousse. Il y a des accordéons de plusieurs tailles. Cet instrument, d'origine allemande, a d'abord fait fureur, puis il est tombé dans l'oubli, et ce n'est pas sans raison, car il a un son d'une douceur maigre, nasillarde et monotone, et quand on veut y mettre du sentiment, on arrive à des effets d'un *tremblé* parfaitement piteux, vulgaire et ridicule.

X

INSTRUMENTS À VENT (suite). — 3° Instruments à embouchure *à bocal*. — Cor : sons ouverts, sons bouchés. — Cor de chasse ou trompe. — Trompette. — Clairon. — Trombone. — Ophicléide. — Basson russe. — Serpent. — Instruments à pistons et instruments à cylindre. — Instruments Sax.

Dans les instruments à vent dont l'embouchure est dite *à bocal*, cette embouchure consiste en un évasement soit conique, soit hémisphérique, qu'on applique contre les lèvres dont le mouvement vibratoire se communique à la colonne d'air contenue dans le tuyau sonore. Les vibrations dépendent de la pression de la bouche et, par suite, du volume du courant d'air.

Le type des instruments à vent à embouchure à bocal est le *cor*, qui est formé d'un tuyau conique contourné en spirale et terminé par une large partie évasée nommée le *pavillon*.

Fig. 62. — Embouchures à bocal.

Les notes que peut produire le cor en plus du son fondamental sont les *harmoniques* naturelles de ce son. On obtient ces différentes notes en faisant vibrer les lèvres à l'unisson et du son fondamental et des harmoniques. Mais on n'obtient ainsi que la *tonique* et quelques *aliquotes* provenant de la résonnance naturelle des divisions harmoniques du tube. Pour compléter la gamme, on bouche le pavillon *plus* ou *moins* avec la main, et l'on obtient les autres notes ; on les appelle *sons bouchés* par opposition aux *sons ouverts* qui se font uniquement avec la bouche, sans la moindre obstruction du pavillon. Les sons bouchés non-seulement diffèrent des sons ouverts, mais encore diffèrent beaucoup entre eux, et cela se conçoit, attendu que selon les notes, le pavillon doit être bouché de la moitié, du tiers, du quart; on arrive même à le fermer presque entièrement. De là de grandes difficultés pour obtenir de la

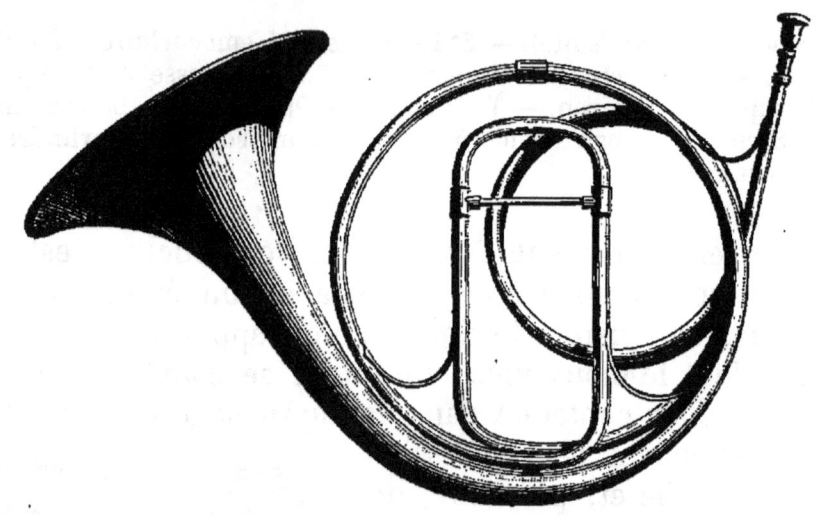

Fig. 63. — Cor d'harmonie.

pureté et de la justesse. Les sons bouchés n'ont été découverts que dans la seconde moitié du dix-septième siècle.

Le cor, d'après son principe même, serait réduit à jouer toujours dans le même ton, si l'on n'avait diverses pièces de rechange qui, modifiant les dimensions du tuyau sonore, déplacent la tonique et transposent soit en élevant, soit en abaissant la note fondamentale.

Le cor, malgré les difficultés que présente son jeu, est un instrument noble et mélancolique et d'une grande utilité à l'orchestre. Tous les grands symphonistes en ont usé et quelques-uns d'une manière remarquable. Le maître qui a su peut-être en tirer le parti le plus original, le plus poétique, le plus *pittoresque*, si l'on peut se servir de cett expression, c'est Weber, qui lui a confié des phrases d'un fierté et d'une tendresse vibrante dont il avait le secret. Méhul et Beethoven avaient aussi bien compris le rôle de ce bel instrument : Méhul fait accompagner par les sons bouchés du cor les dernières paroles d'un mourant. Qui ne se rappelle le grand septuor de Beethoven ? Meyerbeer a fait parler également au cor un langage digne de lui, et Gounod, dans son *Faust*, en a tiré des effets remarquables. On a remarqué avec un certain étonnement que Gluck, qui était si grand symphoniste, ne s'était pas très-heureusement servi du cor. Il est probable que les cornistes de son temps ne lui inspiraient pas assez de confiance pour qu'il leur donnât des parties importantes. On a noté cependant comme une véritable invention de génie les trois notes de cor imitant la conque de Caron dans l'air d'*Alceste : Caron t'appelle*. Ces trois notes étaient données par deux cors à l'unisson. Gluck a fait aboucher les deux pavillons l'un contre l'autre : il en résulte des sons entendus comme en sourdine et entrechoqués en même temps, ce qui produit une sonorité lointaine et caverneuse tout à fait en situation.

Les cornistes modernes sont devenus d'une habileté prodigieuse, et l'on peut citer au premier rang le célèbre Vivier, dont le jeu pathétique est si connu, et qui possède si bien tous les secrets de son instrument qu'il y exécute de vrais tours de force et sait en tirer plusieurs sons simultanés.

Il sera bon de remarquer que dans certaines compositions le mot *cor* ne désigne pas absolument le cor d'harmonie tel que nous venons de le décrire. Ainsi Haydn écrivit une symphonie où il y a *quatre cors*, et M. Deldevez, dans ses *Curiosités musicales*, fait observer avec raison que « le cor solo devait avoir un instrument exceptionnel, un cor de petite dimension, avec embouchure étroite, une sorte de cornet, car la partie principale du *cor solo* serait injouable sur un cor ordinaire ».

Le *cor de chasse* ou *trompe* est assez connu pour qu'il ne soit pas nécessaire d'en parler longtemps. C'est un cor sans pièces de rechange et dont on ne fait sonner que les harmoniques ou notes ouvertes. Il est d'une sonorité éclatante, étourdissante même, et a sa véritable place au milieu de la campagne et des bois. Il a varié de dimensions. Les trompes du seizième siècle étaient trop petites; celles du temps de Louis XIV étaient immenses et gênèrent plus d'une fois les valets, obligés de traverser les broussailles et les fourrés épineux. Aujourd'hui la trompe est maniable, assez légère, bien construite et d'un jeu relativement aisé.

La *trompette* (fig. 64) est composée d'un tube en cuivre

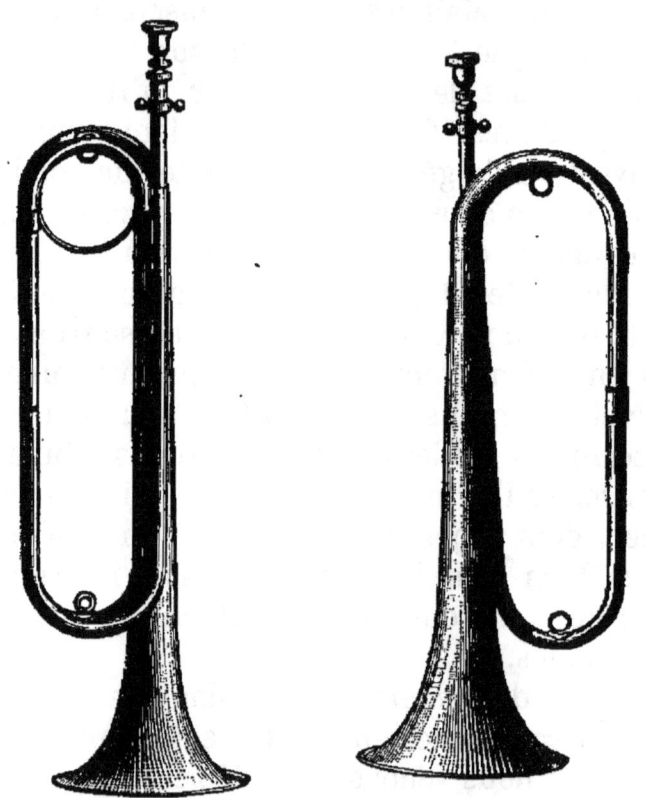

Fig. 64. — Trompette et clairon.

replié sur lui-même avec une embouchure à bocal et un pavillon. Ce tube n'a ni trous ni clefs; il a les mêmes sons harmoniques que le cor, mais n'a que les sons ouverts. La trompette sonne une octave plus haut que le cor et peut comme lui changer de tonique au moyen de tubes additionnels. Elle a un son clair, noble, fier et pénétrant qui éveille des idées joyeuses, guerrières et héroïques. Elle joue un rôle important dans la musique de fêtes. Les compositeurs d'opéras la placent souvent dans les passages passionnés, dans les morceaux d'éclat, dans les chants de triomphe, dans les chœurs solennels, dans les finales énergiques. Jouée *piano*, elle produit des effets d'une grande beauté. Dans l'andante de l'introduction d'*Iphigénie en Tauride*, Gluck a mis une longue tenue de deux trompettes *pianissimo*. Beethoven, dans son andante de la symphonie en *la*, a placé un effet du même genre. Weber a employé aussi *piano* cet instrument avec bonheur en maint endroit.

On trouve dans les opéras de Lulli des parties remplies de difficultés étonnantes, écrites pour les trompettes, et dont ne se tireraient pas les plus habiles exécutants de nos jours : mais c'étaient des trompettes à trous ; et le doute n'est pas permis à cet égard, car le savant père Mersenne nous a laissé la description de ces instruments.

On a fait, dans ces dernières années, à Heidelberg, une découverte importante qui résout la question de la nature des trompettes employées par les anciens compositeurs, tels que Bach et Haendel.

« C'est un artiste de la chapelle royale de Prusse qui a fait cette découverte. Cet instrument est un tube droit de quatre pieds de long. Il est en *si bémol* et peut, au moyen d'une coulisse, monter jusqu'au ton de *ré*.

« Dans une réunion qui a eu lieu à Berlin, Kosleck l'a fait entendre. L'assemblée a été émerveillée de l'émission facile et agréable des sons qui dépassaient d'une octave, à l'aigu, ceux que donne la trompette dont on se sert actuellement dans les orchestres.

« Ainsi s'expliquent ces passages jugés de nos jours inexécutables, dont sont remplies les œuvres des anciens maîtres[1]. »

Les anciens avaient *la* trompette, ou plutôt *des* trompettes, car ils possédaient un grand nombre de variétés de cet instrument. On sait que chez les Romains le mot *tuba* désignait une trompette droite et le mot *lituus* une trom-

---

[1]. Note du livre de M. Deldevez, *Curiosités musicales*.

pette à extrémité recourbée. Ce qu'on sait encore, c'est que tantôt le terme dont ils se servent désigne le son, tantôt fait allusion à la forme, tantôt indique le pays d'où l'espèce de l'instrument est originaire. Il est bien difficile aujourd'hui, pour ne pas dire impossible, de préciser toutes ces nuances. Voici les noms que l'on rencontre le plus souvent en latin : *tuba, lituus, claro, clarasius, clario, taurea, cornix, salpinx, cornu, buccina, argia, œgyptiaca, classica, licinia, hadubba, tubesta.* Dans les auteurs français du moyen âge on trouve les termes *trompe, corne, cor, cornet* qui

Fig. 65. — Trompettes antiques jouant pendant une cérémonie réligieuse militaire.

se comprennent d'eux-mêmes. *Buisine*, fort usité aussi, vient du latin *buccina*. Le mot *oliphant*, employé souvent dans les romans et poëmes de chevalerie, est une corruption d'*éléphant* (*éléphas* en grec signifie *éléphant* et *ivoire*) ou de l'allemand *elfen*, ivoire : il désignait un cor fait d'une défense d'éléphant ou en forme de trompe d'éléphant ; l'oliphant de Roland à Roncevaux est devenu légendaire.

Les trompettes ont toujours servi aux mêmes usages. Quelle que soit l'époque, il y a des trompettes dans les combats, dans les manœuvres militaires, dans les cérémonies et fêtes soit religieuses, soit civiles. La trompette joue primitivement dans les villes le rôle que la cloche joua plus tard : elle annonce aux bourgeois le commencement et la fin du marché, l'ouverture et la fermeture des portes et le couvre-feu. On se sert de cors ou de trompettes pour *corner* l'eau, le vin, le pain des seigneurs quand ils sont à table. On sait que la reine Élisabeth pendant ses repas se faisait jouer de la musique par un orchestre qui devait certainement avoir un caractère guerrier puisqu'il y avait entre autres *douze trompettes*. On a cherché à donner à plus d'un instrument des dimensions colossales ; la trompette entre autres a été l'objet de tentatives de ce genre : au moyen âge, paraît-il, on fabriqua des trompettes qui étaient si longues et si grosses que, pour en jouer, il fallait les appuyer sur un support.

Le *clairon* est une sorte de trompette essentiellement militaire, dont le son aigu et perçant peut s'entendre de fort loin et même au milieu de bruits considérables. Le *tuus* des anciens Romains, au dire des érudits, était un véritable clairon. Cet instrument se retrouve à peu près à toutes les époques. Il n'avait que peu de notes et se bornait à exécuter des sonneries de signaux ou des airs d'un dessin mélodique très-restreint. Il y a une vingtaine d'années, l'habile facteur Sax imagina de construire des pareils à cylindre, qui peuvent se mettre à la place de petite pièce d'embouchure. Ces appareils sont conformés de manière à constituer une famille de clairons chromatiques de diverses hauteurs, et l'on a de cette façon des instruments dont il suffit de changer l'embouchure pour qu'ils servent soit à donner des signaux, soit à jouer des fanfares.

Dans l'instrument appelé *trombone* (fig. 66), la colonne d'air est modifiée par le jeu d'une coulisse que l'exécutant rétrécit ou allonge de la main droite pendant qu'il souffle. Ses notes sont toutes en sons ouverts et se suivent diatoniquement. On peut s'arrêter sur une note et, par la pression des lèvres, comme dans le cor et la trompette, faire sortir certaines harmoniques de cette note. Il y a différentes espèces de trombones qui correspondent à différents degrés d'acuité ou de gravité. Les plus usités sont les trombones *alto*, *ténor* et *basse*.

Le trombone est, selon l'expression de Berlioz, le *chef des instruments épiques*. Il a une sonorité particulière, d'une énergie vibrante et solennelle, merveilleuse dans les chœurs guerrier et religieux et dans les marche triomphales. Le trombone es noble, grand, grave. Mais so calme imposant et magistral peu devenir une fureur puissante sa voix qui soutient et scand majestueusement les hymne hiératiques peut se déchaîner e éclater en clameurs orgiaques Les œuvres des maîtres renfe ment de magnifiques parties d trombone. On connaît le cri fo midable des trois trombones r pondant à l'unisson comme voix courroucée des dieux d enfers à l'invocation d'Alcest dans l'opéra de Gluck. Le mên Gluck, dans son deuxième ac d'*Iphigénie en Tauride*, lan une foudroyante gamme mine de trombones sur laquelle e dessiné le chœur des Furie

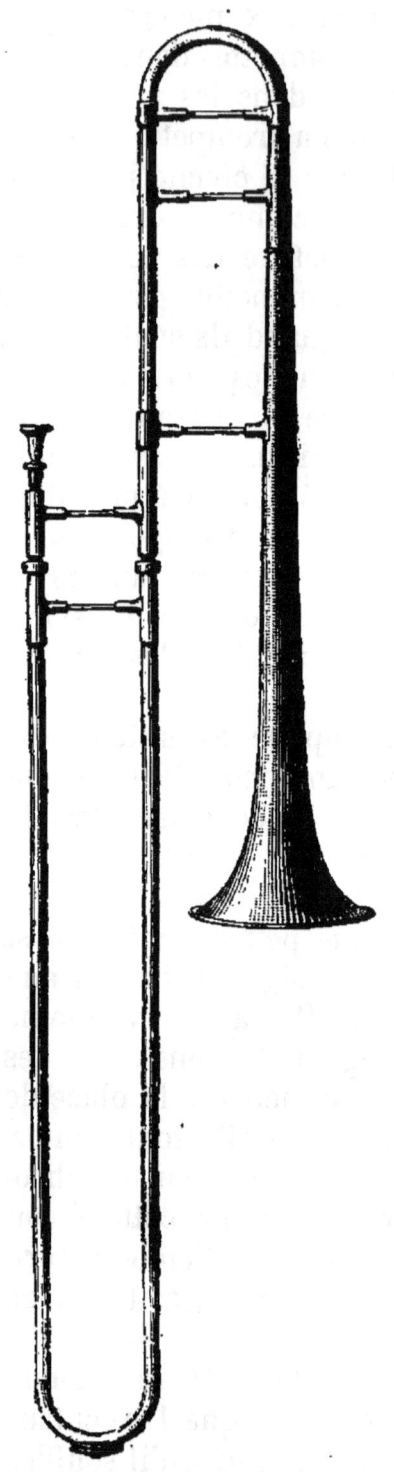

Fig. 66. — **Trombone à coulisse.**

Mozart, dans son admirable messe de *Requiem*, fait interpréter par trois trombones le *tuba mirum spargens sonum*. On sait quel caractère grandiose donnent les notes du trombone au chœur des *prêtres d'Isis* du même compositeur. Beethoven, Weber et Spontini ont tiré du trombone des effets étonnants de puissance et de couleur. Dans son *Requiem*, Berlioz a été jusqu'à employer huit trombones ténors.

Le trombone est un instrument assez ancien. On a des manuscrits du neuvième siècle où se trouvent représentés des cors recourbés à tuyaux mobiles qui sont de véritables trombones. On voit cet instrument désigné au moyen âge et même au seizième siècle sous le nom de *Saquebute* (fig. 67) ou *Sambute*. Il était de ceux que l'on fit étudier à Gargantua, si l'on en croit Rabelais : « Au regard des instruments de musique, il apprint jouer du luth, de l'espinette, de la harpe, de la flûte d'Alleman et à neuf trous, de la viole et de la *Saqueboute*. » Les saquebutes du seizième siècle sont de différents calibres, et l'on en joue à plusieurs parties : il est fait mention, dans les auteurs, du premier dessus, du deuxième dessus, du bourdon et de la basse.

Fig. 67. — Saquebute d'après des manuscrits du moyen âge.

Le trombone est originaire d'Allemagne. Il a toujours porté et porte encore en ce pays le nom de *Posaune*, qui s'applique également à la trompette, et particulièrement à celle des anciens dans les historiens et les archéologues, et à celle des anges dans les passages de théologiens et de poëtes relatifs au jugement dernier. Cette communauté d'appellation indique assez la sonorité puissante du trombone. Quant aux mots *trompe*, *trompette* et *trombone*, ils dérivent tous du terme italien *tromba* qui signifie trompette en général.

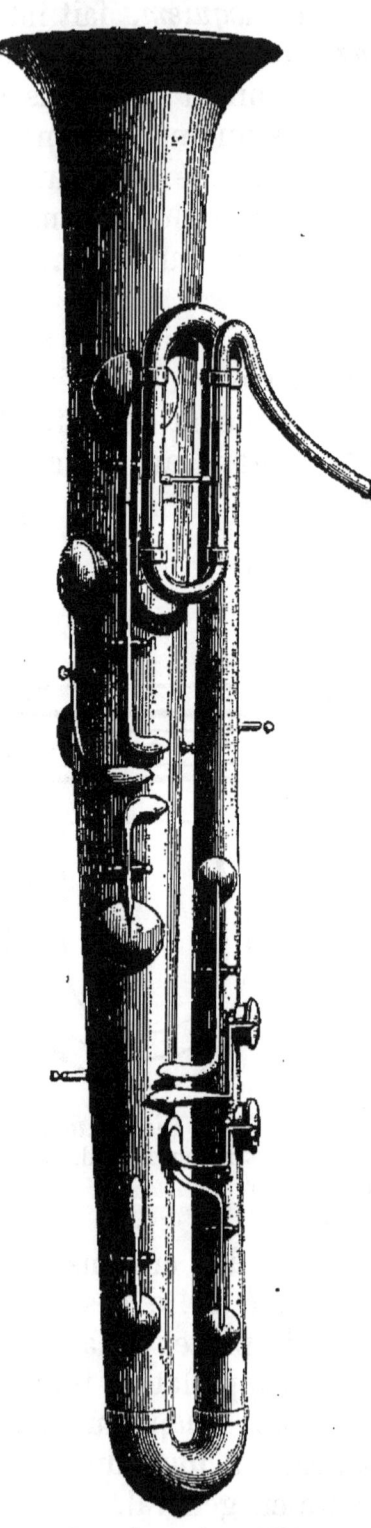

Fig. 68. — Ophicléide.

On modifie encore les vibrations de la colonne d'air dans les instruments à bocal, comme dans la flûte et la clarinette, au moyen de trous convenablement placés, que l'on ouvre ou que l'on bouche à l'aide de clefs dont les leviers sont de formes et de longueurs commodes pour les doigts de l'exécutant.

L'*ophicléide* (fig. 68) peut être pris comme le type de cette variété d'instruments. L'ophicléide, dont le nom signifie *serpent à clefs* (du grec *ophis*, serpent, et *klèis*, clef), est un instrument assez moderne qui n'est guère connu ou usité en France que depuis le commencement de ce siècle. Il est d'origine hanovrienne, comme d'ailleurs un certain nombre d'instruments en cuivre et à clefs. Il a pris dans la musique militaire et à l'église la place du *serpent*. C'est un instrument grave, mais il en existe de différentes hauteurs, et l'on a aujourd'hui l'*ophicléide-ténor*, l'*ophicléide-alto*, l'*ophicléide-basse*. Dans ce dernier on a imaginé de remplacer les clefs par un système de pistons, ce qui rend l'exécution plus facile. L'ophicléide doit se jouer lentement et est fait pour soutenir des masses d'instruments de cuivre ; sa sonorité et son jeu ne se prêtent pas à ces traits de vitesse que font entendre certains artistes et qui n'ont rien d'agréable pour l'oreille. On a voulu quelquefois jouer sur l'ophicléide des airs faits pour le violon ou la flûte : ce sont là des tours de force de mauvais goût et des contre-sens musicaux.

Le *basson russe*, instrument de bois avec pavillon de cuivre, est percé de six trous ouverts et de quatre autres trous bouchés avec des clefs. Il se rattache donc à l'ophicléide à certains égards. Comme lui il a remplacé le serpent.

Quoique ce dernier instrument ait à peu près complètement disparu et soit pour ainsi dire devenu une curiosité archéologique, comme il en est souvent parlé d'une façon ou d'une autre, nous en dirons quelques mots.

Le *serpent* (fig. 69) est un instrument à bocal et dont les notes sont faites au moyen de trous que bouchent et débouchent les doigts. Il est construit en bois mince et a la forme d'un tube rond tortillé en S comme un serpent, ce qui le rend moins long. La couleur noire qu'on lui voit dans les tableaux ou dessins vient de ce qu'il était recouvert d'un cuir ou d'une peau de chagrin. Il va en grossissant toujours de diamètre de l'embouchure à l'autre extrémité.

Fig. 69. — Serpent.

Le serpent fut inventé vers la fin du seizième siècle par Edme Guillaume, chanoine d'Auxerre, pour soutenir et renforcer la voix des chantres. On s'en servit aussi longtemps pour fournir les notes basses dans la musique militaire. Il fut dès l'origine et resta toujours un instrument très-imparfait : rude, faux, inégal. Les clefs qu'on y ajouta ne l'améliorèrent qu'à moitié. Ce n'est plus guère aujourd'hui qu'un objet à mettre dans les collections et un souvenir du passé.

Il existe encore un procédé qui a pris une immense extension de nos jours, c'est celui qui préside à la fabrication des instruments dits *à pistons*. Le but d'ailleurs est toujours le même, modifier la colonne d'air qui vibre dans le tube sonore.

Les pistons sont de petits tubes qui s'emboîtent exactement et glissent dans d'autres tubes fixes qui communiquent avec le tuyau contourné de l'instrument. Ces tubes mobiles sont percés latéralement d'ouvertures qui correspondent à des appendices destinés à accroître la longueur de la colonne vibrante. A la partie supérieure du tube mobile est une tige munie d'un bouton que le doigt peut presser commodément, et au-dessous de la partie infé rieure est un ressort qui cède facilement sous le doigt, mais qui remonte le tube mobile à sa place primitiv quand le doigt ne presse plus. On comprend maintenan que les ouvertures du tube mobile, suivant qu'il s'abaiss ou se lève, se placent en face de celles des appendices o˙ se trouvent à la hauteur de la partie pleine de ces même appendices. On ouvre donc ou l'on bouche la communica tion avec 1, ou 2, ou 3 pistons diversement combinés, e les changements apportés aux vibrations de la colonn d'air changent les notes. On obtient aussi des modific tions dans le ton en modifiant la longueur des appendice et celle de la partie du tuyau où se trouve l'embouchur

Le système des pistons a été appliqué à tous les in truments en cuivre. On a aujourd'hui des cors, des co nets, des trompettes et des trombones à pistons. Ce méc nisme donne une grande égalité aux sons et une gran facilité au jeu, mais il faut bien avouer que dans certai cas le timbre de l'instrument primitif est altéré et dén turé, et que c'est une grande faute pour un chef d'orchest que de faire exécuter par des instruments modernes d parties de symphonies écrites par les maîtres pour l anciens instruments du même nom. L'ignorance des ex cutants peut trouver cela plus commode, la paresse du ch d'orchestre peut s'en contenter, mais le caractère d'u œuvre est absolument faussé par une pareille négligenc

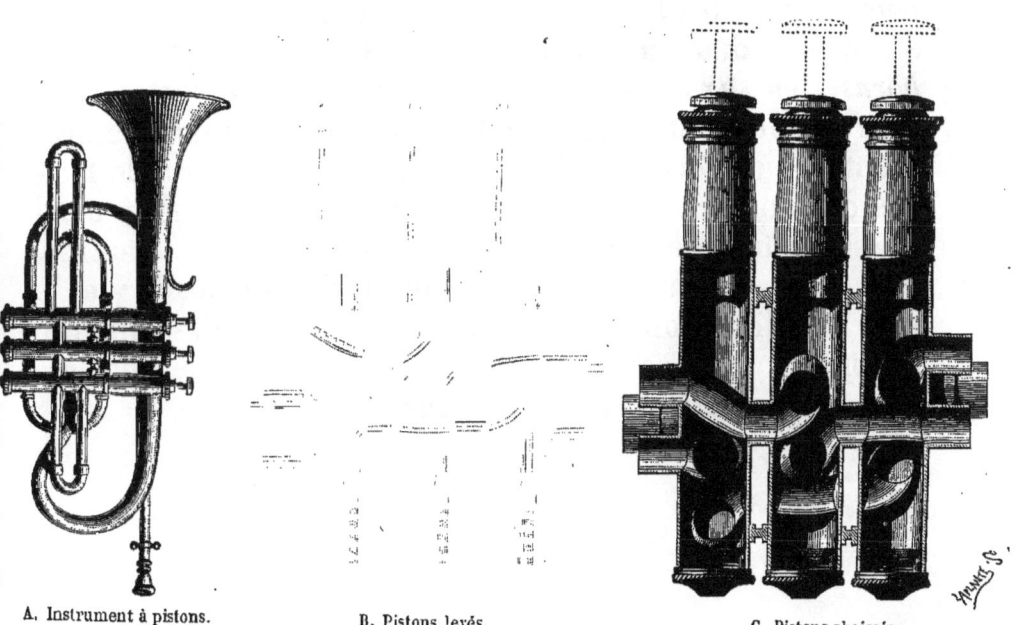

A. Instrument à pistons.   B. Pistons levés.   C. Pistons abaissés.
Fig. 70. — Mécanisme des pistons.

Il serait trop long d'étudier chacun des instruments qui de nos jours sont munis de pistons, ou de cylindres, mécanismes reposant sur le même principe. D'ailleurs, si les formes et les dimensions changent, la théorie physique de leur construction est toujours la même, et l'on ne pourrait guère que se répéter dans les descriptions qu'on en ferait. Contentons-nous donc de dire qu'à cette classe appartiennent, en outre des instruments que nous avons nommés plus haut, les *bugles* à pistons et à cylindres, les *bombardons*, les *bass-tubas* et les différentes familles d'instruments dus au savant facteur Sax, tels que les *saxhorns*, les *saxotrombas*, les *saxtubas*. La plupart de ces instruments sont entièrement nouveaux et ont entre autres avantages de fort belles qualités de son, une grande facilité de jeu, et l'unité de doigté, ce qui fait que, quand on sait jouer de l'un, on sait jouer de tous les autres, quel que soit leur degré d'acuité ou de gravité. Il y a là une simplification précieuse, attendu que toute simplification en matière de procédés mécaniques est une conquête de la science pour le progrès.

XI

INSTRUMENTS A VENT (suite). — Orgue. — Mécanisme : tuyaux ; tuyaux à bouche, tuyaux à anche ; tuyaux ouverts, tuyaux bouchés. — Jeux : jeux de fonds, jeux de mutation. — Sonorité particulière des jeux de fonds. — Jeux d'anches libres. — Soufflerie : soufflets, porte-vent, gosier. — Sommier, gravures, laye. — Registres. — Clavier. — Abrégés. — Levier pneumatique. — Perfection des orgues françaises modernes.

De tous les instruments de musique moderne, le plus beau sans contredit, et le plus grandiose comme effet, le plus varié dans ses moyens et ses ressources, en même temps que le plus curieux dans son mécanisme, c'est l'*orgue*, tel que l'ont fait ces grands facteurs de nos jours qui joignent à la science du physicien et du mathématicien le goût et la sensibilité de l'artiste.

L'orgue est un instrument à vent, ou plutôt une réunion d'instruments à vent, qui, par la variété de leurs timbres, par l'étendue de leur échelle musicale, allant des basses les plus graves et les plus profondes jusqu'aux notes les plus aiguës, constituent un orchestre complet.

L'orgue se compose de deux parties principales :

1° Celle qui produit le son d'après les lois immuables de l'acoustique : c'est la partie *résonnante* et *musicale*. Elle comprend les *tuyaux*.

2° Celle qui n'est qu'une affaire de pur mécanisme, et qui, par conséquent, peut admettre des modifications nombreuses. Cette partie renferme cependant des éléments ssentiels et toujours les mêmes en principe, malgré des ‘fférences d'ajustement et de position selon les orgues. es éléments sont la *soufflerie*, les *sommiers*, les *registres*, es *claviers*.

Tuyaux. — Quand on regarde dans une église ce qu'on appelle vulgairement l'orgue ou les orgues, c'est-à-dire cette espèce de construction d'un caractère généralement ornemental placée soit au-dessus de la grande porte d'entrée, soit sur un des côtés de la nef, on y remarque deux parties : l'une en bois, ordinairement sculptée et décorée ou d'ogives, ou de rinceaux, ou de colonnes, ou de statues, ou d'objets symboliques : c'est le *buffet d'orgues*, à proprement parler ; l'autre, composée de longs cylindres d'un métal blanc, se terminant en cône à leur partie inférieure : ce sont les *tuyaux*, ou du moins, ce sont, parmi les tuyaux, ceux qui, par leur forme ou leur grandeur, peuvent se prêter à une disposition architecturale et décorative ; car dans un orgue le nombre total des tuyaux est bien plus considérable que celui qu'on voit. Nous laisserons de côté le buffet qui est à proprement parler du domaine de l'art pittoresque et de la fantaisie, et nous nous occuperons immédiatement des tuyaux.

Il y a deux espèces de tuyaux dans les orgues :

1° Les tuyaux dits *à bouche*, dans lesquels le son est produit par la colonne d'air qui vibre dans le tuyau.

2° Les tuyaux dits *à anche* dans lesquels le son est produit par les battements ou oscillations d'une lame vibrante.

Les *tuyaux à bouche* sont, les uns en bois, les autres en métal, et ce métal est tantôt de l'étain seul, tantôt un alliage de plomb et d'étain appelé *étoffe*. Mais qu'ils soient de métal ou de bois, leur principe est toujours le même[1].

Nous avons au chapitre VIII donné le dessin des tuyaux à bouche, et exposé sommairement la manière dont le son se produisait dans cette sorte de tuyaux. Nous n'y reviendrons pas, et nous nous contenterons d'ajouter que l'on appelle aussi *embouchure de flûte* cette bouche à biseau, parce que, expérimentalement, le son de la flûte est produit par le même système.

---

[1]. Si le lecteur était désireux d'avoir un plus grand nombre de détails sur l'orgue, son mécanisme et son histoire, je me permettrais de le renvoyer aux articles développés que j'ai donnés touchant cette matière au *Magasin pittoresque* (année 1872).

Musicalement, on comprend qu'il soit besoin de modifier le timbre des tuyaux, pour arriver à la variété dans les sons. On y parvient (et dans beaucoup de cas c'est un fait de pure expérience) en terminant la partie du tuyau qui est au-dessus de la bouche par un pavillon, soit évasé, soit conique, mais en sens contraire, soit formé de deux cônes soudés par la partie large, etc. Il y a la forme cylindrique, très-fréquente, que l'on connaît déjà. Quant aux tuyaux en bois, ils sont généralement carrés, à côtés parallèles ; et, s'ils sont évasés, cet évasement est formé par une pyramide à base carrée, ce qui est d'une construction plus facile.

Les tuyaux ont, dans certains cas, l'extrémité supérieure complétement libre ; on les appelle alors *tuyaux ouverts*. Le son en est rond, plein et ferme. Ils sont dits *tuyaux bouchés*, lorsque cette extrémité supérieure est fermée par fond hermétiquement ajusté sur le contour du tuyau. ans ce cas le son est plus sourd, et à longueur égale e tuyau fermé résonne une *octave* plus bas que le tuyau uvert. Les tuyaux en bois se ferment par un tampon de ois garni de cuir, et ceux de métal par une calotte de étal.

Il y a des tuyaux dits *tuyaux à cheminée*, dont la calotte u le tampon est traversé par un tube plus étroit que leur orps. Le son de ces tuyaux tient le milieu entre celui des yaux bouchés et celui des tuyaux ouverts.

Les tuyaux *à anche* sont ou à anche battante ou à anche ibre. Nous avons donné plus haut, dans le chapitre ix, e qu'il est indispensable de savoir, touchant ces deux spèces d'anches, au point de vue du mécanisme théoique.

Avec ces tuyaux d'espèces variées on forme des séries e l'on nomme *jeux*, qui diffèrent les uns des autres par **timbre**, l'*intensité*, et dans certains cas par la *tonalité*. La terminologie des facteurs d'orgues est immense, rien 'au point de vue des noms des tuyaux et des jeux. ous renvoyons donc aux ouvrages spéciaux ceux des lecurs qui seraient curieux de particularités dont la place n'est pas dans un article destiné simplement, comme celui-ci, à vulgariser les points principaux de la question. Mais il est certains mots que l'on est exposé à rencontrer fréquemment, pour peu qu'on s'intéresse à la lecture des ouvrages de critique ou d'histoire artistique, et sur lesquels il ne sera pas inutile de donner quelques explications.

Les jeux *à bouche* se divisent en jeux de *fonds* et en jeux de *mutation*.

Les jeux de fonds, autrement dits *jeux d'octave*, sont accordés à l'octave les uns des autres, et les jeux de mutation forment avec les jeux de fonds des intervalles autres que l'octave, la *tierce* ou la *quinte* par exemple.

Les jeux de mutation sont de plus *simples* ou *composés* : simples, lorsqu'en touchant une note du clavier on fait entendre une note autre que celle qu'on a abaissée, mais une seule; composés, lorsque à chaque note du clavier correspond une réunion de plusieurs tuyaux accordés en *octave*, *tierce* et *quinte* par exemple, et parlant tous en même temps, mais donnant une note unique.

On donne aux jeux des dénominations particulières tirées de telle ou telle circonstance de leur taille, de leur structure, de leur timbre, etc. Mais une des plus simple et des plus précises est celle qui provient de la longueur d tuyau le plus grave de la série. Ainsi on dit un *trente deux pieds*, un *seize-pieds*, un *huit-pieds* pour désigner de jeux dont les tuyaux les plus graves ont respectivemen 32, 16, 8 pieds de longueur. Ces chiffres servent également dans la pratique à désigner la force et la qualité d l'orgue : on dit, par exemple, un *orgue de trente-deux pieds* pour indiquer un orgue dont le plus grand tuyau 32 pieds.

La réunion de tous les jeux à *bouche* de 32, de 16, d 8 et de 4 pieds, ouverts et fermés, s'appelle les *fonds d l'orgue;* de là, l'expression *jouer les fonds*. Les *bourdons* o *jeux bouchés*, de même intonation, quoique associés au jeux ouverts, ne font pas double emploi, à cause de la di férence du timbre. Les jeux de fonds ont une sonorité pa ticulière que l'on ne saurait reproduire avec aucun instrument d'orchestre, et qui donne spécialement à l'orgue ce que l'on pourrait appeler son caractère religieux.

Parmi les jeux à bouche, les principaux jeux de fonds et de mutation, soit simples, soit composés, sont le *prestant*, la *doublette*, la *grosse tierce*, la *tierce*, le *nasard*, le *sesquialtre*, la *mixture* ou *fourniture*, la *cymbale*, le *cornet*.

Les *jeux d'anche* sont ceux dont la sonorité est la plus éclatante. Les principaux sont : la *bombarde*, la *contrebombarde*, la *trompette*, le *clairon*, le *hautbois*, le *basson*, la *clarinette*, qui ne tient pas toujours comme imitation ce que son nom promet, le *cromorne* (de l'allemand *Krummhorn*, corne tordue, courbe), qui imite un ancien instrument du même nom et qui a un son particulièrement vibrant, pathétique, distingué et grave, la *voix humaine*, qui a la prétention et quelquefois la chance d'imiter la voix naturelle de l'homme.

Nous avions parlé aussi de *jeux d'anches libres*. L'*euhone* (*eu* bien, *phôni* voix, étymologie grecque) et le *or anglais*, tous deux assez nouvellement introduits dans es orgues et remarquables par la douceur et la beauté e leur timbre, peuvent être cités comme les représentants de cette nouvelle famille.

La liste des jeux que nous venons de donner est certaiement très-incomplète ; mais, telle qu'elle est, elle peut éjà montrer de quelle variété de timbres et de quelle rande échelle de notes dispose l'organiste.

La foule des tuyaux de l'orgue (orgue de Harlem, 000 tuyaux; orgue de Saint-Sulpice, œuvre de notre rand facteur Cavaillé-Coll, 7000 tuyaux) est loin d'être isible tout entière. Ce n'en est même que la plus petite artie que l'on voit devant le buffet. Les jeux qui garnisnt ainsi la façade de l'orgue ont un nom tiré de leur tuation : on les appelle *jeux de montre*.

Soufflerie. — Les tuyaux parlent au moyen de vent, ce vent leur est fourni par des soufflets. Pendant longmps la soufflerie, comme nous le verrons dans l'histoque de l'instrument, est restée dans un état de grossiéreté et d'imperfection barbares, mais aujourd'hui, grâce à nos savants facteurs, cette partie du mécanisme de l'orgue a fait d'immenses progrès qui donnent à l'or-

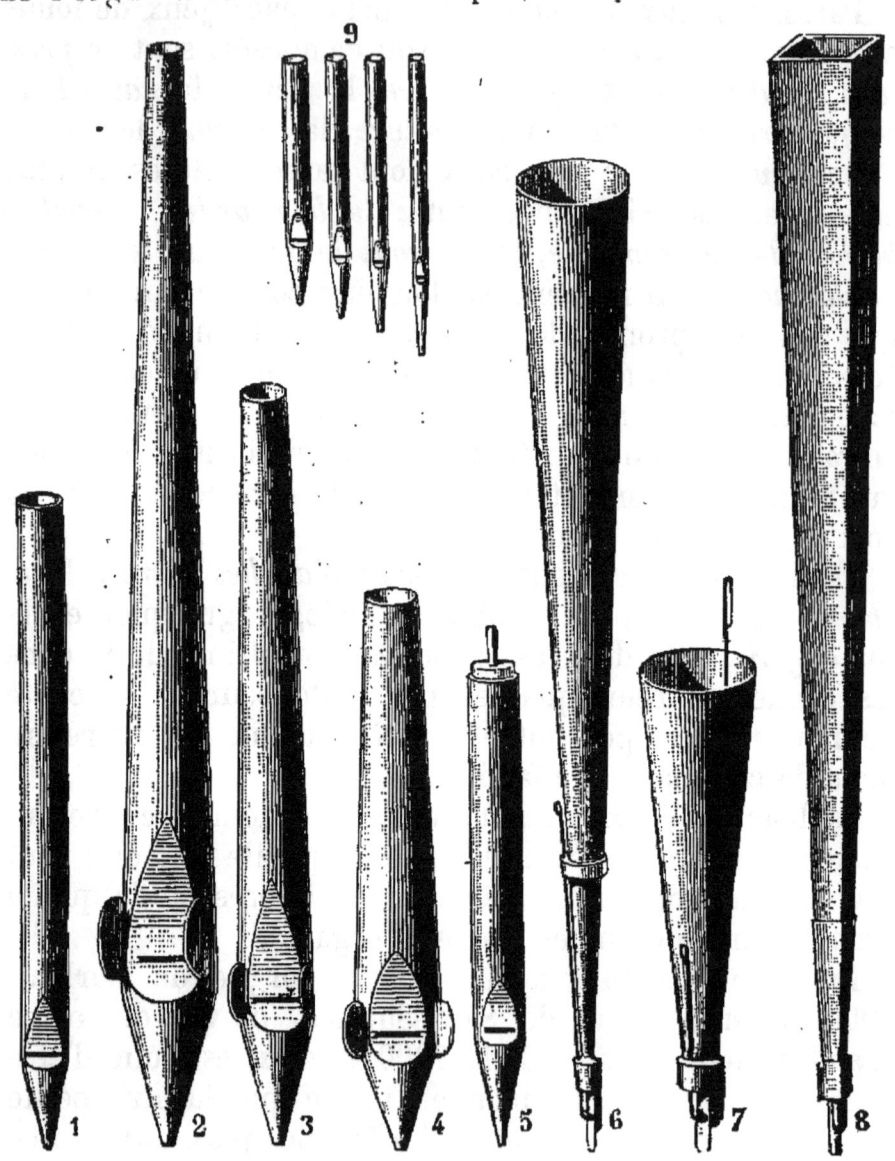

Fig. 71. — Jeux d'orgues.
1, prestant. — 2, gros nasard. — 3, nasard. — 4, cornet. — 5, flûte. — 6, trompette. — 7, voix humaine. — 8, bombarde. — 9, fourniture.

ganiste des facilités et des ressources précieuses pou l'attaque des notes et la pureté du jeu.

Les soufflets des orgues doivent donner un vent v

ferme et sans saccades. On obtient ce résultat par la construction même du soufflet, par un système de poids et par une disposition de soupapes qui forcent l'air aspiré et comprimé à aller aux tuyaux par un conduit spécial appelé *porte-vent*. Dans ce porte-vent se trouve un mécanisme à soupape nommé *gosier*, qui empêche l'air déjà entré et comprimé dans le porte-vent d'être repompé par le soufflet, lorsqu'on relève sa table supérieure.

Sommier. — Le *sommier* se compose d'une grande caisse ABC (fig. 72) divisée intérieurement par des barres

Fig. 72.

de bois en canaux allongés, qu'on appelle *gravures*. La (fig. 73) donne une vue d'une de ces gravures prise dans le sens de sa longueur.

A la partie inférieure du sommier se trouve un long compartiment ABD (fig. 72), nommé *laye* ou *laie*, sorte de réservoir ou communication avec le ou les porte-vent. Cette laye (voir la fig. 73 qui la représente en coupe transversale avec une gravure) renferme des soupapes (dont on voit une en S) qui s'appliquent très-exactement contre le canal des gravures par de forts ressorts et le ferment. Lorsqu'elles sont ouvertes, ces soupapes livrent le passage au vent comprimé de la laye dans les gravures correspondantes. Les gravures sont recouvertes d'un double plancher qu'on appelle la *table du sommier* et qui est collé et cloué sur les barres des gravures, de manière que le vent de l'une ne puisse en aucune façon pénétrer dans l'autre. Ce double plancher est percé de trous rangés en lignes régulières, où les tuyaux sont implantés et maintenus par différents procédés selon leur taille et leur forme.

Entre les deux planchers, perpendiculairement aux gravures et parallèlement aux rangées de trous, sont ajustées très-solidement des bandes de bois très-lisses et distantes l'une de l'autre, de manière à laisser de longs intervalles ou coulisses rectangulaires. Dans ces coulisses se meuvent

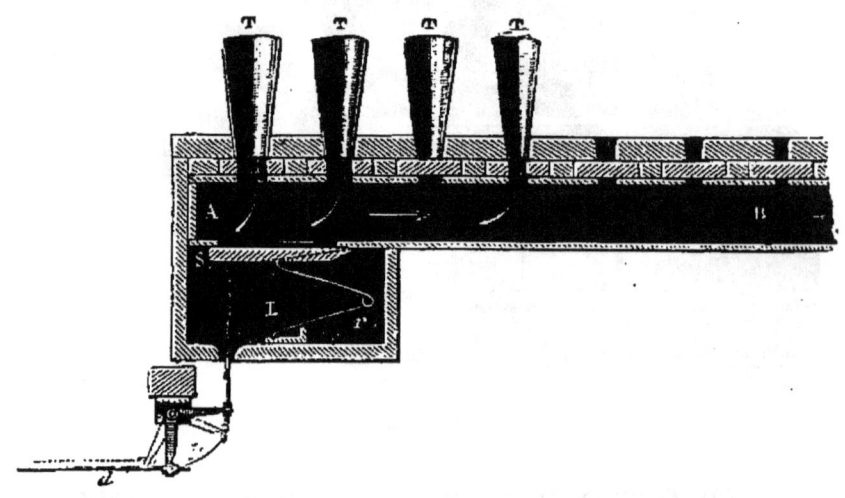

Fig. 73. — Coupe transversale du sommier. — Laye et soupape.

des règles en bois qui glissent en les remplissant très-exactement. Ces règles cR, $c'R'$, $c''R''$ (fig. 72) se nomment *registres*, et sont percées de trous qui correspondent à ceux du double plancher. On conçoit que, selon la position du registre tiré ou poussé, tantôt il laisse le libre passage du vent de la laye dans les tuyaux, tantôt il intercepte ce même vent. Les figures 72 et 73 montrent des registres tirés et ouverts. Dans la figure 73 en particulier, on voit trois rangées de tuyaux ouvertes au vent, et une fermée.

Ce double mouvement, d'ouvrir ou de fermer les regis-

MOYENS. 159

tres est du reste exécuté à volonté par l'organiste, selon qu'il a besoin de tel ou tel *jeu*. Il lui suffit pour ouvrir les registres de tirer des boutons placés à droite ou à gauche ou en haut du clavier, mais toujours à sa portée. Un mécanisme approprié de tirants, de bras et d'axes ransmet le mouvement et fait glisser les barres des registres dans les deux sens. La figure 74 montre les bou-

Fig. 74. — Claviers du grand orgue de Notre-Dame de Paris.

ns des *tirants des registres* ou des *registres*, comme on dit us simplement, disposés en cinq étages à droite et à uche des claviers.

Quand les tuyaux sont trop gros pour être placés sur le
    ier au-dessus des trous du registre correspondant,
les place à part sur un support, où des tubes de plomb,
    tés dans la mesure nécessaire et partant du sommier,
r apportent le vent des gravures, tout en restant soumis
    registre dont ils dépendent.

Le clavier de l'orgue se compose de *touches* disposées romatiquement comme celles d'un piano. Un orgue a inairement plusieurs claviers placés en gradins. Le nombre de ces claviers va quelquefois jusqu'à cinq. Il est très-rare qu'il n'y en ait qu'un. Quand l'organiste abaisse une touche, elle tourne autour d'un axe, fait levier et tire une vergette. Cette vergette tire à son tour un petit levier implanté sur un rouleau qu'il fait tourner. Ce rouleau e tournant met en mouvement un autre petit levier qui tir une autre vergette. Cette dernière vergette (on peut e voir le bout en *d*, fig, 73) ouvre la soupape S au moye d'un fil de fer entouré d'une boursette de peau très-flexible l'endroit où il traverse la planche inférieure de la laye L La boursette n'empêche le fil de fer ni de monter ni d descendre, mais elle s'oppose à ce que le vent de la lay sorte par le trou par où passe le fil. On comprend maintenan qu'une fois la soupape baissée, le vent de la laye pénètr dans la gravure et fasse parler un, deux, trois, etc., tuya de cette gravure, selon qu'on a tiré au préalable un, deux trois, etc., registres.

On appelle *abrégé* ce système de vergettes et de rouleau garnis de leviers, parce qu'il abrége la longueur du so mier et la réduit en quelque sorte à celle du clavier. L mot paraîtra juste, quand on saura qu'un clavier, par l'h bile disposition des abrégés, peut faire manœuvrer d' *plomb* les soupapes d'un sommier qui a, dans certains ca jusqu'à douze fois sa longueur.

Il y a aussi un clavier de *pédales*. Ce clavier est sous l pieds de l'organiste : il se compose de grosses touches bois assez longues et assez écartées pour que de la poin et du talon du pied il puisse abaisser sans confusion cell des notes dont il a besoin. Ce clavier correspond aux not les plus graves.

Les claviers ont différents noms et remplissent différen rôles. Ils jouent isolément, si l'on veut, mais ils peuvent aus s'accoupler à volonté plusieurs et même tous ensembl et l'organiste obtient alors de son instrument toute la for et toute la majesté de sons que comporte une pareil multiplicité de jeux.

Une très-remarquable invention, qui a supprimé d' coup des obstacles jusqu'alors insurmontables pour l'or niste, c'est le *levier pneumatique* de Barker, appliqué par M. Cavaillé-Coll, le premier, à la construction des orgues et perfectionné par lui. Voici les raisons qui ont fait chercher ce mécanisme, et la manière dont il fonctionne :

Les soupapes qui bouchent l'entrée des gravures, et qui sont mues par les touches des claviers, présentent de la résistance à cause de la pression de l'air comprimé dans la laye. Cette résistance doit être naturellement d'autant plus grande que les jeux sont plus nombreux et que par conséquent la soufflerie est plus puissante. S'il y a accouplement des claviers la résistance peut aller jusqu'à la gêne. Il en résulte que, dans un orgue de très-grandes dimensions, certains traits rapides seraient non-seulement difficiles, mais même impossibles à exécuter. Or cette difficulté dépendant de la nature même de l'instrument (puisqu'il faut des soupapes et qu'il faut aussi du vent, et dans certains cas du vent très-fort) semble *a priori* inévitable et insurmontable. L'application intelligente d'une loi de physique féconde permet d'en triompher et de rendre l'instrument aussi maniable qu'un piano. On sait que la machine à vapeur fonctionne en vertu du principe de la *détente des gaz*, c'est-à-dire que la force expansive ou détente de la vapeur d'eau est utilisée pour mouvoir un piston dans un cylindre. M. Barker eut l'idée d'employer la détente de l'air comprimé, au lieu de vapeur d'eau, comme moteur, et construisit un appareil à la fois très-simple, très-puissant et d'un effet instantané.

Un vent d'une certaine intensité, emprunté à la soufflerie ou à une soufflerie spéciale, arrive dans une *laye* qui communique avec une *gravure* par une *soupape* de très-petite dimension et, par conséquent, n'offrant qu'une résistance insignifiante, la résistance étant *proportionnée à la surface* de la soupape. La gravure en question est fermée au-dessus par un soufflet communiquant avec elle par sa table inférieure qui est immobile. Le soufflet est de petite taille ; néanmoins la surface de sa table supérieure, qui est mobile, est calculée de manière qu'en se combinant avec la force élastique de l'air qui s'introduira dans le soufflet, elle ait une puissance d'ascension convenable. A la queue de la table supérieure est fixée une vergette reliée à la soupape du sommier proprement dite. Si maintenant on abaisse une touche du clavier, au lieu d'avoir à vaincre la résistance de cette soupape qui bouche la gravure où sont les tuyaux, et qui, par les raisons que nous avons dites, exige un effort suffisant pour gêner l'organiste, on n'agit que sur la toute petite soupape de la laye adjointe qui ne demande, elle, aucun effort. Le vent se précipite par la gravure dans le petit soufflet, et la table supérieure se lève, entraînant la vergette qui ouvre la grande soupape de la laye du sommier. La petite soupape est reliée à une autre soupape qui ferme une ouver vure assez large située à la partie supérieure de la gra vure du *levier pneumatique*. Ces deux soupapes sont ajus tées de telle façon que, quand celle de la petite lay s'ouvre par l'abaissement de la touche du clavier, celle d la gravure se ferme, et par conséquent le vent est forcé d se précipiter dans le petit soufflet et de le soulever. Qu l'organiste cesse d'appuyer sur la touche, la soupape d'e bas se ferme, celle d'en haut s'ouvre, le vent contenu dan le soufflet et dans la gravure du levier pneumatique s'' chappe, la queue du soufflet tombe et la soupape de l grande laye du sommier se ferme. Grâce au fini et à l précision du travail de nos facteurs, ce mouvement, e apparence assez compliqué, s'exécute avec une facilité une justesse merveilleuses.

On a appliqué du reste le même principe au mani ment des registres, qui, par la nécessité où ils sont s'ajuster très-exactement à leurs coulisses, offrent natur lement une certaine résistance et par suite une fatig inutile à l'organiste.

Telles sont les parties constitutives et essentielles l'orgue moderne, surtout de l'orgue comme le compre nent et le construisent nos grands facteurs français, l premiers artistes et savants du monde en ce genre, s dit sans aucune vanité nationale. Pour n'en citer qu'u M. Cavaillé-Coll n'a-t-il pas conquis les suffrages unanim même des étrangers, et les grands organistes des différents pays de l'Europe, qui sont venus chez nous pour connaître et juger ses grandes orgues de récente construction, n'ont-ils pas été obligés de les admirer et d'avouer qu'elles étaient bien supérieures même à celles que dans leurs pays on s'était habitué jusqu'alors à considérer comme la perfection? Quand on disait autrefois l'orgue de Harlem ou de Fribourg, il fallait s'incliner; aujourd'hui, on dit, dans le monde entier, l'orgue de Saint-Sulpice ou de Notre-Dame de Paris.

XII

Instruments a vent (suite et fin). — Orgue. — Histoire : difficultés que présente l'histoire de l'orgue. — Les monuments sont d'un dessin vague et les textes sont peu précis. — Sens varié des mots ὄργανον et *organum*. — On ne peut fixer la date de l'origine de l'orgue; on peut affirmer cependant que cette origine est très-ancienne. — Textes mal compris de la Bible, de Pindare, de Nonnus. — Marche logique du développement et du perfectionnement de l'orgue, la flûte étant le point de départ. — L'orgue n'est qu'une gigantesque flûte de Pan. — Comment s'est formée probablement la *partie résonnante*. — Comment s'est formée la *soufflerie*. — Les monuments et les textes antiques indiquent d'une manière manifeste les parties essentielles de l'orgue. — Deux espèces d'orgues dans l'antiquité : orgue pneumatique proprement dit et orgue hydraulique. — Ktésibios. — Vitruve. — Le P. Kircher. — Perrault. — Cornelius Severus. — Athénée. — Claudien. — Publilius Optatianus Porphyrius. — Orgue hydraulique à vapeur de Julius Pollux, de William Sommerset. — L'hydraule étai un instrument très-répandu et très-employé. — Témoignages d'auteur. nombreux. — L'hydraule est en usage jusqu'à la fin du douzième siècle. L'orgue pneumatique subsiste toujours néanmoins. — Bas-reliefs d l'obélisque de Théodose. — Orgue au moyen âge. — Orgues portative de différentes tailles. — Serinette. — Orgue de Barberi.

L'origine de l'orgue semble devoir être très-ancienne sans que l'on puisse cependant déterminer une date pré cise à ce sujet. L'histoire de ses progrès et sa structur pendant toute l'antiquité et une bonne partie du moyer âge ont été fort étudiées et ont donné lieu à de nombreu travaux, qui ne font guère qu'aboutir à des hypothèses les unes ingénieuses, les autres absurdes. Ce n'est pa que les renseignements fassent défaut, mais ils ne son guère faits pour apporter la lumière dans cette question Les textes techniques sont très-obscurs, les textes poét ques sont vagues et peuvent même, le plus souvent, êtr accusés d'emphase et de banalité : les poëtes, parlant d choses qu'ils connaissaient peu ou point, s'en tirent par des expressions ronflantes et des comparaisons sonores, mais peu instructives. Quant aux monuments (statues, bas-reliefs, médailles, pierre gravées, dessins et peintures de manuscrits) ils donnent en général assez bien les lignes extérieures, la silhouette de l'objet, pour ainsi parler ; mais le détail, le jeu, le mécanisme de l'instrument, tout cela est absent. Il y a une espèce de type convenu, tracé à grandes lignes, que l'on retrouve dans une foule d'endroits et pendant des siècles; mais ce qui est très-suffisant pour le pittoresque et le décoratif devient très-insuffisant quand il s'agit d'une étude *anatomique*, pour ainsi dire, de l'orgue. On a, par exemple, des représentations d'orgue du seizième siècle (vitraux de la cathédrale de Sens) qui n'en disent pas beaucoup plus que des médailles ou des pierres gravées des premiers siècles de l'ère chrétienne, et cependant l'orgue avait dû faire d'immenses progrès.

Il faut donc être très-prudent en cette matière, ne pas se laisser duper par les documents quels qu'ils soient, en étudier les mots de près, en restreindre plutôt le sens d'après les règles d'une sage critique; et comme après tout les choses de ce monde ont leur logique, que certains faits en appellent certains autres, et qu'il y a des développements et des progrès nécessaires dans les œuvres de l'esprit humain, on pourra, avec du bon sens, remplir plus d'une lacune et refaire plus d'un trait confus ou ffacé. Là où l'obscurité sera complète, la véritable science onsistera à avouer qu'on ne sait pas.

La première difficulté qui se présente dans l'histoire de 'orgue, c'est le nom même de cet instrument, *orgue* en rançais, *organum* en latin, ὄργανον (*organon*) en grec. Le ιot *orgue* désigne aujourd'hui pour nous quelque chose e net et de défini; mais la signification du mot *organum* u *organon* dans l'antiquité était infiniment plus large. out instrument, tout outil qui servait à exécuter quelque hose, portait ce nom. On l'appliquait même par extenion aux *ressorts* ou *mobiles* d'un acte, de la volonté, etc. es glossaires grecs et latins en font foi.

Peu à peu le sens du mot se restreignit exclusivement à *tous* les instruments de musique; et le sens se resserrant encore avec le temps, on appliqua ce terme seulement à *certains* instruments, ceux à vent, jusqu'à ce qu'il finît par désigner d'une manière spéciale l'instrument à vent par excellence, l'orgue proprement dit [1].

Quant à l'origine même de l'orgue, il faut, comme nous l'avons dit, se contenter de la regarder comme très-ancienne, sans vouloir être trop affirmatif au sujet de la date précise. On a invoqué la Bible, et l'on est remonté jusqu'à la Genèse, où il est dit que « Jubal fut le père (ou le maître) de ceux qui jouent de la *cithare* et de l'*orgue* ». Mais les commentateurs et le sens commun se trouvent d'accord pour admettre que *cithara* et *organum* sont ici des mots génériques et désignent, le premier, tous les instruments à cordes, le second, tous les instruments à vent. Le mot hébreu que le traducteur latin rend par *organum* est *abuba* dans le texte chaldéen; or nous savons que les *ambubaiarum collegia* cités par les auteurs latins étaient des corporations de joueuses de *flûte* venant de Syrie, et il est très-évident que le radical *ambub* du mot latin est identique au mot chaldéen ou syriaque *abuba*: donc il ne peut s'agir ici que des instruments à vent d'une structure simple et restreinte, tels que la flûte, le flageolet, le fifre, etc.

Du reste, le mot *organum* se trouve à plusieurs reprises dans la Bible, dans le livre de Job, par exemple; mais ce serait abuser étrangement du sens des mots que de vouloir tirer de la ressemblance des sons la preuve de la ressemblance des choses désignées par ces sons. En somme, comme nous l'avons dit et comme les textes le prouvent, ce terme *organum* est très-flottant, varie de sens selon les siècles, et n'a de signification vraiment arrêtée qu'à une époque relativement moderne.

---

1. Voir (*Magasin pittoresque*, 1872) des passages de saint Augustin, de sain Jérôme et d'Isidore de Séville qui montrent cet acheminement du terme *organum* vers un sens de plus en plus restreint.

On a voulu citer aussi Pindare, qui aurait, dit-on, attribué l'invention de l'orgue à Minerve ; mais ceux qui ont mis en avant l'autorité du vieux poëte lyrique ont prouvé ou qu'ils ne savaient pas le grec ou qu'ils ne se faisaient pas scrupule de falsifier sinon les mots, du moins le sens, pour les besoins de leur cause. Voici le texte dans toute la sincère simplicité du mot à mot ; il s'agit d'un *nome* ou *air de flûte* inventé par Minerve en l'honneur de Persée, son favori, qui venait de vaincre la gorgone Méduse :

« ..... Mais lorsqu'elle eut délivré de ces travaux (dangers) le héros cher (à elle), la vierge (Minerve) composa un *air de flûtes* aux sons de toutes sortes, afin d'imiter avec l'instrument le gémissement qui retentit au loin échappé des mâchoires rapides d'Euryala (nom d'une des Gorgones). La déesse trouva (l'air). Mais l'ayant trouvé pour que les hommes mortels le possédassent, elle l'appela le *nome des nombreuses têtes*, nome glorieux, rappelant les luttes qui attirent les peuples, lorsqu'il s'élance à travers l'airain mince et en même temps à travers les roseaux,
i poussent auprès de la ville, aux beaux chœurs, des râces (Orchomène de Béotie, sur le Céphise, non loin du ac Copaïs, où poussaient des roseaux vantés pour la farication des flûtes et des anches). »

Il n'y a rien dans ce texte qui de près ou de loin fasse onger à l'orgue. On a torturé le sens des mots : on a vu ans *air de flûtes* une flûte d'une espèce particulière ; on a 't *l'instrument aux nombreuses têtes*, au lieu de *le nome es nombreuses têtes* ; on a prétendu que *l'airain mince* et *es roseaux* désignaient l'assemblage des différentes parties de l'orgue. Tout cela est inexact : on sait parfaitement aujourd'hui que les anciens avaient des airs spéciaux our certaines fêtes, c'est ce que veulent dire les mots *elos* (air, terme général) et *nomos* (air, nome, terme techque) qui n'ont rapport qu'à l'air lui-même et non à l'intrument. L'expression *nome des nombreuses têtes* est éviemment une manière poétique de dire que ce *nome* rapelait la victoire remportée sur la Gorgone dont les cheeux étaient autant de têtes, puisque c'étaient des serpents. Quant à l'instrument, on sait aussi que la flûte des anciens était fréquemment composée de pièces de matières différentes, parmi lesquelles le roseau et le cuivre, le laiton ou l'airain, jouaient un rôle important.

Nonnus, poëte grec d'Égypte, qui vécut au cinquième siècle de l'ère chrétienne, c'est-à-dire bien des siècles après Pindare, dans son poëme en l'honneur de Bacchus, parle de cet instrument, et dit « *qu'il se composait de plusieurs flûtes sonores assemblées avec ordre* ». Des commentateurs trop savants ont vu là un orgue, tandis qu'il faudrait peut-être y voir tout au plus une flûte de Pan. Il y a encore un ou deux textes de sens plus que contestables, qui, à propos de la question de l'antiquité de l'orgue, ont prouvé seulement qu'avec de la bonne volonté et peu d'exactitude on arrivait très-bien à voir ce qui n'était pas. Ce qu'il y a de certain, c'est que l'orgue ou ce qui en tenait lieu a dû être connu d'assez bonne heure, sans qu'on puisse donner au juste une date ; et le simple bon sens fait trouver la marche logique que suivit le premier principe de cet instrument pour se développer dans un sens spécial et devenir plutôt un orgue qu'autre chose, au moyen de perfectionnements particuliers suggérés et nécessités par sa nature même.

La flûte simple, chalumeau, fifre ou sifflet est évidemment le point de départ. Du jour où l'on réunit plusieurs chalumeaux ensemble, on eut la *partie résonnante* de l'instrument, l'orgue n'étant après tout qu'une gigantesque flûte de Pan à soufflerie perfectionnée. D'abord on joua de ces tuyaux réunis, à l'aide de la bouche. Puis l'idée vint naturellement de ménager les poumons en emmagasinant de l'air dans un réservoir flexible, d'où on le ferait sortir par une pression quelconque, pour le pousser dans les tuyaux. Seulement une difficulté se présenta.

Une outre de peau ou de cuir formait un réservoir commode et par sa capacité et par sa compressibilité. Mais l'orifice du réservoir ne pouvant pas se promener au-dessus ou au-dessous des trous de flûte avec la précision et l'à-propos de la bouche, on employa un seul tuyau. Et comme l'o savait déjà qu'un plus long tuyau a un son plus grave et un plus court un son plus aigu, on allongea et l'on raccourcit à volonté l'unique tuyau par des trous que le tâtonnement et, par suite, l'expérience parvinrent à disposer sur l'instrument et à boucher et déboucher avec les doigts d'une façon convenable. Le tuyau à trous, l'outre ajustée au bec du tuyau et pressée avec le bras, formèrent la *cornemuse* et la *musette*, instruments qui furent et sont encore connus de beaucoup de peuples.

Le principe était trouvé ; le mécanisme de distribution du vent, qui n'est guère qu'une affaire de main d'ouvrier habile, ne dut pas tarder à être cherché et, par conséquent, trouvé lui aussi.

En effet, non-seulement les descriptions en prose ou en vers des anciens, mais encore les représentations que l'on trouve sur les monuments de cette même antiquité offrent des détails dont la collection peut nous servir à reconstituer le mécanisme de l'orgue dans ses parties essentielles. Les tuyaux, la soufflerie, le sommier, le clavier sont manifestement indiqués soit sur les monuments, soit dans les textes. Le mécanisme qui débouche et rebouche les tuyaux n'est guère décrit qu'au point de vue de son résultat, mais comme il ne pouvait pas ne pas être, il faut reconnaître qu'il a nécessairement existé.

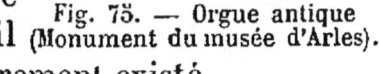

Fig. 75. — Orgue antique (Monument du musée d'Arles).

Les figures 75, 76, 77 représentent des orgues antiques. Nous en donnons même un (fig. 78) relativement plus moderne, puisque la médaille en question est regardée comme une œuvre du Bas-Empire, au douzième siècle. On voit que le dessin général est à peu de chose près le même dans toutes, et en admettant que les monuments plus récents, tels que celui du douzième siècle, ne fussent que la reproduction d'un type consacré, comme il arrive souvent dans les arts, à propos d'attributs ou de symboles, le fait même d'avoir un type prouve qu'il représentait quelque chose de connu, de reconnaissable et, par conséquent, de réel.

Fig. 76. — Orgue antique (monument du musée d'Arles).

Un point qui dut beaucoup préoccuper les constructeurs d'orgues de l'antiquité, c'est la manière de produire le vent nécessaire pour faire parler cet instrument. En thèse générale, et pour ce qui est de l'essence même de l'orgue, il est évident que la partie sonore resta la même; mais le mécanisme producteur du vent varia, et l'on peut noter trois phases dans l'histoire de ce mécanisme. D'abord on se servit d'outres, de soufflets ou engins quelconques servant de réservoirs à air; c'est ce qu'il y a de plus simple, c'est par là qu'on dut commencer. Puis on

Fig. 77. — Pierre gravée antique (Musée britannique).

voulut perfectionner, ou tout simplement innover et faire autre chose, et l'on inventa l'orgue dit *hydraulique*. Mais cet orgue ne semble pas avoir été d'une commodité absolue, puisque avec le temps (au bout de plusieurs siècles, il est vrai) on en revint à l'ancien système que l'on avait évidemment amélioré, qui était décidément plus maniable, et qui finit par détrôner complètement l'orgue hydraulique. Quant à ce dernier instrument, il est peu d'objets dont on ait autant parlé, sur lesquels on ait autant de textes, et dont il soit plus difficile de se faire une idée nette.

Fig. 78. — Médaille du douzième siècle (règne d'Alexis l'Ange).

On sait ou l'on croit communément que l'orgue ydraulique fut inventé par Ktésibios, barbier d'Alexanrie, qui devint un illustre mécanicien, et qui vivait sous tolémée Evergète II, au deuxième siècle avant l'ère chréienne. Vitruve, célèbre architecte du siècle d'Auguste, par onséquent de peu de temps postérieur à Ktésibios, et qui t avoir puisé dans les mémoires de Ktésibios lui-même, onne de cette espèce d'orgue une longue, diffuse, conse et inintelligible description. (*De Architectura*, 10, XIII.) e savant père Kircher, jésuite, et Perrault ont travaillé et commenté ce passage ; ils ont même fait faire des essins à l'appui de leur explication et du texte de Vitruve ; ais on est encore à deviner et leur explication et leurs essins. Perrault est allé jusqu'à faire construire un orgue n petit sur les plans de Vitruve qu'il se piquait de comprendre. On n'a jamais su si l'orgue avait réussi. Au reste, Vitruve lui-même avait pris la précaution de déclarer que pour comprendre sa description il fallait avoir vu l'instrument, ce qui prouverait ou que l'instrument était fort compliqué ou que Vitruve se défiait de la clarté de son texte.

Cornélius Sévérus (siècle d'Auguste) dans son poëme de l'*Etna,* indique que cet orgue résonnait au moyen de l'eau que l'on agitait ; mais par quel moyen? C'est ce que ses vers négligent de nous apprendre.

Athénée (fin du deuxième et commencement du troisième siècle après J. C.), le célèbre compilateur, dit de l'orgue hydraulique que c'est *un instrument à vent où l'air est mis en mouvement par l'eau.* Il nous apprend aussi que *les tuyaux sont par le bas tournés vers et dans l'eau;* que *cette eau est comprimée par un jeune homme vigoureux;* que *de petits axes entrent dans les tuyaux de l'instrument;* que ces *tuyaux se trouvent remplis d'air, au moyen duquel ils rendent un son des plus agréables;* et que *cet instrument a la forme d'un gradin rond.* Il est bien évident que ces banales et vagues explications ne font pas avancer la question d'un pas.

Claudien (fin du quatrième et commencement du cinquième siècle après J. C.) dans son poëme sur le consulat de Fl. Mall. Théodore, désigne, à propos de l'orgue hydraulique, le *lourd levier (vecte trabali),* qui, *agitant profondément les ondes, leur fera produire des chants.* Vitruve avait déjà parlé du *mouvement plus fort de leviers (motu vectium vehementiore)* ; mais ni lui ni Claudien ne disent comment ces *lourds leviers* agissaient sur l'eau pour produire des sons.

La description la moins énigmatique que nous ayons de l'orgue hydraulique est une pièce de vers *figurée,* d'un certain Publilius Optatianus Porphyrius, qui vivait à l'époque de Constantin, dont il chanta les louanges sur tous les tons. Ce Porphyrius était très-habile dans l'art passablement ridicule de composer de petites poésies dont les vers, allongés ou raccourcis à dessein, représentaient des objets tels par exemple, qu'un *autel,* une *flûte de Pan,* un *orgue.*

MOYENS.

Nous donnons ici son *orgue hydraulique*, parce que, sans être d'une bien grande clarté, il renferme pourtant quelques détails intéressants et d'une certaine netteté. D'ailleurs la forme même de la pièce de vers est un renseignement curieux sur la forme de l'instrument.

Vingt-six vers iambiques représentent les *touches*. Le vers transversal, *Augusto victore juvat rata reddere vota*, marque le *sommier*; les *tuyaux* sont figurés par vingt-six vers hexamètres, qui s'accroissent progressivement, indiquant ainsi l'échelle des sons.

Post Martios labores,	ᴀ	O si diviso metiri limite Clio
Et Cæsarum parantes	ᴠ	Una lege sui, uno manantia fonte
Virtutibus per orbem	ɢ	Aonio, versus heroi jure manente
Tot laureas virentes,	ᴠ	Ausuro donet metri felicia texta,
Et principis tropæa;	s	Augeri longo patiens exordia fine,
Felicibus triumphis	ᴛ	Exiguo cursu, parvo crescentia motu,
Exsultat omnis ætas	o	Ultima postremo donec fastigia tota
Urbesque flore grato,		Ascensus jugi cumulato limite cludat,
Et frondibus decoris,	ᴠ	Uno bis spatio versus elementa prioris
Totis virent plateis.	ɪ	Dinumerans, cogens æquari lege retenta
Hinc ordo veste clara	ᴄ	Parva nimis longis, et visu dissona multum
Cum purpuris honorum	ᴛ	Tempore sub parili, metri rationibus isdem,
Fausto precantur ore,	o	Dimidium numero Musis tamen æquiparentem:
Feruntque dona læti.	ʀ	Hæc erit in varios species aptissima cantus.
Jam Roma culmen orbis	ᴇ	Perque modos gradibus surget fecunda sonoris
Dat munera et coronas		Ære cavo et tereti, calamis crescentibus aucta
Auro ferens coruscas	ɪ	Quis bene suppositis quadratis ordine plectris
Victorias triumphis,	ᴠ	Artificis manus in numeros clauditque aperitque
Votaque jam theatris	ᴠ	Spiramenta, probans placitis bene consona rythmis,
Redduntur et choreis.	ᴀ	Sub quibus unda latens properantibus incita ventis,
Me sors iniqua lætis	ᴛ	Quos vicibus crebris juvenum labor haud sibi discors
Sollemnibus remotum		Hinc atque hinc animæque agitant, augetque reluctans
Vix hæc sonare sivit	ʀ	Compositum ad numeros, propriumque ad carmina præstat,
Tot vota fonte Phœbi	ᴀ	Quodque queat minimum ad motum intremefacta frequenter
Versuque compta solo	ᴛ	Plectra adaperta sequi, aut placidos bene claudere cantus
Augusta rite sæclis.	ᴀ	Jamque metro et rythmis præstringere quicquid ubique est

Nous ne traduisons pas les vers iambiques qui ne sont que de la poésie officielle, laudative et banale. Nous laisserons de côté les treize premiers hexamètres dans lesquels Porphyrius parle des procédés qu'il emploie pour arriver à faire des vers qui iront sans cesse en s'allongeant. Nous ne nous occuperons que des treize derniers qui traitent spécialement de l'orgue, et où nous noterons un certain nombres de mots d'un intérêt descriptif.

v. 14 (*Hæc...species*) indique que la pièce de vers a la forme de l'instrument.

v. 15 (*gradibus*); v. 16 (*calamis crescentibus*), les tuyaux vont en augmentant graduellement.

v. 16 (*ære cavo et tereti*), les tuyaux étaient en airain, creux et arrondis.

v. 17 (*suppositis quadratis ordine plectris*), Plectres, mot poétique, désigne ici des touches de forme *carrée* (*quadratis*) disposées bien *en ordre* (*ordine*) *sous* les tuyaux (*suppositis*). Les vers iambiques représentent ces plectres.

v. 18 (*artificis manus*), la main de l'artiste, de l'organiste (*claudit aperitque spiramenta*, v. 18 et 19) ferme et ouvre les *ouvertures* (à air), c'est-à-dire permet ou supprime l'entrée de l'air dans les tuyaux.

v. 20 (*sub quibus unda latens properantibus incita ventis*) sous lesquels (tuyaux ou trous) l'*onde* cachée et *agitée par les vents* (l'air) rapides......

Ici les expressions deviennent banales et désignent un résultat vague et confus, sans qu'on puisse deviner de quelle manière et par quel mécanisme on arrivait à ce résultat.

v. 21 On voit qu'il s'agit de manœuvres *alternatives* (*vicibus*), *fréquentes* (*crebris*), assez *pénibles* (*labor*) exécutées avec *ensemble* (*haud sibi discors*) par des *jeunes gens* (*juvenum*); ce qui indiquerait que le maniement de ce genre de machine exigeait une véritable force. Il n'y a pas lieu de s'en étonner du reste, quand on voit que dans les orgues du moyen âge la soufflerie nécessitait des efforts énormes, tant au point de vue du nombre des souffleurs que de leur vigueur.

v. 24 et 25. L'instrument devait avoir un mécanisme fort docile, puisqu'*au moindre mouvement* (*minimum ad motum*) des *touches* (*plectra*) ouvrant le *passage au vent* (*adaperta*), le son *suivait* (*sequi*). Les notes pouvaient sortir *nombreuses* et par conséquent rapides (*frequenter*); ou bien la mélodie était *calme* (*placidos cantus*); ou bien encore elle avait assez de force pour produire une sorte d'*ébranlement* et de terreur (*præstringere*).

On le voit, ce texte ne nous en apprend pas plus que le autres sur la partie *hydraulique* proprement dite de l'or gue. Ce qu'on y trouve indiqué avec une vraie netteté, c'est l'échelle des tuyaux, leur matière et leur forme, la forme et la disposition des touches, et, jusqu'à un certain point, leur mécanisme, les trous et soupapes du sommier, le travail cadencé des souffleurs, la justesse et la docilité du mécanisme, et les différents caractères de la musique qu'on pouvait exécuter, et qui était à volonté rapide ou lente comme mouvement, douce ou forte comme intensité de son.

Une autre opinion assez curieuse, c'est que l'orgue hydraulique marchait ou résonnait par la vapeur de l'eau bouillante, et cette opinion a pour elle, entre autres, deux auteurs qui ont pourtant vécu à des époques fort éloignées, Julius Pollux, rhéteur et compilateur du deuxième siècle après Jésus-Christ, et William Sommerset, dit Guillaume de Malmesbury, moine bénédictin et chroniqueur anglais de la fin du onzième siècle et du commencement du douzième. On a du premier un passage où il est question de *flûte de fer* (*arundo ferrea*) dont le son est produit par *l'eau bouillante* (*aquam ebullientem*). Ce son avait comme caractère d'être *plus fort* que le son produit par le *souffle* ordinaire (*major sono ipsius spiritus aura..... vocem validiorem*). On voit la cause et l'effet; mais le moyen employé reste dans le plus profond silence. Le texte du moine anglais renferme les mêmes renseignements. On y trouve les expressions : *orgue hydraulique* (*organa hydraulica*), vent qui s'élance par la *force de l'eau échauffée* (*aquæ calefactæ violentia*, *trous nombreux livrant passage au souffle* (*multi foratiles transitus*), *flûte d'airain* (*æneæ fistulæ*). C'est toujours le même ton général dans la partie de la description qu'il nous importerait le plus de connaître en détail.

On a cherché bien des manières d'expliquer ce terme 'orgue hydraulique. On a voulu voir dans l'eau un simple agent mécanique produisant du vent, soit par sa chute ans des tubes aspirateurs, comme cela arrive pour les *rompes* de forges, soit par son action sur des roues, comme elles des moulins à eau, faisant agir des souffleries quelconques, soufflets ou cylindres à piston aspirant et foulant. Mais toutes ces dernières suppositions pèchent par la base : en effet, l'eau aurait dans ce cas un rôle tellement secondaire et si peu spécial qu'on ne s'expliquerait pas le nom technique d'*orgue hydraulique* ou *hydraule;* et d'ailleurs on jouait de l'hydraule dans les palais, au théâtre, plus tard dans les églises; or il était difficile, pour ne pas dire impossible, d'avoir des cours ou des chutes d'eau dans tous ces endroits. Il devait donc y avoir une différence plus radicale entre l'orgue dit *pneumatique* et l'orgue dit *hydraulique*. Quelle était cette différence? C'est ce qu'il serait téméraire d'expliquer. Les monuments antiques que nous avons choisis dans différentes classes, bas-reliefs, médailles et pierres gravées, présentent des deux côtés de l'instrument des appendices, vases ou appareils dont le rôle n'est pas plus facile à comprendre que ne le sont les détails des textes. On y a vu tour à tour des entonnoirs à eau, des réservoirs à air, des conduits ou tubes à introduire le vent, des leviers, etc. On a beaucoup supposé, mais on n'a rien prouvé, il faut bien le reconnaître.

Citons pour mémoire une figure sculptée sur un monument du musée d'Arles, et souvent indiquée, dans laquelle on a voulu voir une façon d'orgue à vapeur. Elle représente un personnage qui tient, ou maintient, ou manie un globe sur le haut duquel sont implantés sept tubes terminés par des espèces d'évasements ou pavillons. Le globe est posé sur un vase oblong, en forme d'auge, qu'on a prétendu devoir contenir du feu, afin de faire bouillir l'eau qui pourrait bien être dans le globe. Cette eau était destinée à s'échapper, une fois en ébullition, par les tuyaux munis de systèmes d'anches. Ce serait alors une variété musicale d'éolipyle. Mais rien n'est moins prouvé.

Quoi qu'il en soit, les témoignages abondent pour prouver que l'*hydraule* était très-répandu, très-connu, très-employé et très-goûté. Aux auteurs déjà cités tels que Cornélius Sévérus, Athénée, Claudien, Porphyrius qui en parlent et en font l'éloge, nous pouvons joindre Suétone, Pétrone, Tertullien, saint Jean Chrysostome, Ammien Marcellin, Martianus Capella, Sidoine Apollinaire qui nous montrent l'orgue jouant un rôle important et fréquent dans les fêtes publiques, aux courses de chars, aux pantomimes, aux repas des rois, et même dans les maisons des particuliers [1].

L'orgue hydraulique subsista encore pendant bien des siècles du moyen âge. Eginhard parle d'un prêtre vénitien, nommé Georges, qui vint à la cour de l'empereur Louis le Débonnaire (neuvième siècle) et construisit dans son palais d'Aix-la-Chapelle un orgue semblable à celui qu'on appelle en grec *hydraule* (*organum, quod graece hydraula vocatur*). Le passage cité plus haut de Guillaume de Malmesbury montre qu'au douzième siècle l'hydraule n'était pas encore abandonné. Mais à partir du treizième siècle, on n'en trouve plus trace.

L'orgue pneumatique, du reste, ne fut pas du tout suplanté par l'hydraule. Les textes et les dessins prouvent qu'on s'en servait habituellement, et même dans des solennités publiques, où l'on devait nécessairement chercher à déployer le plus grand

Fig. 79. — Bas-relief de l'obélisque de Théodose.

---

1. Voir différents textes justificatifs (*Mag. pitt.*, octobre 1872).

appareil possible, ce qui démontre que son rôle était considérable. Ainsi on a un monument très-curieux du quatrième siècle qui donne une idée assez satisfaisante de la forme extérieure de cet orgue, de ses soufflets et de la manière dont on les faisait marcher. C'est le bas-relief de l'obélisque de Théodose, à Constantinople. Il s'agit, comme on le voit, de danses et de pantomimes. Dans le monument complet, au-dessus des danseurs et joueurs d'orgues, il y a des espèces de loges où se trouvent de grands personnages, l'empereur, sa famille et ses officiers évidemment; ce qui montre qu'il ne s'agit pas ici d'une cérémonie ordinaire.

Les soufflets des deux orgues de ce bas-relief sont d'une structure assez élémentaire, et l'on pourrait, sans dénigrement, les mettre sur le même rang que des soufflets de forge. On ne comprend pas beaucoup la manière de s'en servir, à moins que chaque homme n'ait deux soufflets à manœuvrer et n'appuie sur l'un d'un pied, pendant qu'il soulève la table du soufflet voisin avec son autre pied, au moyen d'un mécanisme quelconque, levier, ou espèce de sabot dans lequel le pied est enchâssé, comme on en a des exemples dans des descriptions d'orgues du moyen âge. Il peut très-bien se faire aussi que le sculpteur ait voulu simplement représenter les souffleurs dans des attitudes pittoresques et décoratives, sans trop s'occuper et de leur vraie place et de leur véritable allure.

Quant au mécanisme des orgues pneumatiques, sans avoir des descriptions bien techniques, on possède cependant des textes [1], soit en vers, soit en prose, où la soufflerie et les touches du clavier sont manifestement désignées.

Les invasions des barbares, leurs ravages, leurs pillages, leurs incendies détruisirent non-seulement beaucou d'arts et de sciences, mais encore beaucoup d'instrument et d'objets relatifs à ces sciences et à ces arts. Aussi est-o forcément très-incertain et embarrassé quand il s'agit d

---

[1]. Voir entre autres (*Mag. pitt.*, octobre 1872) une petite poésie de l'empereur Julien, et un passage de Cassiodore, ministre de Théodoric le Grand.

parler de l'usage ou des usages de l'orgue dans les premiers siècles du moyen âge.

On ne commence à avoir d'autorités vraiment sérieuses que pour le huitième siècle. A la date de 757, on lit dans les *Annales* d'Eginhard (*De gestis Pipini regis*) que l'empereur Constantin (Copronyme) « envoya au roi Pépin de nombreux présents, parmi lesquels des orgues (*inter quæ et rgana*) qui lui parvinrent à Compiègne... »

Le moine de Saint-Gall (fin du neuvième siècle), dans ses *estes de Charlemagne*, dit que l'empereur grec envoya à harlemagne toute espèce d'instruments de musique, et ne variété d'autres choses..... il y avait surtout cet instru-ent par excellence des musiciens (*illud musicorum orga-um præstantissimum*) dont les tuyaux d'airain, remplis rodigieusement d'air par des soufflets en peau de taureau *follibus taurinis per fistulas æreas mire perflantibus*) imi-aient par leurs sons les mugissements du tonnerre, le ga-ouillement de la lyre et la douceur de la cymbale. Les étails peuvent être inexacts, l'effet de l'instrument peut tre exagéré ; mais on voit bien, malgré tout, qu'il s'agit 'un orgue. Il est évident aussi qu'à cette époque les Grecs e Constantinople avaient une supériorité reconnue dans la rication de cet instrument.

Eginhard (*Annales*, ann. 826), Walafrid Strabon, le moine rmoldus Nigellus parlent d'un orgue célèbre qui fut stallé à Aix-la-Chapelle, sous Louis le Débonnaire.

A partir du neuvième siècle, les progrès de l'orgue et sa opagation dans les différents pays de l'Europe iront tou-urs en croissant, et même assez rapidement. On construit s orgues non plus seulement à Constantinople, mais en vière, en Lombardie. Il y a des couvents qui ont une écialité et une réputation pour la facture d'orgues. Au zième siècle, par exemple, le savant pape Silvestre II, ors qu'il ne s'appelait encore que Gerbert et était abbé monastère de Bobbio, reçoit une *commande* de son pre-'er maître Gérald ou Gerhard, abbé d'Aurillac, qui dresse à lui comme à un des plus habiles facteurs d'or-es de son temps. Si l'on en croit Guillaume de Malmesbury, que nous avons cité plus haut (onzième et douzième siècles), qui parle de Gerbert avec la plus grande admiration, les orgues en question étaient hydrauliques et résonnaient au moyen de l'*eau bouillante*. Ce qu'on ignore, c'est le détail du mécanisme.

Il reste un certain nombre de traités de musique du neuvième au douzième siècle qui renferment des recommandations sur la mesure et les proportions relatives des tuyaux d'orgue; ce qui semblerait prouver que cet instrument était fort répandu, et qu'on étudiait sa construction avec le soin que comportait la science d'alors, plutôt empirique du reste, que vraiment mathématique.

On a pour l'Angleterre un document fort curieux de cett époque, lequel, malgré le vague et l'emphatique de se expressions, ne laisse pas que d'avoir sur certains point une précision bonne à noter : c'est un passage du poëm sur *la vie de Switun*, composé par Wolstan, bénédictin a[n] glais de Winchester et préchantre de son couvent. Ce moin vivait dans la seconde moitié du dizième siècle. Dans c passage, il donne la description d'un orgue qu'Elphég évêque de Winchester (951), avait fait construire pou l'église de cette ville. D'après lui, cet orgue était le pl grand « qu'on eût jamais vu ». Il était composé de deu parties ayant chacune sa soufflerie, son clavier et son org niste. Sans reproduire ici le texte, nous donnons simpl ment les détails importants et précis. Cet orgue avait *dou soufflets* à la partie supérieure, et *quatorze* à la partie inf rieure. *Soixante-dix hommes vigoureux* les mettaient mouvement, et ce travail était tellement pénible qu'ils ruisselaient de sueur et avaient besoin de s'encourager m tuellement. Le sommier supportait *quatre cents tuyaux. Qu rante soupapes* laissaient entrer le vent, et à chaque so pape correspondait un ensemble de dix tuyaux. Il y av *deux organistes*, chacun gouvernant son propre *alpha* (clavier : les notes étaient désignées par des lettres). Le s était tellement fort qu'il imitait le tonnerre, et que, qua on se trouvait tout près de l'instrument, il fallait se bo cher les oreilles pour ne pas être assourdi.

On a un certain nombre d'autres descriptions d'orgues se rapportant à la même péoque, et l'on voit que, malgré ~on imperfection, cet instrument se répand de plus en plus, on-seulement dans les églises cathédrales, siéges d'évêues, mais encore dans beaucoup d'églises de couvent.

Donnons quelques détails sur sa structure générale.

Le nombre des touches semble avoir varié de neuf à ·ingt-quatre. D'après des autorités respectables, on a eu es claviers de douze touches, de treize ; l'étendue la plus équente était de quinze ou de seize. Les espèces de *mixtures* ue formaient les groupes de tuyaux étaient accordées en *uintes, quartes* et *octaves*.

Les touches étaient d'un travail très-grossier et d'une ille énorme. Comme forme, une pelle à manche très-large donnerait assez bien l'idée. Ainsi nous savons que dans vieil orgue d'Halberstadt les touches étaient plus larges e la main ; qu'elles étaient creusées et très-dures de jeu, tel point qu'il fallait toute la main, ou le poing, ou le ude pour les abaisser, et que, par conséquent, on n'y uvait jouer que de simples et lentes mélodies de plainant (choral-stimme). Il n'y avait que neuf touches, et le avier était pourtant d'une aune et demie. A l'orgue de la thédrale de Magdebourg, le clavier avait seize touches adrangulaires et larges chacune de trois pouces. Dom dos parle de touches, dans de vieilles orgues, qui avaient q et six pouces de large. Dans certaines orgues, l'orgaste se garnissait les mains de morceaux de bois pour ne s se blesser en abaissant ou plutôt en frappant les toues. On comprendra maintenant que les vieilles expresns allemandes *orgelschlagen* (battre l'orgue), *clavierschla-* (battre le clavier) ne soient pas des hyperboles.

Pour ce qui est des soufflets, partie si savamment traitée ns les orgues modernes, les dessins comme les textes utrefois sont unanimes à prouver que longtemps ils ont incommodes, pénibles à manier et d'un mécanisme rerquablement imparfait. Nous avons déjà parlé des xante-dix hommes vigoureux qui se donnaient tant de l pour faire agir les vingt-six soufflets de l'orgue de

Winchester. Le grand orgue d'Halberstadt avait vingt soufflets et dix souffleurs; celui de Magdebourg vingt-quatre soufflets et douze souffleurs. Les soufflets étaient comme des soufflets de forge. Ils n'avaient aucun poids régulateur qui put leur faire donner un vent mesuré : la force de leur vent dépendait uniquement du poids, de la force et des mouvement des hommes qui les manœuvraient.
chaque soufflet était ajusté un soulier de bois; chaqu souffleur chaussait deux de ces souliers, et, en se penchan tantôt à droite, tantôt à gauche, il élevait et abaissait alter nativement l'un et l'autre soulier, et, par suite, la tabl supérieure des soufflets. On conçoit sans commentaire tou ce qu'une pareille manœuvre avait de pénible, d'irrégulier et combien le vent qu'elle produisait était forcément sac cadé et inégal.

Cette imperfection de mécanisme dura très-longtemps

Fig. 80. — Orgue à soufflets (douzième siècle). — Manuscrit de Cambridge.

et quelques dessins, pris dans des manuscrits même d' poques plus récentes que celle où nous sommes en moment, font bien voir que sur ce point l'on n'avait pas fait de progrès. Il existe pourtant un fort curieux monument du douzième siècle, et qui prouve qu'en Angleterre du moins, l'on avait fait des efforts pour améliorer la soufflerie : c'est un orgue pris dans le Psautier d'Eadwine, à Cambridge. On peut sans témérité reconnaître dans les tubes du premier plan des espèces de réservoirs ou au moins d'engins à souffler, plus commodes que les gros-

Fig. 81. — Orgue du quatorzième siècle, miniature d'un psautier latin

siers soufflets de forge ; et, ce qui est plus important, la manœuvre se fait au moyen de leviers, ce qui est un perfectionnement considérable.

La matière des tuyaux était presque toujours du métal, cuivre ou bronze. Il est question aussi dans certaines vieilles orgues de tuyaux en buis. On en fit en verre, en albâtre, en carton, en or et en argent. Citons par curiosité ce potier de Meyenbourg, nommé Weidner, qui, au dix-huitième siècle, en fabriqua un dont tous les tuyaux étaient d'argile, qui avait trois registres distincts, et sur lequel, au rapport d'un témoin auriculaire, on pouvait jouer aussi nettement et purement que sur le meilleur orgue d'étain. Mais ce ne sont là que des fantaisies. Le plomb, l'étain, le zinc et le bois ont fini par l'emporter, comme étant sans conteste les meilleurs matériaux.

N'oublions pas de parler de l'orgue portatif ou orgue de main, dont il est fait souvent mention dans la seconde

Fig. 82. — Orgue portatif du quinzième siècle. (Miniature du miroir historial de Vincent de Beauvais.)

Fig. 83. — Ange tenant un orgue portatif. (Peinture sur un panneau de meuble, cathédrale de Noyon.)

moitié du moyen âge, soit dans les textes, soit dans les dessins et peintures, et qu'on retrouve dans beaucoup de circonstances de la vie sociale de cette époque.

On voit cet orgue apparaître en France, sur les monuments figurés, au dixième siècle. Sa figure est à peu de chose près toujours la même ; il se compose d'une boîte ou coffre, qui est le sommier supportant les tuyaux, d'un petit clavier et d'un soufflet. On jouait de la main droite et l'on soufflait de la main gauche, en tenant la caisse appuyée sur le bras gauche et contre la poitrine. Quelquefois il y a deux rangs de tuyaux disposés en échelle et de gros tuyaux aux extrémités qui peuvent bien être des façons de basse continue. Ces orgues, tantôt se portaient sur le bras, tantôt étaient pendues à l'aide d'une courroie, tantôt se mettaient sur les genoux, tantôt se soutenaient à l'aide d'un pied. Nous donnons plusieurs orgues de cette espèce et de différentes époques.

Il y a de ces orgues qui se faisaient remarquer par une grande richesse d'ornementation. On donnait parfois aux montants des formes symboliques, tours, clochers, flèches

Fig. 84.— Ange jouant de l'orgue portatif à pied. (Rosace de la cathédrale de Sens, seizième siècle.)

Fig. 85. — Ange jouant de l'orgue portatif. (Rosace de la cathédrale de Sens, seizième siècle.)

Fig. 86. — Orgue représentant un édifice. (Manuscrits du moyen âge.)

d'église, etc. Une sainte Cécile de la Pinacothèque de Munich, attribuée à Wohlgemuth de Nuremberg (quinzième siècle), joue d'un orgue portatif dont les montants et la traverse sont enrichis de charmants motifs en style ogival.

Ces orgues de main étaient fort appréciées dans les fêtes de la vie civile. Le *roman de la Rose* en parle avec éloges. Il y avait encore dans le genre portatif des orgues d'une bien plus grande taille, mais que l'on pouvait néanmoins déplacer. Dans le *journal de la dépense* du roi Jean en

Angleterre, il est question d'une petite somme à payer à *deux valets* qui portent des orgues de *Herthfort à Londres*.

Christine de Pisan nous apprend que pendant les repas de Charles V on jouait de l'orgue. Aux entrées des souverains dans les villes, on disposait aussi sur des estrades dans les carrefours, de petites orgues qui soutenaient et accompagnaient les chanteurs, et cet usage se perpétua jusqu'au seizième siècle. Froissart dit qu'à l'entrée de la reine Isabeau de Bavière à Paris, devant la chapelle Saint-Jacques, était dressé « un escharfaut faict et ordonné très-richement....., le dict escharfaut couvert de drap de haute lice et encourtiné à la manière d'une chambre ; et dedans cette chambre avoient hommes qui sonnoient une *orgue* moult doucement ».

On trouve encore ces orgues portatives sur les trèteaux des charlatans (voir la *Satire Menippée*) et dans l'orchestre (*Orfeo* de Monteverde, 1607).

Avant le quinzième siècle, la différence des *registres* dans les orgues était peu ou point connue. Vers ce temps, on commença à faire des registres distincts et à imiter différents timbres d'instruments. Les Allemands inventent, par exemple, le *krumhorn* (cor recourbé, jeu d'anches), le *hautbois* (jeu d'anches) et le *basson* (jeu d'anches). Le jeu de *régale* fut le premier jeu d'anches que l'on trouva et que l'on appliqua à l'orgue, mais on ne sait pas qui l'inventa. On connaissait aussi à cette époque le registre de la *trompette* et celui de la *voix humaine*, ainsi que le *tremblant*. On commença aussi à prendre pour bases des nombres de pieds déterminés : 32, 16, 8 et 4 pieds.

Un autre accroissement non moins important et qui fi faire des progrès énormes à l'orgue, c'est l'invention d *clavier de pédales*, d'abord très-grossier comme mécanisme, et qui n'était qu'une doublure et qu'une aide pour le mains ; mais le principe était trouvé, et les progrès ains que la véritable application vinrent assez vite. On a at tribué l'invention du clavier de pédales à un Alleman nommé Bernhard (milieu du quinzième siècle), mais i

Fig. 87. — Hans Hofhaimer. (Triomphe de Maximilien par Albert Durer.)

semblerait qu'il ne fît que le perfectionner. Les claviers à main, du reste, étaient déjà plus délicatement construits, et quant à la soufflerie, elle va acquérir peu à peu plus de régularité, de mesure et de proportion dans le vent, ce qui est capital pour l'orgue.

Tous ces perfectionnements donnèrent à l'orgue plus d'éclat et de solennité en même temps que plus de commodité. Aussi devint-il indispensable dans toutes les églises, dès la fin du quinzième siècle. Le malheur, c'est qu'un très-grand nombre de ces instruments furent détruits au seizième siècle pendant la *guerre des paysans* ou *rustauds*.

Les facteurs d'orgues et les organistes deviennent plus nombreux, plus habiles, et quelques-uns sont même restés célèbres. Nous n'en donnerons pas la liste, elle serait trop longue; nous dirons seulement qu'on en voit plus d'un devenu, soit l'objet de la faveur des princes, soit celui de l'admiration des peuples. Le titre d'*Orgelmeister* (maître d'orgue) est très-honorable et très-honoré. Nous en citerons pourtant un, mais un des plus illustres, d'autant plus qu'il a été immortalisé par Albert Durer dans ses grandes peintures du *Triomphe de Maximilien*. Nous voulons parler de Hans Hofhaimer, organiste de Maximilien, que le grand peintre allemand a représenté jouant de l'orgue sur un char traîné par un dromadaire, et concourant ainsi à l'éclat de la marche triomphale de l'empereur.

La facture et, par suite, le jeu de l'orgue vont, à partir du seizième siècle, toujours en s'améliorant. Les progrès méthodiques de la physique, l'étude rationnelle des lois de l'harmonie fournissent des bases solides et fixes. L'empirisme, l'à-peu-près disparaissent de jour en jour. On construit l'orgue d'après des chiffres, des calculs, des proportions péremptoires. On a d'abord quelques timbres différents; on en aura bientôt un nombre infini. Soufflerie, transmission des mouvements du clavier aux soupapes, manœuvre des registres, etc., tout se régularise et devient plus docile et plus aisé. On va jusqu'à employer l'électricité pour certains mouvements qui ont besoin d'être instantanés. On sait aussi que pour certaines orgues de dimension colossale, en Angleterre, par exemple, les soufflets sont mus par une machine à vapeur. Le chapitre précédent peut d'ailleurs donner une idée succincte de ce

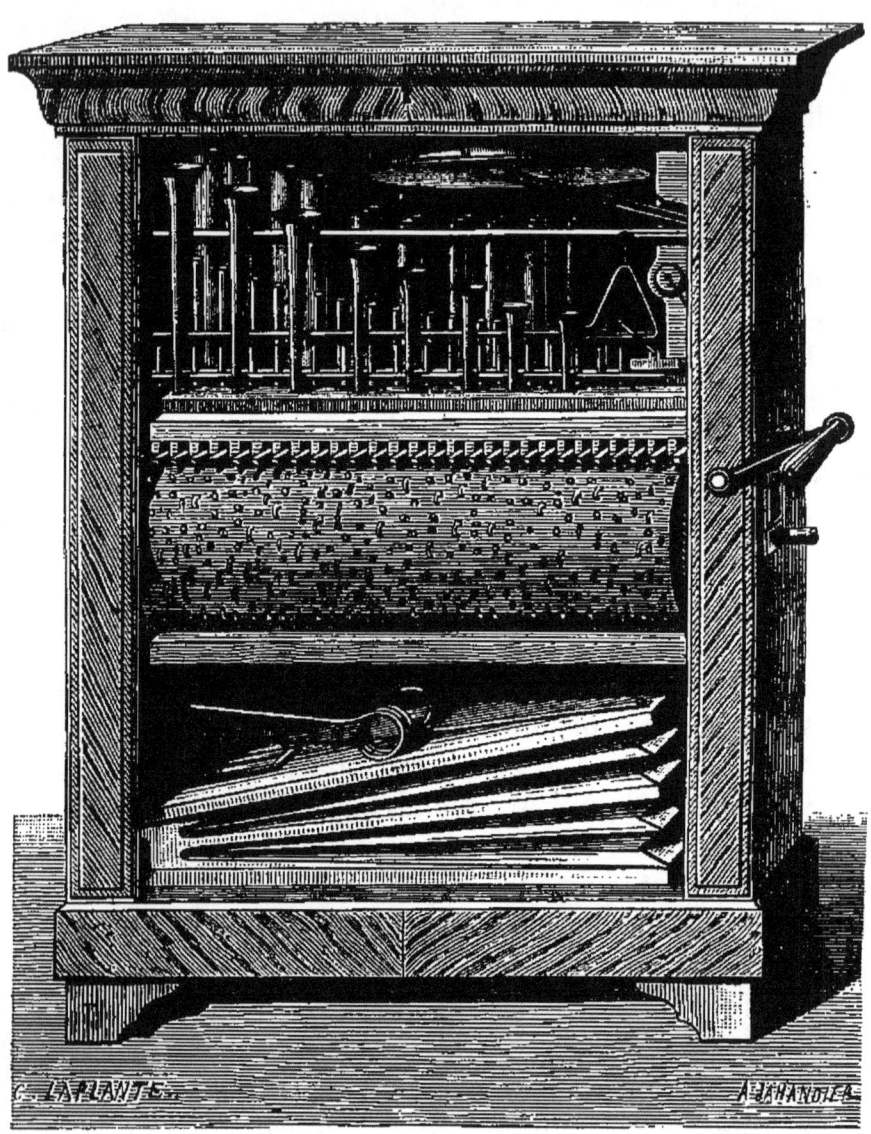

Fig. 88. — Orgue de Barberi.

qui s'est réalisé à propos des parties essentielles de cet instrument.

Nous ne le suivrons donc point pas à pas, et nous arrêterons son histoire au seizième siècle, qui est la limite de son enfance, le terme de ses tâtonnements et le point e départ de ses vrais, beaux et sérieux perfectionnements.

A l'orgue proprement dit se rattachent toutes les vaiétés de l'*orgue à cylindre.* Cet instrument est composé le tuyaux, d'une soufflerie et d'un cylindre. La soufflerie narche et le cylindre tourne par le moyen d'une manielle. Sur ce cylindre sont implantées dans un ordre déerminé des pointes qui soulèvent de petits leviers ou basules en passant devant, et font ainsi parler les tuyaux, ont les soupapes sont agencées avec les bascules.

Lorsque les orgues à cylindre sont de petite dimension, n les appelle *serinettes*, parce qu'elles peuvent servir à pprendre des airs aux oiseaux. On en a tiré les métahores peu polies : *seriner un air, une leçon à quelqu'un.*

On fabrique des serinettes perfectionnées et d'assez rande taille, qui ont plusieurs jeux et font même réner un tambour et un triangle. Ces orgues s'appellent lgairement *orgues de Barbarie* (fig. 88). On prétend que ce om leur a été donné par dérision. Une opinion qui semble lus plausible, c'est que ce mot est une corruption de *arberi*, nom d'un facteur italien qui inventa cet instruent.

XIII

INSTRUMENTS A CORDES : 1° A cordes pincées. — Instruments des Hébreux
nebel, kinnor, ascior, harpe. — Harpes égyptiennes. — Lyre d[es]
Grecs et des Latins. — La lyre disparaît au moyen âge en Europe.
Instruments à cordes pincées du moyen âge : lyre antique, lyre d[u]
Nord, harpe, psaltérion, guiterne, luth. — Instruments à cordes pi[n]
cées qui ont persisté : guitare, mandoline, harpe.

Il y a trois manières de faire vibrer les cordes : 1° o[n]
les *attaque* en les pinçant par un procédé quelconque; 2° o[n]
les frotte; 3° on les frappe. Les trois manières sont employée[s]
en musique aujourd'hui, et la *harpe*, le *violon*, le *pian[o]*
peuvent être donnés comme types des instruments moderne[s]
dont les cordes résonnent par ces trois procédés. Ces troi[s]
manières nous fourn[i]
ront aussi la classi[fi]
cation la plus simp[le]
et la plus claire, cell[e]
qui est la plus co[n]
forme aux principes [de]
l'acoustique musical[e.]

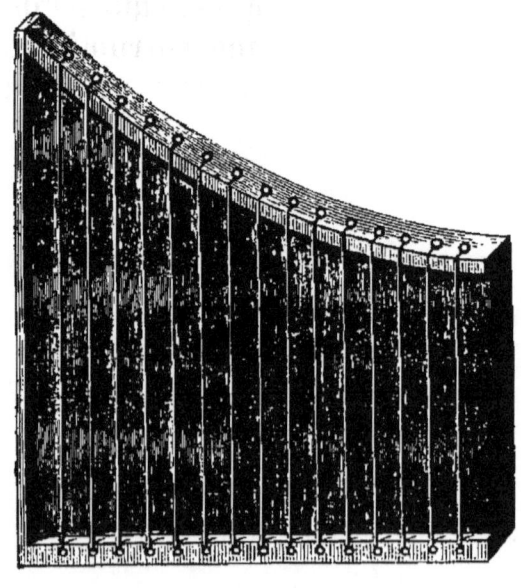

Fig. 89. — Nebel des Hébreux.

Les instruments [à]
cordes pincées so[nt]
connus depuis l'an[ti]
quité la plus reculé[e.]
Il n'est pas un peup[le]
oriental ou occident[al]
qui n'en ait fait usa[ge]
dès les premiers tem[ps.]
Nous ne dissertero[ns]
pas sur la forme, [la]
matière, le nombre des cordes des instruments primitifs.

n'a déjà que trop écrit à ce sujet de pages oiseuses et con-

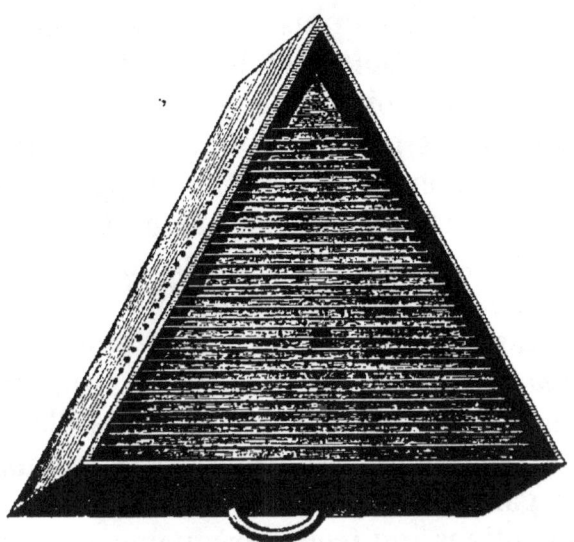

Fig. 90. — Kinnor des Hébreux.

radictoires. Il suffit d'exposer le principe qui présidait à

Fig. 91. — Hazur ou ascior des Hébreux.

ur construction. Dans tous ces instruments, il y a une

caisse sonore de forme variable, destinée à renforcer le son, et des cordes tendues en plus ou moins grand nombre. Ces cordes étaient *pincées* soit avec les doigts, soit avec un morceau d'ivoire ou de bois dur et poli, désigné dans les auteurs grecs et latins par les mots πλῆκτρον et *plectrum*, qui ont même son et même sens. Notons en passant que certains traducteurs traduisent ce terme par *archet;* ce en quoi ils ont grand tort, car ils attribuent aux anciens un objet que ces derniers ne connaissaient pas. On a donné des figures probables d'instruments hébreux, tels que le *Nebel* ou *Nabla*, le *Kinnor*, l'*Ascior* ou *Hazur*. On trouvera ci-joints quelques-uns de ces instruments dessinés d'après les renseignements les moins obscurs, mais on nous permettr de n'en pas garantir la parfaite exactitude. Sur les monu ments des Égyptiens, on trouve fréquemment des harpistes, et la forme de leur instrument, comme celle de toutes le harpes, du reste, que l'on trouve figurées sur les monu ments antiques, ressemble, quant aux grandes lignes, celle des harpes du moyen âge et des temps modernes.

La lyre, si goûtée des Grecs et des Romains, est encor un instrument de la même famille : on en a de nombreu. dessins tirés des monuments. La forme varie selon le. temps et les peuples, et aussi, on peut le dire, selon l goût décoratif des artistes qui les représentaient ; mais le parties essentielles sont toujours les mêmes. On y distin gue d'abord une boîte de figure et de matière variables laquelle on fixait une des extrémités des cordes, et qu servait à renforcer le son ; puis deux montants et une tr verse munie de chevilles ou clefs autour desquelles on e roulait l'autre extrémité des cordes, et qui les tendaien On suppose qu'à l'origine la boîte résonnante fut écaille de tortue ; c'est ce qui expliquerait pourquoi l auteurs grecs appellent souvent la lyre *chelys* et les a teurs latins *testudo :* les deux mots signifient tortue. lyre a d'ailleurs d'autres noms : elle s'appelle par exemp *barbitos, cithare, phorminx*. On a cherché et l'on che che encore à établir les différences ou plutôt les nuanc

Fig. 92. — Harpiste égyptien.

qui séparent ces termes; mais il faut bien avouer qu'on n'a mis en avant que des hypothèses.

Le nombre des cordes de la lyre a été l'objet de plus d'une discussion, mais la question est loin d'être éclaircie. On a beaucoup parlé de Terpandre, qui augmenta le nombre des cordes de cet instrument et fut, dit-on, banni de Sparte pour cette innovation; mais il serait difficile de rien préciser à ce sujet. Ce qu'il y a de sûr, c'est que la lyre eut d'abord très-peu de cordes, quand les mélodies étaient bornées à une échelle de quelques notes; et que, par la suite, quand l'échelle musicale se fut agrandie, les ressources de la lyre augmentèrent parallèlement, et Terpandre, Simonide, Théophraste, Timothée et d'autres ajoutèrent successivement les *notes* ou *cordes* dont ils avaient besoin pour traduire leurs inspirations. Ce que l'on sait aussi, c'est que les cordes étaient en boyau et parfois aussi en métal. On faisait vibrer la lyre soit avec les doigts, soit avec le plectre, dont nous avons parlé plus haut. La lyre était employée dans les fêtes, au théâtre, dans les festins. On la met dans la main des poëtes, et elle a donné naissance à l'expression *poésie lyrique*, qui a subsisté alors même que les poëtes ne chantaient plus et, par conséquent, ne s'accompagnaient plus.

On retrouve au moyen âge une partie des instruments à cordes pincées des anciens, ar exemple la *lyre*, la *harpe*, le *nabulum* qui rappelle le *ebel*. La lyre reste longtemps elle qu'elle était jadis; on n trouve cependant d'une orme particulière : ainsi, dans la *lyre du Nord*, instrument ue l'on voit au neuvième siècle, une grande partie de la

Fig. 95. — Lyre antique du moyen âge.
(Manuscrits du dixième siècle.)

longueur des cordes est au-dessus de la caisse sonore, ce qui doit augmenter considérablement le son. Les montants se rejoignent en haut et forment eux-mêmes la traverse. Enfin, ce qui est de la plus grande importance pour la sonorité, les cordes sont soutenues par un chevalet. Qu'il vienne à un musicien l'idée de frotter les cordes par un procédé quelconque, et l'on aura le violon.

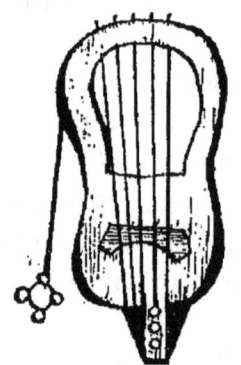
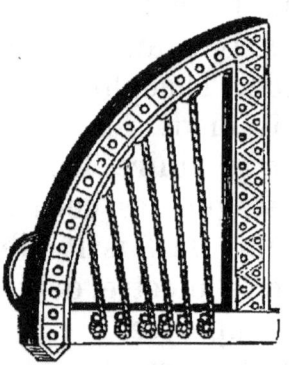
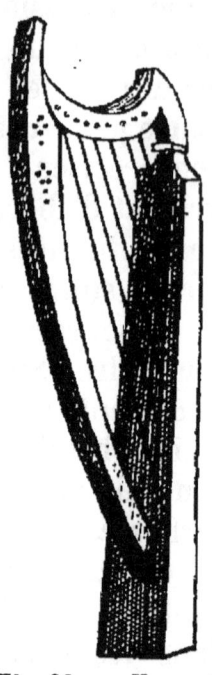

Fig. 94. — Lyre du Nord. (Manuscrits du neuvième siècle.)

Fig. 95. — Harpe sculptée du portail de l'abbaye de Saint-Denis.

Fig. 96. — Harpe de ménestrel du quinzième siècle. (Manuscrit du Miroir historial.)

La *harpe* fut un des plus célèbres instruments de musique du moyen âge. On la voit dans les mains des bardes qui veulent exalter l'ardeur des guerriers, et dans celles des troubadours qui vont de château en château charmer les chevaliers et les nobles dames par leurs chants d'amour et de guerre. Les harpes ne varient guère de forme : il y en a de grandes qui reposent à terre, de portatives qui se suspendent au cou, de moyennes qui se placent sur les genoux. Mais le principe est toujours le même : la caisse sonore est disposée de bas en haut.

Le *nabulon* ou *nabulum* du moyen âge, qui n'est autre chose que le *nebel* des anciens, est le type de cette famille d'instruments que l'on peut appeler du nom générique d *psaltérions.* Le nabulon ou psaltérion est avant tout une caisse sonore, tantôt en demi-cercle, tantôt en triangle tronqué, quelquefois avec des évidures ou des découpures sur les côtés : en général, on peut le ramener à la forme du trapèze. Des ouïes étaient percées sur la table supérieure, pour que le son s'échappât plus libre et plus fort. Le nombre des cordes tendues sur cette boîte de résonnance était toujours assez considérable. On jouait du psaltérion avec les doigts, avec des crochets ou plectres, avec des plumes, avec des anneaux auxquels étaient ajustées des pointes. On le posait sur les genoux et souvent aussi sur la poitrine.

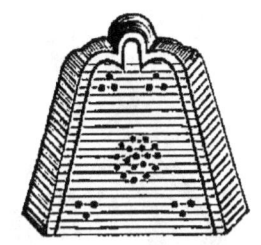

Fig. 97. — Variété de psaltérion. (Manuscrits du moyen âge.)

Le psaltérion est l'objet des plus grandes louanges de la part des écrivains du moyen âge qui vantent sa dou-

Fig. 98. — Variété de psaltérion. (Manuscrits du moyen âge.)

Fig. 99. — Psaltérion à plume. (Ancien manuscrit.)

eur incomparable. David, le roi musicien, est représenté uelquefois sur les monuments avec le psaltérion. Les oëtes et les peintres le placent aux mains des anges dans s concerts célestes. Mais ce qui doit surtout nous le rendre intéressant, c'est qu'il a donné naissance au *clavecin,* ui n'est pas autre chose qu'un *psaltérion à clavier.*

La *guit erne* ou *guitare,* dont le nom vient du grec

kithara, est un instrument d'une haute antiquité. Il est d'origine orientale : on en voit déjà la représentation sur les monuments égyptiens. Les Maures, selon l'opinion la plus

Fig. 100. — Joueur de psaltérion.
(Sculptures d'un chapiteau de l'abbaye de Saint-Georges de Boscherville, onzième siècle.)

Fig. 101. — Joueur de psaltérion.
(Manuscrit du quatorzième siècle.)

générale, l'importèrent en Espagne, d'où elle se répandi dans le reste de l'Europe. On la trouve sur des monument du moyen âge, et sa forme est à peu d chose près telle que nous la voyons main tenant.

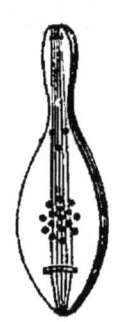

Fig. 102. — Guiterne.
(Manuscrit du moyen âge.)

Les Arabes et les peuples asiatique avaient une espèce de longue guitar nommée *Eoud*, de laquelle on fait dér ver avec beaucoup de vraisemblance 1 *luth*, si vanté au moyen âge et souve cité en compagnie de la guitare (*lu* (luths) *et guiternes*).

Le luth, à vrai dire, n'était qu'une v riété de la guitare ; il avait seulement plus grand nombre de cordes et s'accordait autrement.

tablature, mélange de notes et de lettres, était fort compliquée. Les luths fabriqués en Italie étaient les plus estimés : on connait le fameux « luth de Bologne » mentionné sur la liste d'Harpagon.

L'archiluth, le théorbe, la mandore, la mandoline, étaient des instruments de la famille du luth. Tous avaient un manche divisé par des touches, indiquant la place où l'on devait appuyer les doigts sur la corde, pour produire les différentes notes. Le nombre des cordes du luth, de l'archiluth et du théorbe rendait fort comliqué l'accord de ces instruments. ussi Mattheson, le usicien érudit, -t-il dit plaisamment qu'un luthiste gé de quatre-vingts s en avait dû passer soixante à bien ccorder son instrument. Dans les lyes, harpes et psalérions, les cordes e fois montées ne endaient qu'une ote chacune.

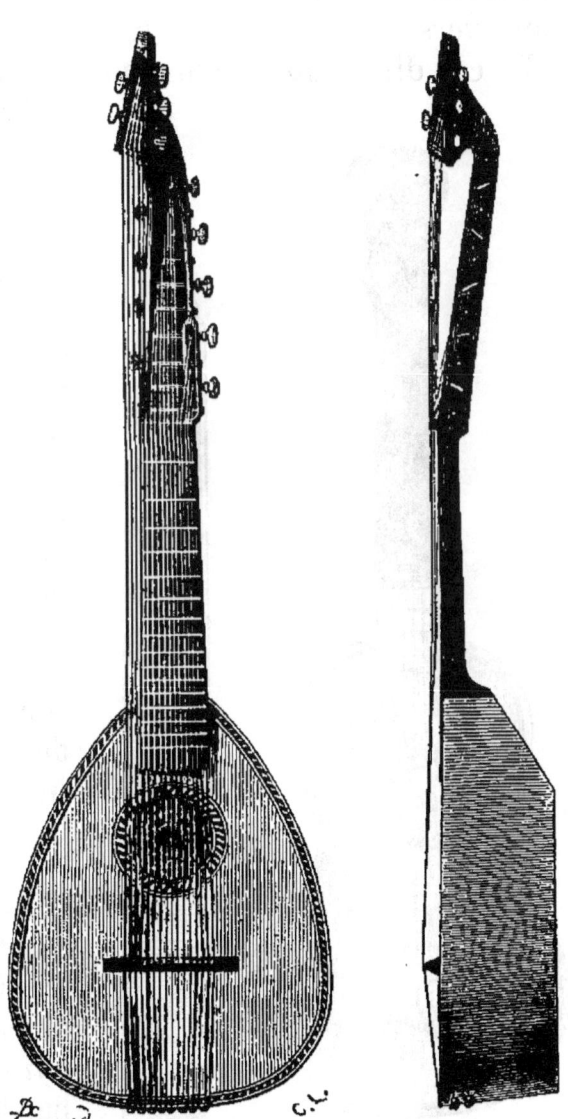

Fig. 103. — Théorbe.

Le luth resta longtemps à la mode : on a conservé les oms d'habiles joueurs de luth du seizième et du dix-septième siècle. Dans la deuxième moitié du dix-huitième siècle, l'instrument disparaît. De nos jours, paraît-il, certaines personnes en jouent encore, mais c'est une grandissime rareté, et l'on peut dire qu'aujourd'hui le vrai rôle du luth est un rôle métaphorique : les poëtes l'ont pris aux musiciens et le font souvent figurer à titre d'image dans leurs vers de concert avec la lyre antique.

De ces différents instruments, les uns ont disparu complétement, les autres ont subsisté, avec des fortunes diverses, il est vrai. La guitare, par exemple, est toujours en usage, mais elle est presque exclusivement employée à accompagner la voix. On la trouve quelquefois dans des compositions musicales peu bruyantes et s'adressant à un public peu nombreux : on pourrait citer en ce genre le gracieux arrangement fait par Hummel avec des motifs de l'opéra de Mozart, *le Nozze di Figaro;* c'est de la petite musique de *chambre*, et la guitare y tien sa place assez honorable ment. Certains artiste très-habiles arrivent à exé cuter sur la guitare de *soli* d'un effet surprenan par la *virtuosité* qu'ils dé ploient. Quelques-un même se font écouter ave

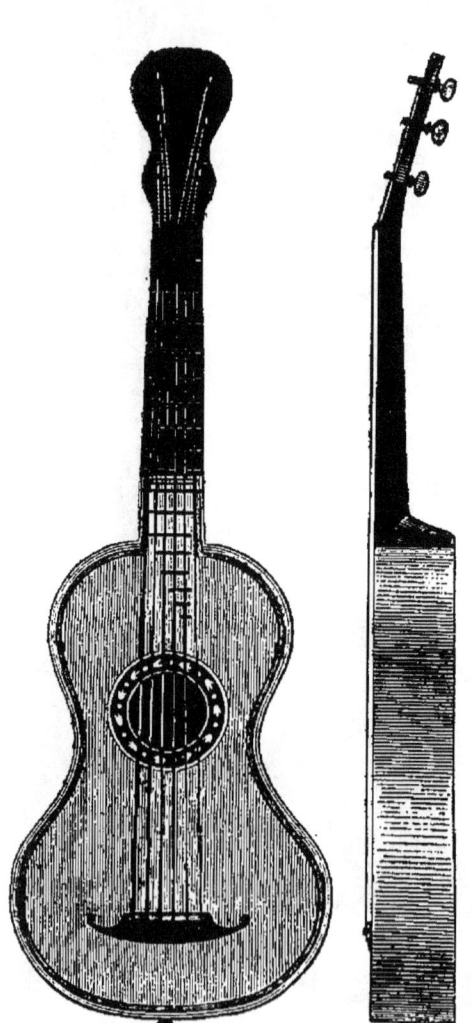

Fig. 104. — Guitare.

plaisir, mais il faut bien avouer que cet instrument es d'une sonorité trop faible et trop sourde pour charme longtemps. Une remarque intéressante qu'on a faite au point de vue de l'orchestration, c'est qu'il n'y a aucun intérêt à employer ensemble plusieurs de ces instruments : le timbre reste maigre, l'effet n'est pas augmenté, et le son serait plutôt d'une pauvreté et d'une platitude presque ridicules.

La guitare d'aujourd'hui a six cordes qui peuvent s'accorder de plusieurs manières suivant le ton. Les trois cordes graves sont en soie recouverte de fil d'argent. Les trois autres sont en boyau.

La *mandoline*, variété de la guitare ou plutôt du luth, dont elle a conservé la forme avec de plus petites dimensions, n'est montée que de quatre cordes (il est vrai qu'elles sont doubles) et a des sons grêles et nasillards. Toutefois son timbre est d'une finesse assez mordante et assez originale : on connaît le joli et spirituel effet de l'accompagnement railleur de mandoline que Mozart a écrit pour la sérénade de *Don Juan*. Il faut remarquer que la mandoline doit être écrite en notes successives, et non pas en accords simultanés, parce que,

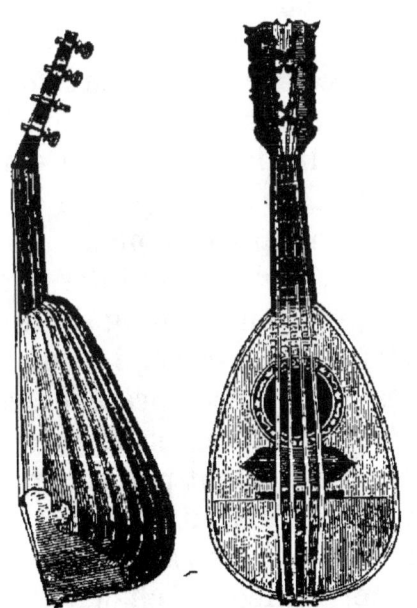

Fig. 105. — Mandoline.

comme elle se joue avec un bec de plume ou un petit morceau de substance dure taillée en cure-dent, on risquerait de n'obtenir qu'un frottement mesquin et confus. Cet instrument, qui n'est pas à dédaigner quand on sait renfermer dans le rôle qui lui convient, n'est plus guère en usage qu'en Espagne et en Italie. Ailleurs, il est tellement abandonné ou inconnu, que la plupart du temps, même dans de grands théâtres, quand on arrive à la sérénade dont nous avons parlé plus haut, le chef d'orchestre est obligé de la faire accompagner ou par une guitare, ou par des pizzicati de violon, ce qui en change malheureusement le caractère.

Des instruments à cordes pincées qui nous sont restés de l'antiquité et du moyen âge, la harpe est le plus complet et le plus beau, et le seul qui fasse partie de l'orchestre. Sa construction était autrefois d'une grande simplicité : les harpes égyptiennes, par exemple, étaient en forme d'arc ; on en voit un grand nombre sur les monuments de l'Egypte. Certaines harpes asiatiques modernes peuvent jusqu'à un certain point en donner l'idée. Aujourd'hui, la harpe employée dans la plupart des pays de l'Europe se compose de trois parties essentielles, la *caisse* ou *corps sonore*, la *console* et la *colonne*. Le corps sonore et la colonn sont réunis dans leur partie inférieure par une base qu s'appelle la *cuvette*. Le corps sonore est recouvert d'un *table d'harmonie* percée d'ouïes, sur laquelle sont fixés de boutons qui retiennent les cordes par une de leurs extré mités. L'autre bout des cordes s'enroule sur des cheville rangées tout le long de la console et servant à les tendr et à les accorder. La colonne sert à réunir et à mainteni les deux pièces précédentes. Un système de tringles, levier et ressorts renfermé dans la colonne et la console et mi en mouvement par des pédales extérieures que presse l pied de l'exécutant, appuie au besoin les cordes contre de sillets qui les raccourcissent d'une quantité mathématiqu ment réglée et changent par conséquent le ton en chai geant les notes. La figure ci-jointe donnera une idée trè suffisante de ce mécanisme.

Il y a sept pédales dans la harpe, autant que de not dans la gamme ; chaque pédale agit sur toutes les not du même nom. On fait des harpes qui ont autant de cord que les pianos ont de notes. Nous n'entrons pas dans détail du mécanisme des harpes à *simple mouvement* et d harpes à *double mouvement*. Nous ne voulons que donn une idée générale du procédé grâce auquel on peut mo fier le son d'une corde. Les ouvrages spéciaux et les m thodes de harpe donneront à ce sujet tous les renseigi ment nécessaires.

Il y a une certaine manière d'exécuter successivement tous les sons d'un accord en montant ou en descendant, au lieu de les frapper simultanément. Le violon, le violoncelle, le piano et la harpe se prêtent parfaitement à cette forme harmonique mélodiquement produite, mais comme elle

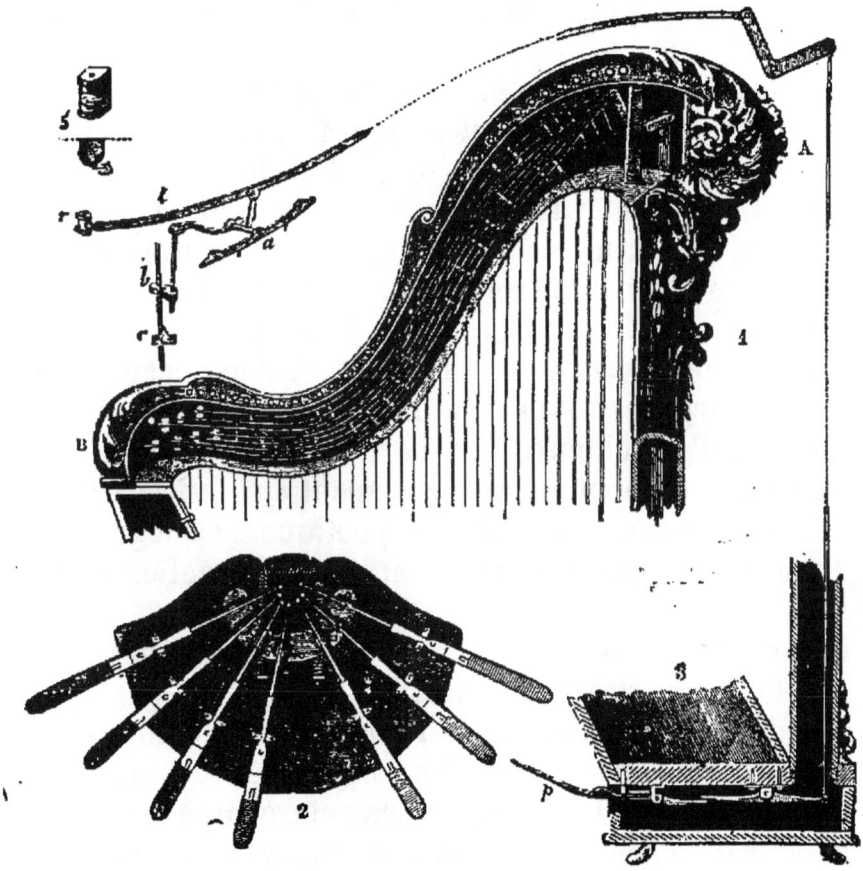

Fig. 106. — Harpe et détails du mécanisme. — 1, A,B, coupe de la console.— 2, pédales.—3, mécanisme d'une pédale *p*. —4,5, tirant : arbre pivotant, *a*; sabot, *b* ; sillet, *c*; ressort, *r*, servant à rétablir le ton de la corde quand la pédale n'agit plus.

est surtout appropriée à la nature de la harpe (*arpa* en italien), l'usage a prévalu de lui donner le nom d'*arpége*.

La harpe, malgré les admirables virtuoses qui en ont joué, malgré les charmants morceaux qui ont été composés pour elle, présente des difficultés telles que peu de personnes ont le courage de chercher à les vaincre. Il n'y a pas à compter, bien entendu, les musiciens ambulants qui trouvent d'instinct quelques accords. Mais ce qu'il y a de certain, c'est qu'aujourd'hui la harpe est à peu près inconnue comme instrument de solo dans la musique de chambre. Il y a cinquante pianistes de mérite contre un Godefroid, et les fantaisies, sonates et nocturnes de Bochsa ne sont guère plus joués, quand on les joue, que sur le piano.

La harpe a toutefois conservé un beau rôle à l'orchestre. On connaît les quelques lignes exquises que Beethoven a écrites pour elle dans son ballet de Prométhée. Les compositeurs modernes Meyerbeer, Gounod, Reyer, Wagner, Berlioz et autres l'ont employée avec le plus grand succès dans la musique théâtrale, symphonique, religieuse. Berlioz insiste et avec raison sur le magnifique effet que produisent des masses de harpes jetant leurs accords rapides, leurs arpèges sonores au milieu des accents d'un orchestre ou d'un chœur. Les harpes employées en grand nombre conviennent merveilleusement aux représentations de fêtes antiques, aux scènes poétiques et légendaires, aux pompes religieuses, aux marches solennelles et grandioses.

De tous les timbres connus, il est singulier que ce soit celui des cors, des trombones et en général des instruments de cuivre qui se marie le mieux avec celui des harpes. Les cordes basses ont des sons voilés et mystérieux d'une grande beauté. La dernière octave supérieure a des sons délicats, cristallins, d'une fraîcheur convenant tout à fait aux scènes gracieuses et féeriques.

Quand on effleure le milieu des cordes de la harpe avec la partie inférieure et charnue de la main, en pinçant les mêmes cordes avec le pouce et les deux premiers doigts de cette même main, on obtient des sons, dits harmoniques, qui résonnent à l'octave haute du son ordinaire. Ces sons *harmoniques*, lorsqu'ils sont produits par plusieurs harpes à l'unisson, ont un charme mystérieux indéfinissable, surtout quand on les marie aux accords de la flûte et de la clarinette jouant dans le médium.

XIV

Instruments a cordes : 2° A cordes frottées. — Archet : l'archet est très-vraisemblablement d'invention moderne ; il ne doit pas remonter au delà du moyen âge. — Hypothèses relatives au *plectrum*. — Modifications successives de l'archet. — Archets de Tourte ; prix auquel ils se sont élevés. — Violon ; instruments qui le précèdent : crout, rote, rebec, gigue, familles des violes. — Progrès de la facture des violons depuis le seizième siècle. — Grands luthiers. — Structure du violon : tables, éclisses, ouïes, chevalet, queue, chevilles, sommier, sillet, touche, âme, cordes. — Explication de la production et de l'augmentation du son dans le violon. — Sourdine. — Violon trapézoïdal de Savart. — Ressources du jeu du violon : accords, arpéges, double corde, effets de tremolos. — Variété des coups d'archet. — Sons harmoniques. — Pizzicato. — Rôle capital du violon dans l'orchestre moderne. — Richesse de nuances du violon. — Violonistes d'autrefois, violonistes d'aujourd'hui.

Les instruments à cordes pincées ont, il faut bien le reonnaître, un rôle assez restreint. Ils manquent surtout de ette puissance d'expression, de cette force pénétrante à quelle on n'arrive que par la prolongation du son, et qui it le charme vraiment souverain de la voix humaine. Chose singulière ! Les hommes, qui, par le moyen des struments à vent, ont évidemment cherché à reproduire durée, les inflexions et les intensités variables des notes leur voix, semblent n'avoir trouvé que fort tard la maère de *chanter* sur les instruments à cordes. Le violon, type achevé des instruments à cordes qui *chantent*, est invention relativement moderne, et l'*archet* lui-même, i fait vibrer la corde et donne au son la durée, n'a que puis moins de temps encore sa forme logique et comode. On a voulu prouver que les anciens le connaissaient ; s'est appuyé sur l'épithète de *crinitum* (chevelu) appliquée quelquefois au *plectrum*; on cite des vers où il est question d'un *plectrum* fait en bois du laurier de Daphné et garni d'un faisceau de crins empruntés à Pégase ; on cite encore le bas-relief recueilli par le savant antiquaire Maffei, et qui représente Orphée jouant de la lyre avec un archet. A tout cela, qui se réduit à très-peu de chose, on peut répondre que le mot *crinitum* ne signifie pas forcément que les crins soient tendus ; que les crins de Pégase pouvaient être un ornement symbolique ; et que le bas-relief trouvé par Maffei peut être d'origine assez récente. Ensuite, le mot grec πλήσσω, étymologie des mots πλῆκτρον et *plectrum*, a un sens bien net : il signifie *frapper* et non *frotter*. Enfin les monuments figurés et les textes abondent pour préciser la figure et l'emploi du plectre. Nous avon donné ces quelques détails à titre de curiosités, mais l'opi nion la plus généralement reçue et la plus raisonnable es que l'archet ne remonte pas au delà des premiers temp du moyen âge.

L'archet n'a pas toujours eu la forme qu'il a aujour d'hui. Pendant longtemps on se contenta d'une baguett courbée en forme de petit arc, d'où son nom. Les manus crits, les vitraux, les sculptures, les émaux, les tableaux les gravures offrent de nombreux exemples de cette variét d'archet. Au dix-septième siècle, Lulli le raccourcit afi de le rendre plus maniable pour ses musiciens, dont u bon nombre étaient assez ignares. Mais l'on fait des progrès les grands violonistes apparaissent ; au dix-huitième siècl Tartini rallonge l'archet pour avoir des notes plus ténue Dans les dernières années du dix-huitième siècle, l'arch se modifie encore et prend la forme qu'il a aujourd'hui la courbure devient intérieure d'extérieure qu'elle étai ce qui fait que, malgré la longueur des crins, la baguet devient résistante tout en restant élastique : le jeu des a tistes acquiert une sonorité, une énergie, une ampleur une souplesse incomparables. Viotti, le grand composite et l'admirable virtuose, passe pour le principal auteur ces innovations.

Il serait injuste de ne pas parler ici de l'habile ouvri

français, François Tourte, qui fut un artiste en son genre. Jusqu'à lui, les archets étaient fabriqués d'une manière empirique et par à peu près. Tourte consulta les artistes célèbres de son temps, compara leurs différentes observations et réclamations, et parvint à déterminer régulièrement le poids, la longueur et la forme que devait avoir la baguette pour être bien en équilibre dans la main et pour ne pas toucher les crins dans l'attaque des cordes. Ses archets furent très-renommés de son vivant, et depuis sa mort ils ont acquis un prix considérable. On les vend généralement de 250 à 300 francs. On en cite même un qui, en 1865, a été payé à Londres 20 livres sterling (500 fr.). Ces prix ne sont abordables que pour quelques privilégiés; nos luthiers français heureusement fabriquent aujourd'hui d'excellents archets à des conditions beaucoup moins onéreuses.

Les instruments à archet, d'après des opinions fort autorisées, ne doivent pas remonter au delà du cinquième siècle. Ils semblent avoir été spéciaux aux races du Nord, et on les voit apparaître et se répandre en Europe, lorsque les Northmans descendent des régions scandinaves. La construction de ces instruments est d'abord grossière, mais le principe est trouvé. Il faudra cependant attendre jusqu'au quinzième siècle pour que le violon ait la forme qu'il a aujourd'hui.

Fig. 107. — Viole primitive. (Statue du portail de l'abbaye de Saint-Denis, douzième siècle.)

Le *crout*, la *rote*, le *rebec*, la *gigue*, *viole* sont les ancêtres du violon. Le *out* ou *cruth* se voit dans les mains des bardes armoricains, bretons et écossais. La *rote* était instrument de prédilection des ménestrels et des trouvères en France. Le *rebec* appelé *aulique* par Rabelais, la *gigue* qui tirait probablement son nom de sa ressemblance avec une cuisse de chevreuil, étaient également des instruments à archet. Dans ces instruments du reste on trouve à différents degrés tous les éléments constitutifs du violon : une caisse sonore de forme variable, mais plutôt longue que large; des échancrures plus ou moins prononcées sur les côtés; un manche adhérant au corps; des cordes tendues

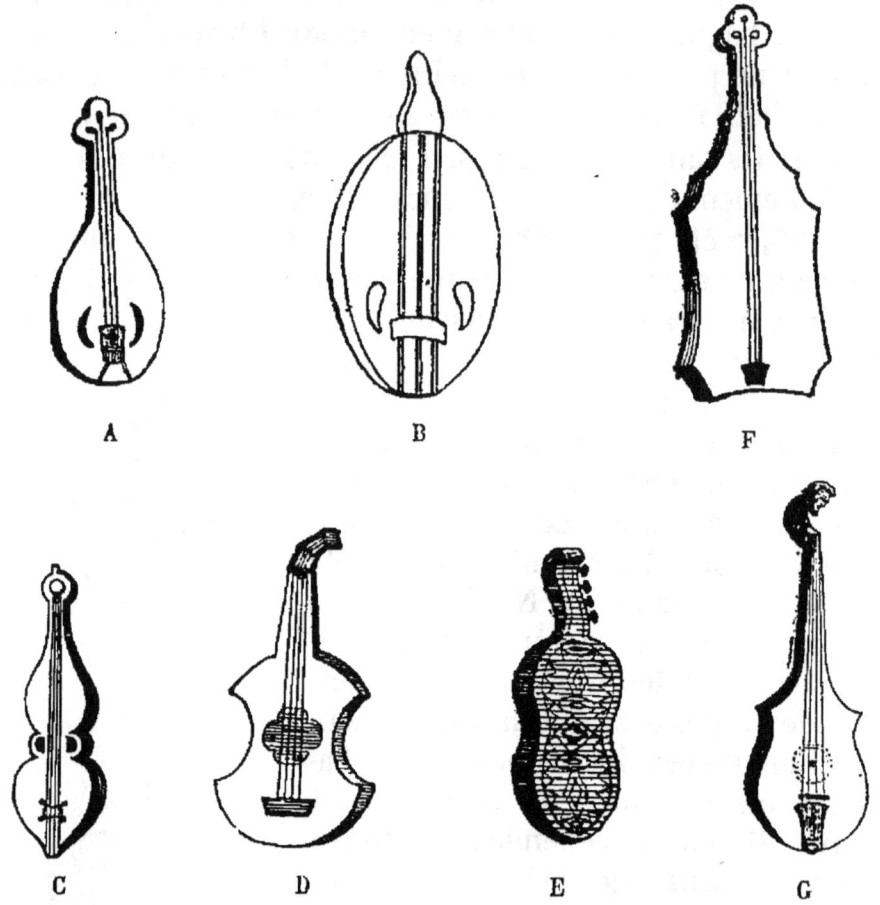

Fig. 108. — A, B, C, D, E, F, G, vielles, gigue, rebec (du treizième au seizièm siècle), d'après des sculptures, émaux, miniatures, vitraux, fresques.

au-dessus d'une table d'harmonie percée d'ouïes et souven un chevalet rendant le jeu plus facile et les vibration plus sonores.

Il faut noter en passant que l'étymologie de *rote* est l mot *crotta*, forme latine de *crout*, et non pas *rota*, roue vielle à roue. On jouait de ces instruments soit sur le genoux, soit à l'épaule, selon leur grandeur.

La *viole*, *vièle* ou *vielle* des anciens auteurs est, parmi les instruments de cette famille, celui de qui le violon dérive le plus directement. Le manche se terminait souvent par une sorte de trèfle orné, façonné en forme de violette (*viola* en latin), ce qui aura bien pu donner naissance au nom de viole, d'où est venu celui de *violon*. La viole, d'abord de forme ovale et bombée et à manche court et large, aplatit sa caisse, l'échancra sur les flancs et allongea son manche. Il y avait des violes de différentes tailles qui correspondaient à autant de degrés de l'échelle musicale. Le *pardessus de viole*, le *dessus de viole*, la *haute contre de viole*, la *taille de viole*, la *basse de viole*, le *violone* représentaient tous les individus de cette famille de l'aigu au grave.

La basse de viole que les Italiens appelaient *viola da gamba*

Fig. 109. — Crout du neuvième siècle, d'après une peinture de manuscrit.

(viole de Jambe) a été remplacée à la fin du dix-septième siècle par le *violoncelle*, qui tout en ayant moins de cordes avait plus de ressources. Le *violone* qui était de très-grande taille et dont on peut voir la figure dans le tableau des *Noces de Cana*, de Paul Véronèse, diminua également le nombre de ses cordes, modifia quelque peu sa construction et devint au dix-huitième siècle la contre-basse de l'orchestre moderne. On a conservé encore, après modifications, deux autres variétés de viole dont nous parlerons plus loin : la *quinte* ou *alto* et la *viole d'amour*.

On admet généralement que le plus ancien violon qui ait été conservé fut fait en 1449, par un nommé Jean Kerlin ou Kerlino, luthier breton qui travailla à Brescia. Du reste, on voit presque en même temps des luthiers habiles se former en France, en Italie et en Allemagne. Mais la facture du violon est encore une affaire de tâtonnements et d'essais. Kerlino de Brescia, Dardelli de Mantoue, le Tyrolien Duiffo-Prucgard et d'autres s'occupent tout autant de rebecs et de violes que de violons.

Avec les Amati de Crémone la lutherie devient un art remarquable. Cette famille privilégiée d'ouvriers, qui sont de véritables savants, constitue une école qui produit des chefs-d'œuvre et fait des élèves dignes de leurs maîtres. A partir de ce moment, la construction du violon est chose réglée et déterminée. Choix du bois, courbe et épaisseur des tables, tout est calculé, tout est prévu, tout, jusqu'à la confection des vernis, pour obtenir la pureté, la finesse, la force et l'homogénéité des sons. C'est alors que se créent ces merveilleux instruments dont quelques-uns valent aujourd'hui littéralement plus que leur pesant d'or. On connaît les Amati ; citons sans commentaires Magini, Stradivarius, les Guarneri, Stainer, Bergonzi, Montagnana, les plus illustres luthiers des dix-septième et dix-huitième siècles. Dans notre siècle, Lupot, Chanot, Vuillaume et Gand ont fabriqué des instruments fort appréciés des artistes.

Examinons maintenant en détail la structure du violon.

La caisse sonore de cet instrument est formée de deux *tables* AB qui ont le même contour et à peu près les mêmes courbes de surface. Elles ont une échancrure de chaque côté de manière à ne pas gêner le jeu de l'archet. La table inférieure est faite ordinairement d'érable ou de hêtre, ainsi que les lames latérales ou *éclisses* qui la réunissent sur tout son contour avec la table supérieure. Celle-ci est faite de bois léger, de sapin ou de cèdre, et elle est renforcée à son milieu et au dedans de la caisse par une bande de bois CC. On cite un certain nombre

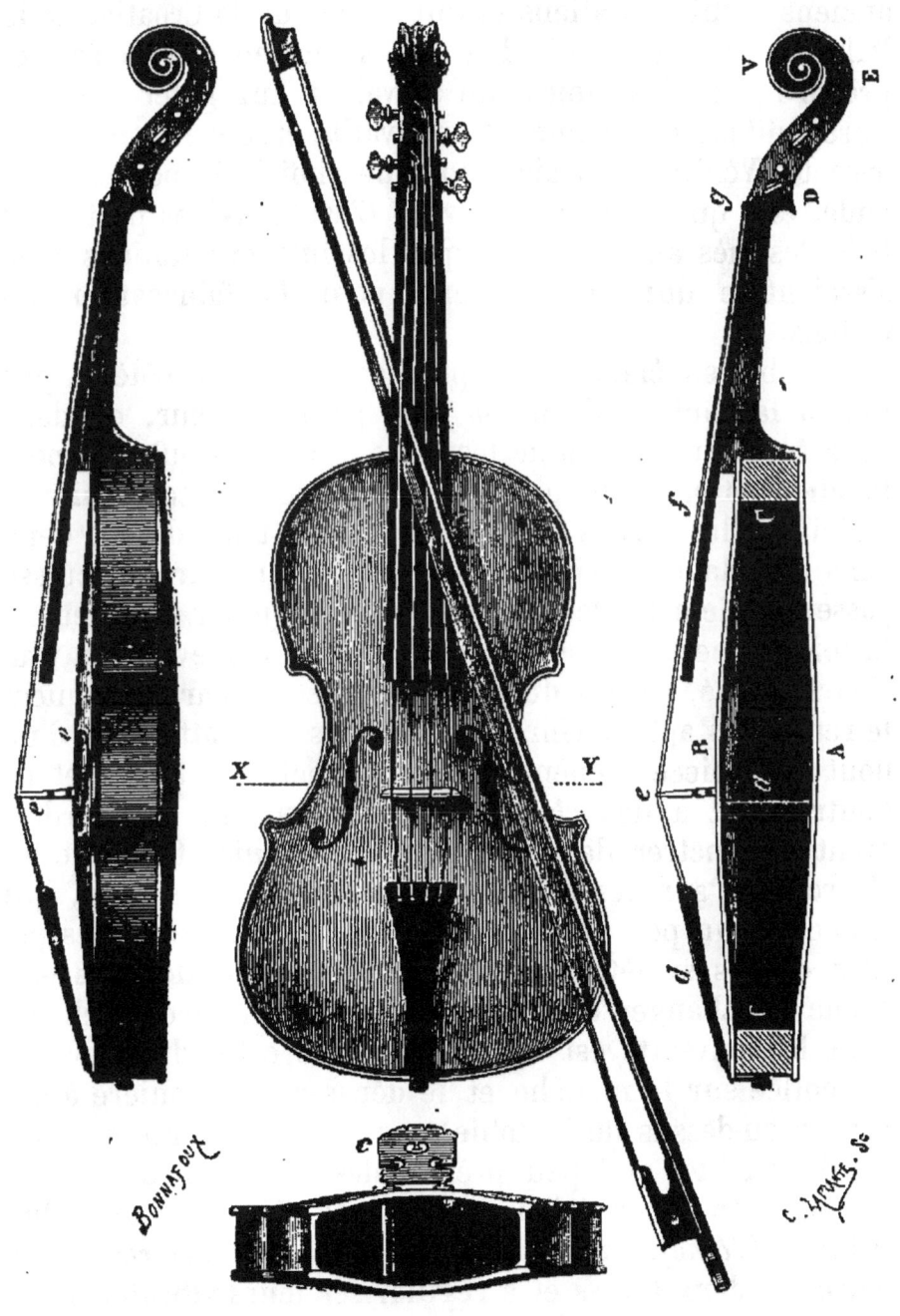

Fig. 110. — Violon-détails.

'instruments de Stradivarius dont les fonds ont été faits

en peuplier. Fétis donne un détail, sinon vrai, du moins assez curieux à propos de l'érable dont se servaient les anciens luthiers italiens et qui venait de la Croatie, de la Dalmatie et même de la Turquie. « On l'envoyait à Venise, préparé pour les rames qui servaient aux galères, et les Turcs, dit-on, constamment en rivalité et souvent en guerre avec les Vénitiens, avaient soin de choisir le bois le plus ondé, afin qu'il cassât plus vite. C'est dans ces parties de bois destinés aux rameurs que les luthiers italiens choisissaient ce qui leur convenait pour la fabrication des violons. »

La table supérieure est percée de chaque côté, à peu près à la hauteur XY de sa plus petite largeur, de deux ouvertures qu'on nomme les *ouïes*. Entre les ouïes se pose le chevalet *e*, petite pièce de bois à deux pieds, qui sert à éloigner les cordes de la table et à les tenir deux à deux dans des plans différents, de manière que l'archet puisse passer facilement de l'une à l'autre et jouer sur deux à la fois, s'il est nécessaire. Le chevalet est évidé en plusieurs points, ce qui diminue sa masse et par conséquent le rend plus apte à vibrer. Les cordes sont attachées d'un bout à la pièce d'ébène *d* qu'on appelle la *queue* et de l'autre bout à des *chevilles* qui les tendent. Les cordes, avant de pénétrer dans la cavité du *sommier* DE, où elles s'enroulent sur les chevilles, passent sur le *sillet g*, qui les écarte un peu de la *touche f* et, grâce à de toutes petites coches symétriques de celles du chevalet, les empêche de changer de position. La *touche*, pièce d'ébène, dont la convexité est en rapport avec celle du chevalet, est collée sur le manche et le dépasse, de manière à s'avancer au-dessus de la table sans la toucher. Enfin, entre les deux tables et à peu près au-dessous du pied droit du chevalet, on place debout une petite pièce de bois cylindrique *a* (*l'âme*), qui sert à maintenir la distance respective entre ces deux tables et à régulariser leurs vibrations.

Les *cordes* du violon ont été réduites au nombre de quatre. Elles sont toutes à boyau, d'égales longueurs dans la partie vibrante, mais de grosseurs inégales. L plus grosse est une corde *filée*, c'est-à-dire qu'elle est entourée en spirale serrée d'un fil mince de cuivre argenté qui donne aux sons un timbre mordant, profond et métallique. La plus petite se nomme *chanterelle*. Elles sont rangées par ordre de grosseur. Quand le violon est accordé, on en joue en tenant l'instrument entre le menton et la clavicule gauche, et en appuyant le manche sur la main gauche disposée en fourchette et repliée de façon à ce que les extrémités des doigts puissent s'abattre sur les cordes et s'appliquer avec fermeté contre la touche, modifiant ainsi à volonté la longueur de la partie vibrante, selon la note à produire. La main droite tient l'archet que l'on tire et pousse parallèlement au chevalet. On frotte avec de la colophane, résine cuite et épurée, les crins de l'archet pour qu'ils puissent *mordre* les cordes.

Quand la corde, ébranlée par l'archet, se met à vibrer, elle communique ses vibrations à la table supérieure par l'intermédiaire du chevalet; l'âme ainsi que les éclisses ébranlées par la table supérieure ébranlent à leur tour la table de dessous, et la masse d'air renfermée entre les deux tables vibre alors en agissant comme un tuyau renforçant, et le son amplifié est transmis au dehors par les ouvertures des ouïes. On donne aux sons du violon quelque chose de sourd, de voilé, de mélancolique et de lointain au moyen de la *sourdine*, petit morceau d'ébène, d'ivoire ou de métal, taillé en peigne, à trois dents écartées, qui s'ajuste sur le chevalet, en augmente la masse et, par conséquent, diminue la force des vibrations et la sonorité de l'instrument. Quand on ôte subitement les sourdines d'un grand nombre de violons, on peut obtenir un effet prodigieux d'explosion sonore.

Nous renvoyons à une *méthode* quelconque ceux qui seraient désireux d'avoir des détails sur le doigté et la tablature du violon.

On a cru remarquer que l'âge et l'*habitude* d'être joués par des artistes avaient de l'influence sur les qualités des violons. Il semblerait que la régularité et la correction d'un jeu savant développent l'élasticité des fibres. C'est du moins l'opinion de beaucoup de violonistes et de quelques physiciens. Ce qu'il y a de sûr, c'est que les violons des anciens facteurs et en particulier ceux de Stradivarius (1665-1738), dont bon nombre ont un siècle et demi d'existence, sont recherchés aujourd'hui avec une véritable passion, et que cette passion est justifiée par la qualité tout à fait remarquable de leurs sons.

On a cherché à fabriquer des violons en verre, en faïence, en porcelaine, en métal, mais il faut bien avouer qu'ils ne valaient rien. Aucune substance ne peut lutter avec le sapin, dont les fibres légères et élastiques entrent si facilement en vibration.

On a cherché aussi à varier la forme du violon. Savart, qui a fait de si curieuses études sur l'acoustique, a construit un violon trapézoïdal et à éclisses droites, espérant que les fibres toutes rectilignes seraient dans de meilleures conditions d'élasticité et de vibration. Son violon n'était pas mauvais comme sonorité, mais il n'avait pas des qualités assez remarquables pour faire abandonner la forme connue, qui est si élégante et si commode.

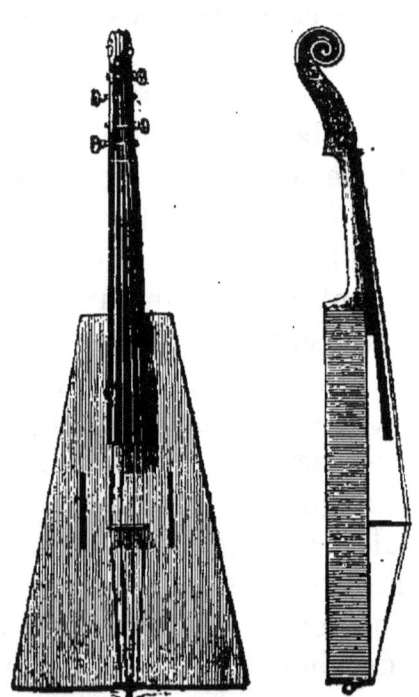

Fig. 111. — Violon trapézoïdal de Savart.

Les quatre cordes du violon s'accordent par quintes, *sol*, *ré*, *la*, *mi*, en allant du grave à l'aigu. Toutefois il est à noter que quelques grands virtuoses, pour produire certains effets, ont parfois changé une ou plusieurs cordes. Ainsi Paganini donnait plus d'éclat à son jeu en haussant les quatre cordes d'un demi-ton : *la♭, mi♭, si♭, fa*. De Bériot haussait souvent le *sol* d'un ton dans des concertos. Baillot baissait le même *sol* d'un demi-ton pour obtenir un effet doux et grave.

Le violon est un instrument de ressources innombrables. On peut y exécuter des accords arpégés de deux, trois ou quatre notes, d'une agilité, d'une légèreté et d'une souplesse charmantes, ou de solides accords placés sur deux cordes. Les airs en double corde, quand ils sont joués par une main sûre et puissante, ont une sonorité et une harmonie admirables. Les *trilles* et *tremolos* des violons en masse rendent à merveille le trouble, l'agitation, la terreur, la violence. Quand les tremolos se jouent à plusieurs parties et pianissimo sur les notes hautes de la chanterelle, ils ont quelque chose d'aérien et d'angélique, selon l'expression de Berlioz, qu'il faut toujours consulter et citer quand il s'agit d'esthétique instrumentale et orchestrale. Le tremolo exécuté près du chevalet produit un effet de rapide et puissante cascade, de bouillonnement harmonieux. D'autres variétés de tremolos, qui introduisent dans l'orchestre de la fluctuation et de l'indécision, font venir à l'esprit des idées d'anxiété et d'inquiétude. Gluck, en plusieurs passages de ses opéras, a tiré un admirable parti de ces divers procédés.

L'étude de la conduite de l'archet semble avoir été poussée de nos jours à la limite de la perfection, et depuis Viotti, les grands virtuoses ont bien compris tout ce qu'ils pouvaient tirer du coup d'archet pour la sonorité et l'expression. Que de nuances dans la manière de détacher ou de lier les notes ! que d'intentions diverses rendues selon que l'on joue de la pointe, du milieu ou du talon de l'archet ! Quelle différence entre l'âpre énergie des notes qu'on obtient près du chevalet et la douceur caressante de celles qui sont produites sur la touche ! Berlioz parle d'un moyen d'obtenir un effet à la fois horrible et grotesque en faisant tomber le bois de l'archet sur les cordes. Il en résulte alors une sorte de pétillement, mais il faut employer beaucoup de violons, parce que le son en pareil cas est faible, maigre, sec et court. Ce procédé, du reste, suivant le savant musicien qui le cite et qui s'en est servi dans sa symphonie de *Roméo et Juliette*, ne doit être employé qu'à l'extrême nécessité et pour produire un effet très-voulu; et encore faudra-t-il y voir plutôt quelque chose d'excentrique que d'original.

Quand on effleure avec les doigts de la main gauche les cordes en certains points, sans les mettre en contact avec la touche, on obtient avec l'archet des sons d'une extrême acuité qui donnent au violon dans le haut une étendue immense. On les appelle *sons harmoniques*. Il y en a de *naturels* et d'*artificiels;* les méthodes de violon renseigneron[t] à ce sujet. Les harmoniques de la quatrième corde, la plu[s] grave, ont des sons de flûte, et Paganini en tirait un effe[t] étonnant dans l'exécution de la *prière de Moïse*. Les note[s] harmoniques, surtout dans le haut, ont quelque chose d[e] fin, de cristallin, d'aérien, propre aux scènes mystérieuses[.] Les compositeurs de l'école romantique ont usé et parfoi[s] abusé de cette sonorité quelque peu énervante. Il faut pou[r]tant citer comme un chef-d'œuvre de couleur le prélud[e] du *Lohengrin*, où les harmoniques des violons prépare[nt] et produisent un si merveilleux effet d'extase.

En pinçant les cordes du violon avec les doigts au lie[u] de les frotter avec l'archet, on a un accompagnement q[ui] ne couvre pas la voix, qui la fait même ressortir, et [qui] produit aussi très-bon effet, soit dans la musique de chan[bre], soit dans la musique de symphonie. Cette manière [de] jouer s'indique par le mot italien *pizzicato*, qui signi[fie] *pincé*.

Les instruments à archet sont aujourd'hui la base [de] l'orchestre, et parmi ces instruments, les violons occupe[nt] la première place. Ils sont susceptibles, en effet, de rend[re] les nuances les plus diverses. Le violon a la force, la lé[gè]reté, la grâce, les notes les plus sombres ou les plus joye[u]ses; il exprime également bien la mélancolie la plus la[n]goureuse ou la passion la plus ardente. Il peut fournir [de] longues notes, des tenues majestueuses et sereines, sa[ns] être interrompu par le besoin de respirer, comme c[ela] arrive pour les instruments à vent. Les violons en mas[se] rendent à merveille les mélodies tendres et lentes et leur donnent un caractère pénétrant qui va jusqu'au fond de l'âme. Les symphonies d'Haydn, de Mozart, de Beethoven sont remplies de ces phrases divines, tantôt douces, tantôt puissantes, mais toujours pathétiques. Les violons ont une véritable voix qui pleure, crie, se lamente, chante, prie, rêve ; les violons passent du langage le plus badin, de la gaieté la plus folle aux phrases les plus religieuses, aux accents les plus extatiques.

On a vu que les différentes gammes ont des caractères particuliers. Le violon démontre ce fait mieux qu'aucun instrument. Il est, selon les tons, grave, sourd, même terne, distingué, majestueux, gai, bruyant, familier, sonore, brillant, pompeux, énergique, vigoureux, incisif, tendre, doux, voilé, noble, radieux, tragique, lugubre, triste, criard, commun, rauque, sauvage, âpre, sinistre. Cette simple liste d'épithètes recueillies dans les réflexions esthétiques que Berlioz consacre au violon, prouve, sans qu'il soit besoin de commentaire, toute la richesse de nuances des tonalités de cet instrument.

Le violon n'a pas toujours eu le rang qu'il possède aujourd'hui. Ce fut pendant assez longtemps un instrument destiné à jouer de la musique vulgaire, quoiqu'on lui reconnût comme son une véritable supériorité sur les violes. La faiblesse des violonistes de l'orchestre de Lulli est devenue historique. Il est vrai qu'en un siècle le violon fit des progrès énormes, et l'histoire de l'art, de la fin du dix-septième siècle à nos jours, renferme une grande quantité de noms glorieux parmi lesquels on peut citer au premier rang Corelli, Tartini, Viotti, Gaviniès, Paganini, Kreutzer, Rode, Baillot, Mayseder, les sœurs Milanollo, les sœurs Ferni, Sivori, Alard, de Bériot, Vieuxtemps, Léon Reyer.

XV

INSTRUMENTS A ARCHET (suite et fin) : Alto, ou alto-viole, ou quinte. Viole d'amour. — Violoncelle ou basse. — Contre-basse. — Quatuo instrumental : quatuor de chambre, quatuor d'orchestre. — Quatuo vocal. — Trompette marine. — Instruments à roue et à clavier Organistrum, chifonie ou symphonie, vielle. — Orphéon.

L'*alto*, qu'on appelle aussi *alto-viole* ou *quinte*, est ui instrument à archet, issu de l'ancienne famille des violes L'alto, comme dimensions, est un peu plus grand que l violon. Au point de vue de l'orchestre et de l'échelle mu sicale, il tient le milieu entre le violon et le violoncelle Il a quatre cordes comme le violon, mais descend un quinte plus bas. On peut du reste y exécuter les différent traits du violon dont il a la forme, le jeu et les ressources
L'alto fut un instrument assez longtemps méconnu. O se contentait jadis de lui faire doubler à l'octave la parti de basse. Comme aussi les joueurs de *viole* (c'est ainsi qu'o appelait l'alto) étaient pris dans le rebut des violonistes les compositeurs ne voulaient pas livrer à leur ignoranc ou à leur négligence une partie réelle, indépendante sérieuse. Cependant le mordant particulier des notes gr ves de cet instrument, l'accent tristement passionné de se notes aiguës, et en général le caractère de mélancolie pr fonde propre à son timbre auraient dû de bonne heure l recommander aux musiciens, amis de la couleur et de l'e pression. Toutefois, depuis un siècle environ, justice lui été rendue. Haydn, Mozart et Beethoven lui ont confié u rôle important dans leur musique de chambre et dans le musique symphonique. On sait l'impression profonde pr duite par la magnifique scène d'*Iphigénie en Tauride*, o

Oreste, abîmé de fatigue, déchiré de remords, s'assoupit en répétant : *Le calme rentre dans mon cœur*, tandis que l'orchestre sourdement agité pousse des sanglots et des plaintes convulsives qui entrecoupent le sombre grondement des altos. Gluck a employé d'ailleurs les altos dans d'autres endroits avec la même habileté. Sacchini, dans l'air d'*Œdipe : Votre cour devient mon asile*, fait jouer la partie grave aux altos seuls, et cette sonorité fait venir ici l'idée d'un calme délicieux.

Les chants d'altos sur les cordes hautes sont merveilleux dans les scènes d'un caractère religieux et antique. Spontini leur donne la mélodie dans quelques endroits des belles prières de la Vestale. Méhul, ayant vu un rapport à établir entre le son mélancolique de l'alto et la rêverie ossianique, voulut se servir constamment de cet instrument et à l'exclusion entière et systématique des violons, dans son opéra d'*Uthal*. Les critiques lui ont reproché avec raison d'avoir fait ainsi de la musique monotone. On connaît le mot spirituel de Grétry à la représentation : « Je donnerais un louis pour entendre une chanterelle ! » Dans l'accompagnement instrumental de ses *Chants de la Sainte-Chapelle*, M. Félix Clément, obéissant à un besoin de vérité archéologique, a laissé les violons de côté, et avec les violoncelles et les contre-basses a employé d'une manière heureuse les altos dont la sonorité lui a paru devoir se rapprocher de celle des vièles, rebecs et autres instruments à archet du treizième siècle. Il faut dire que les chants en question ne sont jamais bien longs, et que par conséquent l'alto, avec son timbre trop peu varié et assez triste, n'a pas le temps d'y déplaire. On doit citer à propos d'alto l'admirable emploi que Beethoven a fait de cet instrument dans le thème si majestueusement expressif de l'*Adagio* de la symphonie en *ut mineur* : les violoncelles soutenus et complétés pour ainsi dire par les altos acquièrent une rondeur, une pureté, une noblesse incomparables, sans que leur timbre particulier et caractéristique cesse de dominer. L'alto du reste a été consciencieusement étudié de nos jours, et l'on pourrait trouver dans les œuvres modernes, soit musique symphonique, soit musique dramatique, soit musique de chambre, plus d'un beau passage où les compositeurs, continuant la tradition d'Haydn, de Mozart et de Beethoven, ont confié à cet instrument un rôle digne de lui.

La *viole d'amour* était autrefois une viole montée de quatre cordes en boyau portant sur un chevalet comme dans le violon ordinaire, et de quatre cordes en métal passant sous la touche, accordées à l'unisson avec les précédentes, et rendant des sons harmoniques quand celles-ci étaient jouées à vide. La *viole d'amour* actuelle est construite d'après le même principe. C'est un instrument un peu plus grand que l'alto, monté de sept cordes en boyau dont les trois plus graves sont recouvertes de fil d'argent. Au-dessous du manche et passant sous le chevalet se trouvent, comme dans l'ancienne viole d'amour, sept autres cordes de métal accordées à l'unisson des premières, et vibrant *sympathiquement* avec elles. Il en résulte une deuxième résonnance pleine de douceur et d mystère. Les sons harmoniques de la viole d'amour son d'un admirable effet. Le timbre de cet instrument est fai ble et doux ; il a quelque chose de séraphique qui tien à la fois de l'alto et des sons harmoniques du violon. convient surtout au style lié, aux mélodies rêveuses, à l'e pression des sentiments extatiques et religieux. C'est l qui accompagne la romance de *Raoul* au premier acte de *Huguenots;* mais ce n'est là qu'un solo, et l'instrumen trop isolé et un peu perdu, a quelque chose de grêle d'effacé. Berlioz indique comme devant produire un gran effet une masse de violes d'amour exécutant une prière plusieurs parties, ou accompagnant de leurs harmoniqu soutenues un chant d'altos, ou de violoncelles, ou de c anglais, ou de cor, ou de flûtes dans le medium, mêlé des arpèges de harpes. On peut se faire une idée de qu'un pareil morceau aurait de suave et d'aérien. Malhe reusement la viole d'amour est presque partout tomb en désuétude. Ceux qui ont entendu Urhan en jouer save ce que c'est, mais on peut dire que presque personne la connaît que de nom.

Le *violoncelle,* que l'on appelle aussi *basse,* parce qu'il est la basse du violon, dérive de la grande famille des violes : c'est l'ancienne basse de viole, la *viola di gamba* des Italiens. On hésite sur la date de son invention, ou plutôt de sa transformation, et sur le nom de son inventeur : les uns l'attribuent à l'Italien Buononcini, maître de chapelle du roi de Portugal, les autres au P. Tardieu, de Tarascon. Ce qu'il y a d'à peu près certain c'est qu'il ne remonte pas au delà de la fin du dix-septième siècle. Il apparaît à cette époque à l'Académie royale de musique de Paris, où il est introduit, croit-on, par un certain Battistini de Florence. Il conquiert rapidement un rang distingué dans l'orchestre et même dans la musique de chambre et le solo, et l'on pourrait déjà dresser une liste assez longue des virtuoses qui, du commencement du dix-huitième siècle à nos jours, se sont illustrés sur cet instrument.

Le violoncelle qui, à son début, avait cinq cordes, n'en a plus que quatre ; elles sont à l'octave basse de l'alto. Par suite de la gravité de son timbre et de la grosseur de ses cordes, le violoncelle ne peut pas avoir l'agilité du violon ; certains violoncellistes très-habiles, trop habiles peut-être, se livrent dans les concerts à de véritables exercices de prestidigitation qu'ils feraient mieux de réserver pour l'étude. Les notes n'ont pas le temps de sortir ; la sonorité est maigre et sèche, la justesse douteuse et l'impression pénible.

Ce n'est pas à dire que le violoncelle n'ait pas des ressources abondantes. Il a, comme le violon, les arpéges, les trilles, les coups d'archet les plus variés ; il a de magnifiques sonorités sur la double corde ; il a des notes harmoniques fines et veloutées. Mais on ne devrait pas oublier que c'est par dessus tout un instrument chanteur, dont la mélodie est majestueuse et touchante. Quand un grand nombre de violoncelles chantent ensemble à l'orchestre, il est impossible de ne pas se sentir charmé et ému par ces accents dont le timbre expressif, mélancolique et noblement tendre, ressemble souvent à celui d'une voix humaine. Que de chefs-d'œuvre écrits pour cet instrument qui s'emploie, et avec le plus grand succès, dans la symphonie, la musique religieuse, la musique dramatique, le concerto et la musique de chambre! Quoi de plus discrètement langoureux que les phrases du ballet de Prométhée! De plus pathétique que l'allegretto-andante de la symphonie en la! De plus gracieux que l'andante de la symphonie en ré! De plus puissant que l'andante de la symphonie en ut mineur! Quoi de plus mélodieux que telle ou telle phrase des opéras de Weber, entre autres le chant si suave de l'ouverture d'*Obéron!* Quoi de plus héroïque que la phrase si noblement déroulée dans l'ouverture de Ruy-Blas de Mendelssohn! Et dans les symphonies d'Haydn et de Mozart? Que de passages exquis, de quelques notes à peine, qui apparaissent un instant et se dérobent en laissant la plus douce impression, pour revenir charmer de nouveau en se jouant à travers les plus délicates modulations! Que de jolis airs variés, que les plus grands maîtres n'ont pas dédaigné d'écrire pour le violoncelle! Quelles belles sonates de fière allure, quels nocturnes mélodieux et rêveurs signés de musiciens poëtes comme Romberg et Duport! Quant aux merveilles qui éclosent à chaque instant dans les trios, quatuors et quintettes d'Haydn, Mozart et Beethoven, elles sont dignes de celles que ces incomparables génies ont semées dans leur grande musique d'orchestre. Il faudrait également citer bien des morceaux de la musique de chambre de Mendelssohn, de Hummel, de Schumann, pour faire comprendre toute la souplesse et toute l'éloquence intime du violoncelle. Il y aurait tout un chapitre d'esthétique intéressante à écrire sur l'emploi pittoresque et pathétique qu'ont fait du violoncelle les grands compositeurs dramatiques de nos jours, tels que Meyerbeer et Gounod; mais nous dépasserions la mesure qui convient à ce modeste ouvrage, si nous l'essayions. Ceux qui ont entendu les *Huguenots*, le *Prophète* et *Faust* n'auront pas à chercher longtemps dans leurs souvenirs pour y retrouver ce que nous nous contentons de leur indiquer.

MOYENS.

La *contre-basse*, ancien *violone*, est l'instrument le plus grand de la famille des violons. Dans l'orchestre, il est destiné à produire les sons les plus graves de l'harmonie : il résonne à l'octave basse du violoncelle. Il soutient et lie en perfection les instruments à vent auxquels on l'associe. Dans la musique religieuse il se marie très-bien aux voix et à l'orgue. Le tremolo des contre-basses est d'un effet dramatique excellent : il donne à l'orchestre une physionomie menaçante dont on peut tirer grand parti soit dans l'opéra, soit dans la symphonie descriptive.

On demande quelquefois des traits de grande vitesse à la contre-basse. Ce n'est guère à propos : car si la sonorité du violoncelle est défectueuse en pareil cas, que dire de celle de la contre-basse, dont les vibrations ont forcément plus de peine encore à se produire? Certains viruoses ont étonné par l'agilité prestigieuse de leur jeu : ainsi Kæmpfer, si habile dans les sons harmoniques, exéutait des concertos de violon sur son *Goliath* (c'est ainsi 'il appelait sa contre-basse) ; Dragonetti jouait avec Viotti es duos de violon ; nous avons entendu Bottesini faire e véritables tours de force ; mais il faut avouer que oute cette habileté est souvent plus surprenante qu'agréale, et que le vrai rôle de la contre-basse est à l'orchestre, ù l'on peut louer sans réserve sa riche et noble sonorité t la fierté si nette et si accentuée de son attaque dans les nsembles.

La contre-basse a été remarquablement employée par es grands compositeurs, soit dans la musique dramatie, soit dans la symphonie. Dans la scène d'Orphée, par xemple, quand le chœur chante : *A l'affreux hurlement u Cerbère écumant et rugissant*, etc., les syllabes sont scanées par des notes de contre-basses, précédées chacune de etites notes qui glissent rapidement pour aboutir à la ote haute où la mélodie se pose et s'affirme. L'effet est iple et frappant d'énergie. Dans la symphonie pastorale, eethoven rend les grondements du vent et de l'orage par s notes de contre-basse du même genre ; seulement, est la première note qui est accentuée, et les petites notes glissent ensuite comme un sifflement qui se perd dans l'espace. On cite et l'on vante aussi l'admirable effet produit par la phrase lente et grave des contre-basses dans la scène de *Fidelio*, où Léonore et le geôlier creusent la tombe de Florestan.

De nos jours, la contre-basse a été fort étudiée et par le virtuoses et par les compositeurs. C'est un instrumen dont on ne connaît pas cependant toutes les ressources. Berlioz parle d'un artiste piémontais, M. Langlois, qui obtenait des sons aigus très-singuliers et d'une force incroyable avec l'archet, en serrant la corde haute de la contre basse entre le pouce et l'index de la main gauche, au lie de presser sur la touche, et en montant ainsi près du chevalet.

Dans les orchestres modernes le nombre des contre-basse est assez considérable. Il n'en a pas toujours été de même en France du moins, où les innovations musicales n'on été adoptées qu'avec une grande difficulté, soit à cause d l'ignorance, soit à cause de la paresse des musiciens Ainsi, au milieu du dix-huitième siècle, il n'y avait qu'un seule contre-basse à l'Opéra, et encore on ne s'en serva que le vendredi, jour de grand spectacle et de beau mond Gossec, qui fit tant pour l'orchestration, fit ajouter un deuxième contre-basse, et Philidor en obtint une troisièm en faveur de la première représentation d'*Ermelinde*. nombre s'augmenta depuis peu à peu. Aujourd'hui, l violoncelles et les contre-basses sont le fondement et for la puissance des grands orchestres.

Il y avait autrefois des *concerts de violes*, comme d *concerts de flûtes*. Lorsque les violes, petites et grande furent définitivement remplacées par les instruments archet de différentes tailles que nous venons de pass en revue, il se créa un genre d'œuvres musicales q peuvent rappeler les concerts de violes, en ce sens que plus souvent elles sont exclusivement exécutées par l instruments à archet. Ces œuvres sont connues sous nom de *quatuors*, et la liste en est déjà longue. Hay peut être regardé comme le créateur du quatuor instr

Fig. 112. — Quatuor d'orchestre : violon, alto, violoncelle, contre-basse.

mental. Après lui, Mozart et Beethoven ont continué son œuvre et l'ont poussée à un point de perfection qui ne laisse rien à désirer. Les *quatuors* de ces trois admirables génies ont, dès le premier jour, fait le ravissement de quiconque avait une oreille musicale. Non-seulement la plupart de nos grands artistes d'aujourd'hui les jouent avec une habileté incomparable et une conviction éloquente, mais encore il n'est guère de simples amateurs qui ne professent un véritable culte pour cette délicieuse musique, où l'on trouve tous les accents, tous les sentiments, toutes les émotions.

Les *quatuors* de chambre pour instruments à cordes, qui sont du reste de beaucoup les plus nombreux, sont écrits le plus ordinairement pour deux violons, alto et violoncelle, et contiennent en général un *allegro*, un *andante* ou *adagio*, un *scherzo* ou *menuet*, et un *finale*. Le *quatuor d'orchestre* désigne l'ensemble des instruments à cordes, *violons*, *altos*, *violoncelles* et *contre-basses* par opposition aux instruments à vent.

On donne aussi tout naturellement le nom de *quatuor* à un morceau de musique écrit pour quatre voix. Le quatuor vocal est relativement moderne. On n'en trouve dans les opéras qu'à partir de la fin du dix-huitième siècle. Il est assez étrange que des compositeurs de génie, comme Gluck par exemple, n'aient pas eu l'idée de créer des scènes lyriques à quatre personnages. Il est vrai que depuis, soit dans des opéras, soit dans des opéras-comiques, on a eu des chefs-d'œuvre en ce genre, sur les scènes allemande, italienne et française.

Il ne faudrait pas quitter les instruments à archet, sans dire un mot de la *trompette marine*, objet de la prédilection de *Monsieur Jourdain*. Cet instrument n'était pas à vent, comme son nom pourrait le faire croire, mais il produisait un son analogue à celui qu'on tire des grosses conques de mer ou *tritons*. Il consistait en une longue caisse de bois triangulaire, sur laquelle était tendue une grosse corde soutenue par un chevalet. On pressait la corde avec le pouce de la main gauche; la main droite jouait avec un archet; et la corde, en vibrant, faisait vibrer à son tour le chevalet, dont un des pieds était mobile et frappait rapidement une plaque de verre ou de métal collée à la table d'harmonie de la caisse.

Au violon peut jusqu'à un certain point se rattacher un instrument qui a successivement joui d'une grande vogue dans les classes de la société les plus différentes. Il s'agit

Fig. 115. — Trompette marine. (Gravure prise dans l'*Orchésographie* de Thoinot Arbeau.)

de la *vielle*, que l'on trouve au moyen âge, avec de grandes dimensions, sous le nom d'*organistrum*. On en voit la représentation parmi les sculptures de la belle église abbatiale romane, Saint-Georges de Boscherville, à trois lieues de Rouen. L'organistrum était une énorme guitare, percée de deux ouïes, et montée de trois cordes soutenues par un chevalet. Une roue à manivelle les mettait en vibration. Huit touches mobiles, pouvant appuyer sur les cordes ou s'en écarter à volonté, étaient disposées le long du manche et servaient de clavier. L'organistrum se posait en long sur les genoux de deux musiciens : l'un faisait les notes en pressant sur les touches, l'autre tournait la manivelle.

Dans la *vielle*, instrument de moins grande taille que l'organistrum, le principe est exactement le même. Il y a un clavier de touches mobiles, qui pressent les cordes contre une roue enduite de colophane. Cette roue fait fonction d'archet quand on la tourne. Au moyen âge, et dès le onzième siècle, la vielle, qu'on appelait alors *chifonie* ou *symphonie*, était fort répandue en France et avait une belle place dans les réunions de fête. Puis elle devint vers le quatorzième siècle l'instrument professionnel des aveugles et des mendiants : *aveugle chifonie aura*, dit le poëte Eustache Deschamps. Par une bizarre révolution dans les goûts, la vielle redevint à la mode à la cour de Henri III. Cette vogue persista sous ouis XIV et devint un véritable engouement au dix-huitième siècle. On a de cette époque des portraits de *vieleurs*, des sonates, des duos, des méthodes pour l'instruent. Le vaudeville de *Fanchon la vielleuse*, qui date des remières années de notre siècle, a eu sa célébrité, et la ravure a reproduit les traits de l'héroïne de cette pièce.

Aujourd'hui, cet instrument n'est plus joué dans les ifférents pays d'Europe que par des musiciens ambuants. En Italie, la vielle porte le nom expressif de *lira ustica* (lyre rustique), *ghironda ribeca* (rebec à roue), *iola da orbo* (viole d'aveugle); et en Allemagne, on l'apelle *bauernleyer*, ce qui a le même sens que *lira rustica*.

Signalons aussi un autre instrument du dix-huitième iècle, qui portait le nom d'*orphéon*, dont on ignore l'inenteur, et dont le mécanisme était analogue à celui de a vielle. Le musée du Conservatoire de musique en posède un exemplaire intéressant. Il a la forme d'un très-etit piano. Les notes sont produites par quatre cordes n boyau qui vibrent au moyen d'une chaîne et d'une roue faisant fonction d'archet. L'instrument est renfermé dans une boîte en forme de livre richement relié, aux initiales du duc Louis de Bourbon. Il date de 1765 environ [1].

1. Chouquet, *Catalogue raisonné du Musée du Conservatoire.*

XVI

Instruments a cordes : 3° A cordes frappées: piano-forte ou piano : tympanon, clavecin, épinette. — Ressources du piano. — Services qu'il rend. — Mécanisme du piano : caisse sonore, table d'harmonie cordes ; clavier : touches et marteaux ; étouffoirs ; pédales. — Pédalier ou piano à clavier de pédales.

Le *piano* est le type par excellence des instruments à cordes frappées. C'est un instrument tout moderne, mais on peut en retrouver les origines au moyen âge. Il tient à la fois du psaltérion, du tympanon et du clavecin. Le *psaltérion* était, comme nous l'avons dit, un assemblage de cordes disposées en échelle musicale, que l'on faisait vibrer en les pinçant. Le *tympanon* était une variété de psaltérion dont on jouait en *frappant* les cordes avec des baguettes, ce qui donnait une autre qualité de son. Cependant on ne pouvait obtenir que deux notes à la fois, soit en pinçant, soit en frappant, et il est bien évident qu'avec les progrès de la musique, et en particulier de la science de l'harmonie, on dut éprouver le besoin d'avoir sous la main un plus grand nombre de notes simultanées. Le clavier de l'orgue, malgré ses imperfections, montra certainement la route à suivre. On disposa horizontalement un grand tympanon ou psaltérion, soit sur des pieds, soit sur une table, et l'on y ajusta un système de touches faisant marcher des leviers, nommés *sautereaux* et garnis de becs de plume. Ces becs de plume pinçaient ou grattaient les cordes, et la disposition des touches en une rangée unie et horizontale donnait une immense facilité à l'exécutant, qui pouvait faire entendre beaucoup de notes à la fois, et les faire entendre rapidement. Tel était l'instrument appelé *clavecin* dont on trouve des traces manifestes dès le commencement du quinzième siècle. Plusieurs opinions ont cours au sujet du pays où il fut inventé, et il serait téméraire de trancher la question.

Il y avait des clavecins de différentes tailles; le bec ou appendice qui pinçait les cordes était d'une autre matière que la plume; il pouvait y avoir plus d'une corde et plus d'un sautereau par note; il pouvait n'y avoir qu'une corde, comme dans l'épinette; quelquefois il y avait deux cordes accordées à l'octave pour chaque note; mais le principe était toujours le même. Le clavecin fut pendant longtemps un instrument fort à la mode; toutefois on devenait plus exigeant et pour la qualité et pour les nuances du son. C'est de ce besoin de perfectionnement que naquit le piano au siècle dernier.

La grande innovation introduite était le remplacement des *sautereaux* par des *marteaux*, et l'addition de pédales qui, agissant sur les cordes, permettaient d'augmenter ou de diminuer à volonté le volume du son, ce qui était impossible avec le clavecin. C'est même cette facilité de jouer *fort* ou *doucement* (en italien *forte* ou *piano*) qui fit donner au clavecin transformé le nom de *forte-piano* ou *piano-forte*. Les qualités du nouvel instrument sont vantées dans les annonces et prospectus. Ainsi en 1761, dans le journal l'*Avant-coureur*, on voit un sieur Silbermann, de Strasbourg, prévenir le public que, « *entre autres avantages et de nouvelle invention*, les cordes (de ses pianos) sont frappées par de petits marteaux garnis de peaux. Des sautereaux étouffent à volonté le son de la corde frappée, etc. » Une indication curieuse se trouve dans les premières éditions allemandes des œuvres de Beethoven; on y voit imprimé l'avis *pour le piano-forte à marteaux*.

Les premiers essais toutefois ne paraissent pas avoir été couronnés d'un grand succès, et l'on continua à jouer du clavecin, jusqu'au jour où Stein d'Augsbourg, les frères Erard de Strasbourg, et quelques autres parvinrent, ' force d'étude et de soin, à donner au piano des qualité sérieuses qui ont toujours été en grandissant. A partir d la fin du dix-huitième siècle le piano obtint un succès qu'il n'a jamais perdu depuis, et qu'il conservera désormais ; et c'est justice : car, malgré les mauvaises plaisanteries de quelques hypocondriaques, malgré la très-mauvaise musique que l'on a composée et que l'on compose encore tous les jours pour cet instrument, malgré le auvais goût, l'inintelligence et le charlatanisme de bon ombre de pianistes, le piano donne à la pensée musicale es moyens d'interprétation et d'expression qui n'appariennent qu'à lui. Par le nombre de ses notes, par les resources de son harmonie, il rend les plus grands services u compositeur, et constitue pour ainsi dire un orchestre lui tout seul. Il se marie très-bien avec la voix ; il ournit facilement de beaux accords ; il peut et doit déveopper le sens musical. Il ne faut donc pas s'étonner de le oir partout, dans les salles de concert et dans les plus umbles demeures. Le nombre de morceaux composés our le piano est énorme et renferme une foule de chefs-'œuvre du premier ordre : il faudrait un gros volume ien que pour dresser la liste des pages admirables dans us les genres écrites pour cet instrument par Haydn, ozart, Beethoven, Mendelssohn, Chopin, Alkan. Le piano ermet aussi de faire des réductions d'opéras, de symhonies, et quoique ces *arrangements* soient évidemment 'un ordre inférieur, ils peuvent encore procurer de vives nobles jouissances, en faisant revivre le souvenir des elles choses qu'on a entendues à l'orchestre. Comme ménisme d'exécution, les pianistes sont arrivés à une habité qui tient du prodige et dont certains virtuoses sont rtés à abuser pour exciter l'admiration : trop souvent s n'excitent que la surprise, qui est le contraire d'un ntiment artistique.

Mais à côté des prestidigitateurs, des jongleurs du piano, y a toujours eu et il y a toujours les vrais artistes. ux-là, quoique habiles entre les habiles, ne se servent leur *virtuosité* que pour traduire avec plus de fidélité, conviction et de respect les pensées des grands maîtres. ux qui auront entendu entre autres de nos jours des

exécutants incomparables comme Alkan et Delaborde sau
ront ce que nous voulons dire.

Citons à titre de curiosité un emploi du piano à l'orchestre. Berlioz, dans sa *fantaisie sur la tempête*, s'est servi de deux pianos à quatre mains pour accompagner des voix de chœurs aériens. C'est un exemple unique de l'emploi de cet instrument dans de pareilles conditions.

Il y a des pianos de différentes formes et de différentes dimensions. Le *piano à queue*, dont la caisse, en forme de harpe couchée horizontalement, s'appuie sur trois pieds, est celui qui a les sons les plus puissants. Le *piano carré* se compose d'une caisse rectangulaire soutenue par quatre pieds, et dans laquelle la *table d'harmonie* est disposée horizontalement. Ce genre de piano était fort à la mode autrefois dans les salons; mais comme il était assez volumineux, il a été remplacé assez rapidement par le *piano droit* ou *vertical* ou *de cabinet*, qui n'est pas autre chose que le piano carré mis debout, avec le clavier perpendiculaire aux cordes. Ce dernier piano est d'une taille assez restreinte pour pouvoir se placer dans les appartements les plus exigus. C'est ce qui explique le rapide succès qu'il obtint dès son apparition. Notons pourtant que l'on fabrique encore beaucoup de pianos carrés en Amérique.

Il y a trois parties principales à considérer dans le piano : la *caisse sonore*, les *cordes* et le mécanisme des *touches* e des *marteaux*.

Comme il y a différentes formes de pianos, il y a différentes formes et différentes dispositions de caisses ; mais le principe étant toujours le même, nous ne nous occuperons pas de ces distinctions.

D'une manière générale, la caisse sonore munie d'un table d'harmonie est destinée à renfermer une masse d'air qui vibre lorsque les fibres de la table d'harmonie reço vent l'impression des vibrations sonores excitées dans le cordes. La table d'harmonie, faite de sapin mince, jou dans le piano le rôle que joue dans le violon la table s périeure, également mince et vibrante. Parallèlement a plan de la table d'harmonie sont tendues les cordes su un cadre de fer solide qui en maintient la tension. Les cordes sont en acier, d'une longueur et d'une grosseur proportionnées à la note qu'elles doivent donner. Il y a plusieurs cordes par note : deux ordinairement pour les

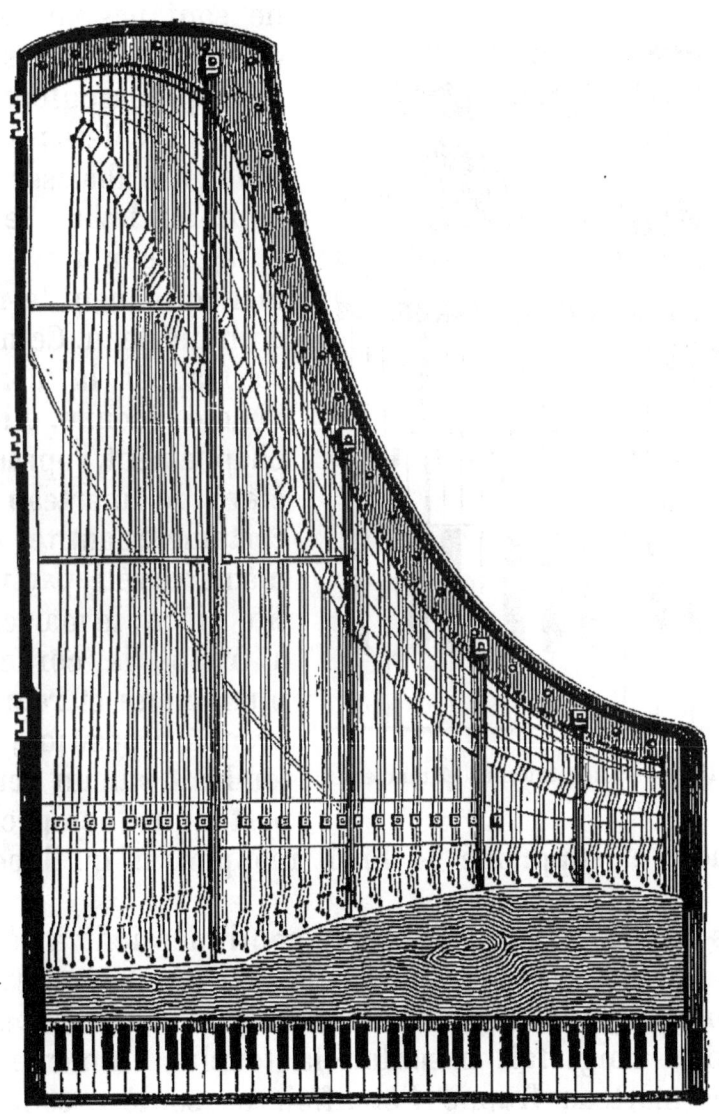

Fig. 114. — Le piano : table d'harmonie, cordes et clavier.

octaves graves, trois pour les octaves moyennes et aiguës. Les cordes graves sont *filées* comme le *sol* du violon, l'*ut* et le *sol* du violoncelle ; seulement la corde centrale est en métal au lieu d'être en boyau. Toutes ces cordes peuvent se tendre ou se détendre au moyen d'une clef.

Le *clavier* est cette longue rangée de *touches* d'ivoire et d'ébène devant laquelle s'assied l'exécutant. Ces touches ne sont pas autre chose que les extrémités de leviers qui basculent, quand on appuie dessus : que la touche s'abaisse, l'autre bout du levier se relève et agit sur un échappement qui meut le manche d'un marteau. Ce marteau va frapper la corde, et la note résonne. Alors l'échappement, après avoir élevé le marteau d'une certaine quantité, est lui-même arrêté par une petite pièce ; le marteau, qui a frappé la corde, n'est plus retenu et reprend sa première position, en retombant sur un petit support, qui l'empêche de rebondir et supprime le bruit inopportun qu'il pourrait faire.

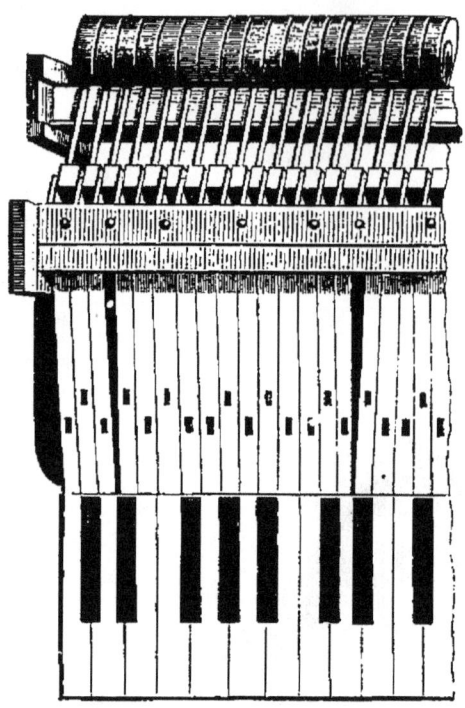

Fig. 115. — Piano : touches et marteaux.

Les cordes de chaque note continueraient à résonner après le choc du marteau, si elles n'étaient munies de petites pièces de bois garnies de feutre, nommées *étouffoirs*. Quand le doigt fait basculer la touche, en même temps que le marteau frappe l'étouffoir se soulève et la corde vibre ; elle continue à vibrer tant que le doigt presse la touche et tient par conséquent l'étouffoir en l'air. Dès que le doigt quitte la touche, l'étouffoir retombe et la vibration sonore s'amortit et s'éteint.

Les *pédales* servent à accroître et à diminuer la force du son. L'une d'elles communique par des leviers avec tout le système des étouffoirs : il suffit d'appuyer le pied pour que tous les étouffoirs se lèvent en même temps ; chaque note alors non-seulement se prolonge, mais communique ses vibrations à ses harmoniques, et le son devient plus intense. L'autre pédale déplace légèrement le système des marteaux dont chacun ne frappe plus à la fois qu'une ou deux cordes, de sorte que l'intensité du son est diminuée proportionnellement.

L'industrie des pianos est, parmi celles qui ont rapport aux instruments de musique, la plus universelle et la plus productive. La France, l'Allemagne et l'Angleterre, qui pendant longtemps fournissaient des pianos à l'ancien et au nouveau monde, ont aujourd'hui une rivale redou-

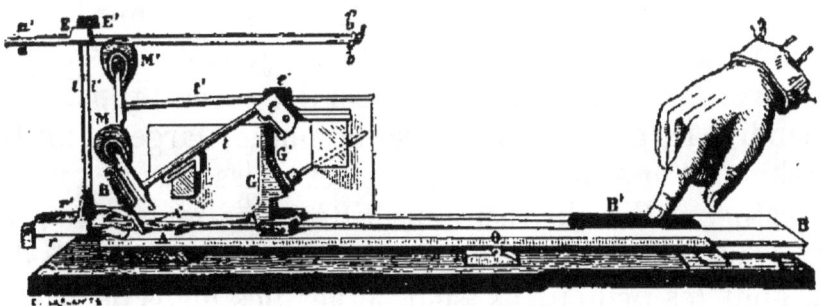

Fig. 116. — Piano : mécanisme des marteaux et des touches.

table dans l'Amérique. La somme des capitaux employés à la fabrication de ces instruments est énorme : M. Fétis, rapporteur de la classe des instruments de musique à l'Expoition universelle de 1867, à Paris, ne craignait pas de 'évaluer alors à plusieurs centaines de millions.

Il ne faudrait pas quitter le piano sans parler du *pédaier* ou *piano à clavier de pédales*. Cet instrument se comose d'un certain nombre de cordes graves qui résonnent ar un mécanisme identique à celui du piano ; seulement es touches, au lieu d'être abaissées par les doigts, le sont ar les pieds, exactement comme dans l'orgue. Il y a des édaliers, dont les cordes sont renfermées dans un meule indépendant du piano, et que l'on ajuste derrière le iège de l'exécutant, de manière à ce que les pédales soient bien exactement sous ses pieds. Mais la plupart des pédaliers que l'on fabrique aujourd'hui ont leur mécanisme et leurs cordes dans le piano même, ce qui donne bien plus d'unité et d'homogénéité au son. Le *pédalier* n'est pas encore très-répandu comme instrument de concert, quoique des artistes hors ligne, comme Alkan et Delaborde, montrent les merveilleux effets qu'on en peut tirer.

Le pédalier n'est pas d'origine aussi récente qu'on pourrait le croire. J. S. Bach possédait un « *cembalo con pedale* » (piano à pédales) et écrivit pour cet instrument des morceaux d'une beauté magistrale. Après Bach, plusieurs grands maîtres ont fait ajuster à leurs instruments, soit clavecin, soit forte-piano, une rangée de pédales d'un travail plus ou moins parfait. De nos jours, les grands facteurs de piano fabriquent des pédaliers qui, pour la beauté du son, la commodité et l'égalité du jeu, ne laissent rien à désirer. Le pédalier pourra servir, en se propageant, à répandre le goût d'une musique noble, large, d'un beau rhythme, d'une harmonie pleine et puissante et d'un effet majestueux. Il a du reste une littérature musicale qui lui est propre et qui compte déjà beaucoup de chefs-d'œuvre dont les principaux sont signés des noms de Bach, de Schumann et d'Alkan.

XVII

Orchestre. — Sens différents de ce mot. — Étymologie du mot. — Orchestre chez les Grecs : orchestre proprement dit; thymélé; hyposcénion. — Orchestre chez les Romains. — Orchestre pris dans le sens moderne. — Changements de l'orchestre. — Il n'y a pas d'orchestre à proprement parler chez les anciens. — Imperfection de l'orchestre au moyen âge. — Progrès considérables au seizième siècle. — Les Amati. — Caractère des orchestres de la fin du seizième siècle et du commencement du dix-septième. — Orchestre de l'*Orfeo* de Monteverde (1607). — Orchestre de Lulli. — Progrès de l'orchestre au dix-huitième siècle. — La symphonie: Haydn, Mozart, Beethoven. — Orchestration de ces trois compositeurs. — Richesse de l'orchestration moderne. — L'instrumentation est devenue une science.

Le mot *orchestre* est un terme compris de tout le monde t qui désigne soit un ensemble de musiciens instrumenistes jouant des morceaux symphoniques ou accompagnant es chanteurs, soit la partie d'un théâtre ou d'une salle uelconque où sont rangés ces musiciens, soit même l'esace qui s'étend entre l'orchestre et le parterre et qui est 1eublé de fauteuils destinés aux spectateurs. Toutefois on e tromperait si l'on croyait que ce mot a eu de tout temps même signification : il existe depuis déjà bien des sièles, mais il s'est écarté de son sens primitif, en passant travers les âges, et ne correspond plus que de loin avec objet indiqué par son étymologie.

Orchestre vient du grec Ὀρχήστρα qui dérive d'ὀρχέομαι, *danse*. Chez les Grecs, l'*orchestre* était la partie inférieure théâtre, réservée aux musiciens, chœurs, danseurs, imes et baladins. L'orchestre comprenait trois divisions. première, la plus vaste, s'appelait plus particulière- ent *orchestre*. C'est là que, dans les entr'actes et à la fin la représentation, les danseurs et les mimes venaient exécuter leurs exercices et satisfaire le goût passionné des Athéniens pour les distractions et les amusements. La seconde division s'appelait *thymélé* et tirait par extension son nom de l'autel de Bacchus (en grec θυμέλη) qui s'y trouvait. C'était la place des chœurs dont les chants et les danses se mêlaient à l'action du drame. La troisième division, *hyposcénion* (sous-scène) se trouvait presque au pied de la scène. C'était la place des musiciens qui accompagnaient et les acteurs et les chœurs.

Les théâtres des Romains, sauf des différences de proportions dans certaines parties, étaient semblables à ceux des Grecs. On y trouvait aussi l'orchestre, mais il avait une autre destination. Ce n'était plus le point central des jeux et des divertissements : il était légèrement incliné vers la scène, pavé ou dallé, au lieu d'être recouvert d'un plancher de bois élastique et sonore, et contenait des sièges marqués, réservés aux édiles, aux sénateurs et aux vestales. C'était la place de l'aristocratie ; *orchestram et populum* (l'orchestre et le peuple), dit Juvénal voulant parler des patriciens et des plébéiens.

Nous avons donné plus haut les trois sens du mot *orchestre* chez les modernes. Attachons-nous simplement au premier, qui est le plus important et le plus intéressant, et appliquons ce mot à toute réunion de musiciens instrumentistes, quels que soient le pays et l'époque. Les détails que l'on a trouvés dans les chapitres précédents sur le divers instruments de musique nous permettront de fair une revue rapide et méthodique des modifications et am' liorations apportées par les siècles à l'art du groupemen des instruments.

« Toutes les parties de la musique ont été soumises des variations périodiques ; mais aucune n'a subi de plu grands changements que la composition des orchestres Ces changements ont eu plusieurs causes : d'une part l'i vention de nouveaux instruments, l'abandon de plusie autres, les perfectionnements de quelques-uns, et surto l'accroissement d'habileté des exécutants ; de l'autre l progrès de la musique, le besoin de nouveauté, la satié des choses simples, l'empire de la mode; voilà plus qu'il ne fallait pour provoquer des révolutions plus ou moins remarquables. » (Fétis.)

L'*orchestre* n'existe guère, à proprement parler, dans l'antiquité. Il est bien question en plusieurs endroits des auteurs de réunions considérables de musiciens ; quelques-unes de ces réunions sont même étonnantes comme nombre. On connaît les trois cents trompettes de Gédéon. C'est par milliers que les historiens juifs comptent les musiciens de David et de Salomon. Callixène de Rhodes, dans la description du cortège triomphal qui accompagnait Ptolémée Philadelphe à son couronnement, parle d'un chœur de six cents hommes, parmi lesquels étaient trois cents *citharistes*, avec des instruments garnis d'or et des couronnes du même métal. En Grèce, à Rome, on voit des bandes de flûtistes, de trompettes, de citharistes exécuter des morceaux à l'occasion de telle ou telle cérémonie; mais il faut bien avouer que rien de tout cela ne mérite le nom d'orchestre, au sens où nous l'entendons : on chercherait en vain chez les anciens la variété de timbres, les oppositions ou les mélanges de sonorités qui sont l'essence même de l'orchestre. Ce n'est pas à dire que des agglomérations énormes de musiciens jouant des mêmes instruments ou d'instruments analogues ne puissent produire un effet remarquable de puissance, mais cet effet sera toujours le même et se réduira à une impression de sonorité intense ou de rhythme accentué. Cela sera bon pour certains morceaux d'un caractère spécial, mais on n'ira pas plus loin. Il faut dire aussi que l'harmonie existe peu ou point; et sans combinaisons harmoniques, il n'y a pas d'orchestre possible.

Au moyen âge, on a un grand nombre des instruments des anciens, et l'on voit apparaître les instruments à archet, qui sont la vraie base de l'orchestre ; mais ces derniers sont encore tellement imparfaits, tellement maigres de son et si peu agréables de timbre qu'ils ne peuvent pas jouer un bien grand rôle. Quant aux instruments des anciens ou à leurs dérivés, lyres, cithares, harpes, psaltérions, tympanons, etc., ils n'offrent par leur nature même que des ressources très-bornées et d'une monotonie incontestable. Les instruments à vent, qui pourraient avoir de l'expression, sont encore d'une construction et d'une sonorité défectueuses : nous sommes bien loin des beaux instruments chantants de l'orchestre moderne, flûte traversière à clefs, hautbois perfectionné, basson, clarinette, saxophone et autres. Quant aux instruments de cuivre, ils sont plutôt bruyants que sonores. Cependant la science de l'harmonie fait des progrès ; l'orgue, l'instrument harmonique par excellence, se perfectionne de jour en jour ; le sens musical s'épure et devient plus exigeant ; on compose des chœurs à plusieurs parties ; les instruments suivent le mouvement général ; on en supprime quelques-uns ; on en modifie quelques autres ; on en invente de nouveaux ; et au seizième siècle, au moment où commencent les temps modernes, il va se faire une révolution dans l'orchestre : les nécessités de la musique théâtrale qui naît vont obliger à de nouvelles études, à de nouvelles découvertes. Il y a bien encore des orchestres étranges et un peu sauvages, comme les fifres et les timbales du roi Henri VIII, les trompettes, timbales, fifres, cornets et tambours de la reine Élisabeth, mais il y a aussi les violons, les violes et les basses d'Amati, et à partir du jour où les compositeurs auront à leur disposition des instruments aussi parfaits, ils trouveront des pensées à leur faire exprimer.

Il ne faudrait pas croire pourtant qu'on arriva du premier coup à la sonorité limpide et vibrante des orchestres de nos jours. Le violon, quoique bien construit, n'était pas très-répandu, et les violonistes habiles étaient rares : on resta longtemps encore fidèle à toutes les variétés des violes, dont le son était loin de valoir celui du violon. Les accompagnements des violes étaient faits, même au théâtre, par le clavecin, la guitare, la harpe et les instruments de la famille du luth. Des orgues de petite dimension tenaient lieu d'instruments à vent. On avait aussi des flûtes hautes et basses jouant à plusieurs parties. Mais en somme tous ces instruments réunis n'avaient qu'une sonorité douce et sourde, sans éclat, sans mordant et sans nuances. Le hautbois était aigre et dur. Quant aux instruments de cuivre, tels que les trompettes, le cornet à bouquin et le trombone, ils ne se faisaient entendre au théâtre qu'à des moments déterminés, pour exécuter exclusivement des fanfares de chasse ou de guerre : ce n'étaient pas de véritables instruments symphoniques.

Le plus ancien document complet et authentique que l'on ait sur la composition d'un orchestre est l'opéra d'*Orfeo*, composé par Monteverde, maître de chapelle de Saint-Marc, à Venise. L'*Orfeo* est du commencement du dix-septième siècle (1607) ; c'est une des premières œuvres de musique dramatique. On trouve en tête des éditions du temps l'indication des instruments qui servaient à l'accompagner ; les voici, dans leur ordre : deux *clavecins;* deux *contre-basses de viole;* dix *dessus de viole;* une *harpe double;* deux *petits violons français;* deux *guitares;* deux *orgues de bois* (jeux de flûte bouchés) ; trois *basses de viole;* quatre *trombones;* un jeu *de régale* (petit orgue composé d'un jeu d'anche, sans tuyaux) ; deux *cornets;* un *flageolet;* un *clairon* avec trois *trompettes à sourdines*. Ces instruments ne jouaient pas tous ensemble, mais l'auteur avait cherché à établir du rapport entre leur caractère et la qualité des personnages qu'ils devaient accompagner ; par exemple la harpe double accompagnait un chœur de Nymphes ; les deux violons français jouaient une ritournelle pour annoncer l'*Espérance;* le chœur des Esprits infernaux était accompagné par les deux orgues, Pluton par les trombones, le chœur final des bergers par le flageolet, les cornets, le clairon et les trompettes. Quant aux clavecins, ils jouaient les ritournelles. Tous ces instruments réunis n'auraient certes pas eu une grande puissance, et, divisés par petits groupes, ils devaient produire une maigre musique. Il y avait bien quelques bizarreries de goût, comme par exemple de faire accompagner le chant de Caron par les guitares, ni plus ni moins qu'une sérénade espagnole, mais il n'en est pas moins vrai que cette partition indiquait des tendances à la variété et au coloris.

Les instruments à vent subissent un éclipse pendant quelque temps. Il est vrai qu'on augmente le nombre des instruments à cordes et à archet, et, malgré la sonorité un peu sourde des luths, théorbes et clavecins qui accompagnent les violes et violons, les ressources de chant et la finesse de timbre de ces derniers instruments amènent forcément les compositeurs à chercher de nouvelles phrases musicales et de nouveaux développements symphoniques. Lulli, malgré la faiblesse de ses musiciens, introduit dans ses opéras un sentiment dramatique incontestable et adjoint à l'orchestre des flûtes, des hautbois, des fagots (instrument de la famille du hautbois), des bassons, des trombes ou cornets à bouquin, des timbales.

Au dix-huitième siècle, l'introduction dans l'orchestre de la clarinette, qui venait d'être inventée, la transformation à peu près définitive et générale de la flûte à bec en flûte traversière, les perfectionnements apportés au cor fournissent de nouvelles ressources aux compositeurs. L'orchestre prend une plus grande part dans les opéras tant *comiques* que sérieux, en France comme en Italie. Il ne se contente plus d'accompagner la voix avec une timidité un peu plate; il joue un vrai rôle dramatique; il exprime des sentiments; il devient, selon la circonstance, naïf, badin, joyeux, sombre, énergique; il a de l'esprit et de la passion. C'est l'époque de Rameau, de Leo, de Durante, de Jommelli. Dans la seconde moitié du siècle, Guglielmi, Cimarosa, Paisiello, Sacchini, Piccinni et Gluck tirent de l'orchestre d'admirables effets scéniques en différents genres. Enfin la symphonie traitée par des artistes comme Haydn, Mozart et surtout Beethoven devient une des plus merveilleuses formes d'expression dont puisse se servir le génie humain. Dans les symphonies de ces grands maîtres, l'orchestre est manié à la fois par l'inspiration la plus riche et la plus sublime et par la science la plus profonde. Chaque instrument a un rôle déterminé, une couleur particulière; et il n'est pas une de ces symphonies qui ne remue dans l'âme de l'auditeur tout un monde d'idées et de sentiments.

Le plus grand nombre des symphonies d'Haydn est écrit pour le *quatuor d'orchestre* (violons, altos, violoncelles et contre-basses) une flûte, deux hautbois, deux cors, deux bassons. Dans quelques-unes il a introduit deux clarinettes, deux trompettes et des timbales. Dans sa symphonie en *ut mineur*, on trouve en plus le triangle, la grosse caisse et les cymbales. Mozart emploie également le quatuor d'orchestre, le hautbois, le basson, la flûte, la clarinette, le cor, la trompette, les timbales.

Beethoven, dans chacune de ses neuf symphonies emploie le quatuor d'orchestre, la flûte, le hautbois, la clarinette, le basson, le cor, la trompette et les timbales. Dans le final de la cinquième (*ut mineur*) il a ajouté un contre-basson et trois trombones. Dans la neuvième, celle avec chœurs, on trouve aussi le contre-basson et les trombones, et de plus la petite flûte, le triangle, les cymbales et la grosse caisse.

Désormais l'orchestration variée, expressive, puissante, sonore sera une nécessité en musique, au théâtre comme dans la symphonie. On tirera des règles des œuvres des grands génies comme Gluck et Beethoven ; l'instrumentation aura son esthétique. On cherchera à « faire exécuter à chaque instrument ce qui convient le mieux à sa nature propre et à l'effet qu'il s'agit de produire[1] ». On cherchera aussi à « grouper les instruments de manière à modifier le son des uns par celui des autres, en faisant résulter de l'ensemble un son particulier que ne produirait aucun d'eux isolément, ni réuni aux instruments de son espèce[2] ». Qu'on lise les œuvres de Méhul, Cherubini, Spontini, Rossini, Meyerbeer, Weber, Mendelssohn, Halévy, Félicien David, Berlioz, Gounod, Reyer, Wagner, on verra de quelles beautés s'est enrichie cette partie du domaine musical encore assez pauvre il y a à peine un siècle. Il n'est pas jusqu'aux auteurs de second ordre qui n'aient quelquefois trouvé

---

1. Berlioz, *Voy. musical en Allemagne*, t. I, p. 252.
2. Berlioz, *Voy. musical en Allemagne*, t. I, p. 252.

d'heureuses inspirations et de remarquables effets. Il faut bien avouer, il est vrai, que plus d'un compositeur, même parmi les plus grands, n'a pas toujours su résister à la tentation d'abuser de ces richesses qui lui étaient offertes : certaines phrasés qui voudraient être sonores ne sont que bruyantes ; certaines combinaisons d'instruments qui tendraient à être originales ne sont que bizarres ; certaines recherches de vérité historique ne sont que froidement et ennuyeusement pédantes ; certaines aspirations métaphysiques ne sont qu'inintelligibles. Mais à côté de ces taches qui sont peu de chose en résumé, que de pages colorées et grandioses, que d'accents passionnés et pénétrants, que de chants suaves et rêveurs, que d'harmonies pittoresques et profondes qui font l'effet d'horizons infinis où s'envole l'âme de l'auditeur ravie par une émotion enchanteresse !

XVIII

Musique militaire. — La musique militaire a toujours existé. — On la trouve chez les Hébreux. — chez les Égyptiens. — chez les Grecs. — Danses guerrières. — Pyrrhique. — Le jeune Sophocle et les trophées de Salamine. — La danse armée à Sparte. — Minerve et la *Memphitique*. — Le Péan. — Le Péan de Salamine dans Eschyle. — Musique guerrière chez les Romains.— Danse *bellicrepa* inventée par Romulus. — Danse des Saliens instituée par Numa. — Servius Tullius et les deux centuries de musiciens. — Instruments en usage dans les armées grecques : flûte, lyre, trompette. — Dans les armées spartiates la flûte sert à *discipliner* le courage. — La flûte employée dans le *bataillon sacré* des Thébains. — Instruments des Crétois. — des Lydiens. — Trompette chez les peuples grecs. — Variétés de trompettes chez les Romains : tuba, lituus, buccina, cornu, classicum. — Æneatores. — Tubicines. — Liticines. — Buccinatores. — Cornicines. — Tubilustrium. —Tibicines. —Timbales et tambours confondus souvent sous le nom de *tympanum*, symphonia. — Musique guerrière chez les peuples orientaux et chez les Barbares. — Prédominance des instruments à percussion chez ces derniers : tambours, timbales. — Cymbales. — Sistre. — Fouet. — Enclume. — Sonnettes. — Musique militaire au moyen âge. — Bardes. — Bardit. — Scaldes. — Instruments des bardes. — Cor. — Oliphant. — Musique militaire vocale.— Instruments qui semblent les plus usités à partir du douzième siècle. — Rôle du tambour très-bien déterminé au seizième siècle. — Trompettes. — Fifres. — Arigot. — Flajol. — Timbales. — Instruments à cordes à l'armée. — La tranchée de Lérida. — Cymbales. — Cornemuse. — Musette. — Hautbois. — Timbales prises à la guerre. — Tambours pour les troupes à cheval. — Corneur dans les compagnies de fusiliers des montagnes. — Louis XIV attache beaucoup d'importance à la musique militaire. — Marche de tambour faite par ulli pour le duc de Savoie. — Musique militaire en France au dix-
uitième siècle. — Musique militaire en Allemagne. — Allemands ppelés à l'étranger.— Musique militaire en Russie. — Musique tur- e et musiciens turcs en Russie et en Allemagne. — Musique mili- ire en Angleterre. — Musiques militaires de nos jours.

Un des usages les plus fréquents et les plus connus de musique est celui qu'on en fait dans les choses militaires.

De tout temps, en tout pays, chez tous les peuples il y a eu une musique destinée soit à animer, soit à diriger, soit à reposer et à récréer les soldats. Cette musique a pu être soit instrumentale, soit vocale, soit un mélange des voix et des instruments ; elle a pu et dû aussi, selon les lieux et les époques, être harmonieuse ou discordante, civilisée ou sauvage, mais il n'en est pas moins vrai que c'était de la musique guerrière, ou quelque chose qui cherchait à en être.

Chez les Hébreux on voit les trompettes employées pour des signaux, et les recherches faites à ce sujet semblen prouver que l'on exécutait avec ces instruments de véri tables *sonneries*. Les Hébreux entonnaient aussi dans cer tains cas ou faisaient entonner par les lévites des hymne de guerre avant le combat. Après le combat la victoir était célébrée par des chants qu'accompagnaient la trom pette, le kinnor et le nebel.

Chez les Egyptiens il est évident que l'on connaissait employait la musique d'un caractère triomphal et, pa conséquent, militaire. On pourrait citer entre autres pre ves le corps considérable de musiciens qui faisait part du cortége de Ptolémée Philadelphe et dont nous avo indiqué la composition dans le chapitre précédent.

Chez les Grecs, la musique et la danse s'unissaient po produire un effet guerrier. On connaît la *Pyrrhique*, d sée par des jeunes gens armés qui exécutaient au son d flûtes toutes les évolutions ou d'attaque ou de défense. sait qu'après la victoire de Salamine il y eut des dans guerrières et triomphales, et que le jeune Sophocle s'y remarquer en dansant autour des trophées et en s'acco pagnant sur sa lyre. A Sparte, d'après les lois de Lycurg les enfants dansaient avec des armes dès l'âge de sept a On faisait remonter l'usage de ces danses jusqu'à Miner Cette déesse, selon la fable, après la défaite des Tit inventa la *Memphitique*, danse qui s'exécutait avec l'ép le javelot et le bouclier.

Les chants militaires de Tyrtée furent répétés pend des siècles, et le polygraphe Athénée rapporte qu'il avait des prix institués pour ceux qui les chanteraient avec le plus d'énergie.

Au moment de livrer bataille, les Grecs entonnent le *Péan* ou hymne de guerre, en l'honneur de Mars, et, après la victoire, ils le chantent en l'honneur d'Apollon. Le Péan de la bataille de Salamine a été immortalisé par les beaux vers d'Eschyle. « Bientôt, dit le poëte, le jour aux blancs coursiers répandit sur le monde sa resplendissante lumière. cet instant, une clameur immense, modulée comme un antique sacré, s'élève dans les rangs des Grecs ; et l'écho es rochers de l'île répond à ces cris par l'accent de sa oix éclatante. Trompés dans leur espoir, les barbares sont aisis d'effroi ; car il n'était point l'annonce de la fuite et hymne saint que chantaient les Grecs ; pleins d'une udace intrépide, ils se précipitaient au combat. Le son de a trompette enflammait tout ce mouvement. Le signal est onné ; soudain les rames retentissantes frappent d'un battement cadencé l'onde salée qui frémit : bientôt leur flotte pparaît tout entière à nos yeux. L'aile droite marchait la remière en bel ordre ; le reste de la flotte suivait, et ces ots retentissaient au loin : « Allez, ô fils de la Grèce, délivrez la patrie, délivrez vos enfants, vos femmes, et les temples des dieux de vos pères, et les tombeaux de vos aïeux : un seul combat va décider de tous vos biens. » *schyle, les Perses, traduction Pierron*).

Si l'on en croit les auteurs, l'usage de la musique militaire et des chants guerriers chez les Romains remonte ès-haut. Lorsque Romulus eut vaincu les habitants de 'cina, son armée tout entière, rangée par divisions, le ivit au retour en adressant des hymnes aux dieux et en lébrant la gloire de son chef. Romulus, qui considérait musique et la danse comme des moyens de civiliser son uple sauvage sans l'amollir, inventa, dit-on, la danse *llicrepa*, espèce de Pyrrhique. On attribue à Numa la se guerrière qu'exécutaient les Saliens, ou prêtres de s, en marquant le rhythme par le choc des *anciles* ou ucliers sacrés. Lorsque Servius Tullius divisa le peuple centuries, deux d'entre elles furent, d'après la tradition, composées de joueurs d'instruments qui devaient fournir des musiciens à l'armée.

Les textes offrent de nombreux détails sur les instruments employés à la guerre par les deux grands peuples de l'antiquité. Chez les Grecs on voit la flûte, la lyre et la trompette. Toutefois la trompette semble avoir été pendant assez longtemps d'un usage restreint, à cause des difficultés qu'elle présentait et de la fatigue qu'elle causait. Dans Homère, il est question de la flûte, de la lyre, de la flût de Pan ou Syrinx. Chez les Lacédémoniens, c'est la flût qui est presque exclusivement employée dans les marche et les attaques, parce que, d'après les idées de ce peu ple, elle était éminemment propre à entretenir une émo tion généreuse, également éloignée de la crainte et de l fougue désordonnée. Certains auteurs disent que la flût était destinée à corriger ce que le son strident de la troi pette pouvait avoir de trop excitant, et, selon Aristote, « inspirer à la fois pendant le combat non-seulement un salutaire confiance, mais encore une sérénité qu'aucu autre instrument n'aurait pu faire naître. » Les Lacéd moniens citaient même dans leurs traditions un orac qui leur avait prédit la victoire toutes les fois qu'ils ma cheraient au son des flûtes. Chez les Thébains, les tro cents jeunes guerriers qui formaient le *bataillon sac* s'exerçaient et jouaient au son des flûtes. Les Créto avaient pour leurs troupes différents instruments, par lesquels on remarque les flûtes et les lyres. Les Lydiei se rangeaient en bataille au son des flûtes et des syrin Alyattes, roi des Lydiens, faisant la guerre aux Milésien avait à la tête de son armée un corps de musique ass nombreux, composé en grande partie de joueurs de fl˙ et de harpe.

La trompette était reconnue pour exciter le coura « Personne, dit Virgile, n'était plus habile que Misè pour éveiller le courage et enflammer les cœurs au son la trompette. » La trompette était employée comme i strument guerrier, sinon du temps de Troie, du moins temps d'Homère. Nous en trouvons la preuve dans comparaison de l'Iliade : « De même que le son éclatant de la *trompette* jaillit des homicides phalanges qui assiègent une ville, de même résonne la voix éclatante du petit-fils 'Eaque. »

Chez les Lacédémoniens la trompette servait à faire des [si]gnaux à de grandes distances et, en particulier, dans [l]es manœuvres navales. Leur musique militaire propre[me]nt dite se composait de flûtes et de lyres. Dans la retraite [d]es Dix mille, c'est aussi la trompette qui donne le signal [d]e certains mouvements, par exemple, de plier bagage, de [c]harger les bêtes de somme, de se mettre en route. Elle [s]ert aussi à l'attaque et à l'appel, et la connaissance de [c]es différentes sonneries est utilisée par ruse dans des [a]ttaques de villes.

Dans les armées romaines les trompettes sont plus usi[té]es que dans les armées grecques. Il y en avait de diffé[re]ntes espèces. La *tuba* était une trompette à tube droit, [et] dont le pavillon était sur le prolongement du tube. Le [lit]uus avait un long tube droit comme la *tuba*, mais le [pa]villon était recourbé. La *buccina* était une espèce de [tr]ompe ou corne recourbée sur elle-même, en forme de [ce]rcle, ou tordue en spirale. L'instrument nommé *cornu* [ét]ait une grande trompette rappelant un peu notre cor. [Ce]tte trompette, d'abord faite de corne, fut par la suite [fa]briquée en bronze. Elle avait une traverse destinée à [lu]i maintenir sa forme et à la rendre plus commode à [po]rter. La *tuba* servait à l'infanterie ; le *lituus* à la cava[ler]ie ; la *buccina* se joignait, dit-on, à la *tuba*. Du reste il [ne] faudrait rien affirmer d'absolu et d'exclusif ni sur la [for]me ni sur le rôle de ces divers instruments. Les au[teur]s et les commentateurs ont avancé à propos de cette [que]stion des opinions variées et même contradictoires, et [il f]aut se résoudre à laisser dans le doute certains détails. [C]e que l'on sait bien par exemple, c'est que les trompet[tes] jouaient avant et après le combat, pour l'attaque ou la [retr]aite, et pendant le combat pour exciter l'ardeur des [trou]pes ; c'est qu'elles sonnaient le réveil, l'heure des re[pas] ; c'est qu'elles transmettaient les ordres et indiquaient les veilles ou gardes de nuit. De là les expressions si caractéristiques : *buccina prima, buccina secunda*, etc., première trompette, seconde trompette, c'est-à-dire première veille, seconde veille. Le mot *classicum*, que l'on trouve dans les auteurs, signifie tantôt une sonnerie de trompette, tantôt la trompette elle-même.

Les Romains étaient très-habiles à saisir les nuances de leurs sonneries, et l'on trouve dans Tite-Live une anecdote curieuse à ce sujet. Hannibal, dit cet historien, ayan surpris la ville de Tarente, voulut faire prisonnière de guerr la garnison romaine avant qu'elle pût se retrancher dan la citadelle. Il fit donner par les trompettes de son armé le signal commandant aux Romains de se rendre sur l place d'alarme, qui en pareil cas était le cirque. Mais le soldats de la garnison romaine, reconnaissant à la qua lité des sons et aux articulations du signal que celui n'était point donné par les Romains, n'eurent garde tomber dans le piège, et se jetèrent en toute hâte dans citadelle, faisant ainsi échouer les projets d'Hannibal.

On appelait *Æneatores* en général (*qui font sonner l'a rain*) les musiciens qui sonnaient des trompettes. Les no particuliers *tubicines* (tuba), *liticines* (lituus), *buccinator* (buccina), *cornicines* (cornu) étaient en rapport avec variété de trompettes que chacun avait adoptée. Ces m siciens avaient de grands priviléges et un rang éle dans la milice, d'après Végèce ; on les regardait co une espèce d'officiers ou au moins comme les prin paux soldats de la légion.

Les *timbales* et les *tambours* sont désignés génériq ment dans les auteurs par le mot *tympanum*, et le pl souvent il est impossible d'en faire la différence. instruments à percussion ne semblent pas avoir été d' usage aussi fréquent dans la musique militaire que autres instruments déjà cités. Quelques écrivains en c testent même absolument l'emploi à la guerre. Mais ment d'Alexandrie assure que les soldats égyptiens avai des tambours, et les découvertes modernes donnent son à cette dernière opinion.

Chez les Grecs, les tambours et les timbales semblent avoir surtout servi dans les fêtes, les orgies, les bacchanales. Chez les Romains, les tambours ne paraissent guère employés dans les armées qu'à l'époque de la décadence de l'empire, et Isidore de Séville dit qu'on les appelait *symphonia*.

Chez les peuples orientaux et chez les peuples barbares, l'excitation que produit la musique sur le courage des combattants était universellement utilisée. On voit dans l'histoire de la Chine que plusieurs princes firent composer de la musique guerrière. Les Perses, au moment d'engager le combat, faisaient retentir des instruments ou bien entonnaient des hymnes d'un caractère belliqueux. Les Galates, les anciens Germains, les Thraces avaient des trompettes. Il faut cependant reconnaître que la plupart de ces peuples avaient une prédisposition marquée pour es instruments à percussion et ne tenaient évidemment as autant au son qu'au bruit, à la mélodie qu'au rhythme. es Indiens s'excitaient au combat avec des caisses garnies e clochettes à l'intérieur, des cymbales, des timbales, t même des claquements de fouet. Les Abares, les Huns vaient les mêmes instruments et poussaient de grands ris. Les Éthiopiens ajoutaient des enclumes. Les anciens ermains entre-choquaient leurs boucliers avec leurs rmes. Les anciens Espagnols, les Cimbres frappaient leurs oucliers en cadence et produisaient un bruit sauvage, ais rhythmé : d'après Strabon, les Cimbres tendaient des eaux sur la couverture de leurs chariots et frappaient essus en allant au combat, comme sur des espèces de ours ou timbales. Les Parthes avaient des tamours de bois creusé, couverts de peaux et garnis de lochettes d'airain à bruit sourd et terrible. Ces instruents étaient souvent en nombre considérable, et dans ne rencontre avec les Romains, ceux-ci, paraît-il, s'enfuint épouvantés de ce vacarme formidable. On a rearqué que les cymbales, dont la sonorité est pourtant si actéristique et si puissante, n'étaient pas souvent ployées dans la musique guerrière chez les anciens, ou qu'alors on les associait aux tambours ou aux timbales.

Le *sistre*, cet instrument d'airain dont les prêtres d'Isis usaient pour le culte de leur déesse, servait aussi à la guerre. Virgile nous montre Cléopâtre, à la bataille d'Actium, animant ses troupes avec le sistre, et dans Properce nous voyons aussi le sistre opposé à la trompette romaine.

Les *clochettes* ou *sonnettes* (tintinnabula) servaient dans les villes, camps et forteresses pour les avertissements pendant les rondes de nuit et les inspections de postes. D'après quelques textes il semblerait aussi que certains peuples comme les anciens Troyens, les Thraces, les Étoliens suspendaient de petites sonnettes ou clochettes à leurs boucliers afin de faire un bruit plus terrible au moment de la mêlée.

On attachait aussi des clochettes aux brides des chevaux de combat; de là le proverbe grec : « *Ce cheval n'a pas entendu la clochette* » pour dire : *il n'est pas aguerri*.

Les premiers siècles du moyen âge présentent une grande obscurité au point de vue des arts. Il est toutefois à noter que la musique, malgré la barbarie de l'époque, semble avoir conservé un rôle important : le rang élevé que les *bardes* occupaient dans l'ordre des druides tendrai à le prouver : ils étaient historiens, poëtes et musiciens ; une de leurs attributions principales était de marcher à l tête des armées, soit pour exciter le courage, soit pour tempérer la férocité. Ils avaient des chants d'attaque, des chants de retraite, des chants de victoire.

Les Germains s'élançaient au combat en entonnant en chœur le *bardit*. Les *Scaldes* des rois Scandinaves, comme les bardes gaulois, chantaient les exploits des chefs.

La *harpe*, la *flûte*, le *crwth* (espèce de violon), le *tambour* ou *tambourin* étaient les instruments habituels des bardes. Quand les druides disparaissent devant le christianisme, les bardes subsistent en Angleterre. Leur rôle est tantôt guerrier, tantôt pacificateur.

Il serait fort difficile de donner des détails précis sur l'emploi *officiel* de tels ou tels instruments à la guerre ou à l'armée, pour les manœuvres et les signaux, pendan plusieurs siècles. Cependant, comme les armées se composaient surtout de cavalerie, il est permis de supposer qu'on se servait surtout de la trompette, qui est un instrument commode et portatif. On connaît le *cor de Roland*. Le *cor* est souvent cité dans les vieux romans et les fabliaux. L'*oliphant*, ou trompe des chevaliers, leur servait à *hucher* (vieux mot français signifiant *appeler*) leurs *clients* et à les appeler à la *rescousse* (délivrance, secours).

Les *cors* ou *cornets* furent primitivement de simples cornes de buffles creusées. Ceux qui étaient d'ivoire avaient le nom d'*oliphant* ou, comme on le trouve souvent écrit, *olifan* (ἐλέφας en grec, *éléphant* et *ivoire*). Les fantassins semblent avoir eu aussi des espèces de trompes ou trompettes.

Les *ménestrels*, nouveaux bardes des peuples convertis au christianisme, allaient quelquefois dans les camps et même à la guerre, mais leur place était plutôt dans les fêtes. S'il est difficile de fixer pour les premiers temps du [m]oyen âge la nature de la musique militaire instrume[n]tale, on sait toutefois que la musique vocale était d'un [u]sage fréquent à l'armée, et que sous les Mérovingiens [l]es soldats chantaient des chœurs et des hymnes mili[ta]ires. Sous Charlemagne, qui s'occupa beaucoup de la [m]usique, on recueillit les anciens chants des Germains, et on composa de nombreuses chansons guerrières. Pendant [to]ut le moyen âge, du reste, des chansons guerrières sont [ch]antées par les soldats. En plusieurs circonstances, dans [le]s croisades par exemple, les chants guerriers sont rem[pl]acés par des cantiques ; les évêques et les chapelains [se]rvent de ménestrels.

A partir du onzième et surtout du douzième siècle les [chr]oniques font souvent mention d'instruments de musi[qu]e militaire employés tant chez les Européens que chez [le]s Orientaux. Parmi les différents noms usités on remar[qu]e les suivants : *tubes, trompes, trompettes, cors, cornets,* [bu]*isines, buccines, clarons, claronceaux,* etc.

Ces instruments servaient dans les châteaux-forts pour [do]nner l'alarme. Ailleurs ils servaient à faire des signaux.

Dans Froissard on voit très-nettement les trompettes employées par les troupes européennes et en particulier par les troupes françaises et anglaises pour régler leurs mouvements. On constate du reste l'usage presque général de la trompette dans les armées au treizième et au quatorzième siècle; c'était également la trompette qui réglait les différentes évolutions dans les joûtes et les tournois.

Au moyen âge on peut considérer comme instruments de guerre les *cloches*, par exemple celles des beffrois et du carroccio. On met aussi comme dans l'antiquité des sonnettes au cou des chevaux pour les animer.

Les *timbales* et *tambours* semblent employés, mais pas aussi fréquemment que les trompettes; nous en avons donné plus haut une raison plausible. Du reste la forme et le rôle du tambour ne sont pas très-bien déterminés.

Au seizième siècle on trouve des détails très-précis sur le rôle des tambours. « Les troupes italiennes, dit Machiavel, savaient depuis longtemps battre du tambour de diverses manières, pour en obtenir des signaux différents. Les condottieri furent donc les premiers à se servir d tambour en l'accompagnant de l'*arigot* ou du *galoubet*.) (Machiavel, *Art de la guerre*, II, 12). Et ailleurs : « L'ensei gne doit suivre les signaux qui lui sont fournis par le je des tambours, car, lorsque ces derniers savent bien battr la caisse, on peut dire qu'ils règlent le pas de toute l'a mée, chacun devant les prendre pour guide de ses allure afin de conserver le bon ordre et de ne jamais faillir. »

A partir de cette époque il est très-souvent question d rôle militaire du tambour et des trompettes. On commen aussi à se faire des emprunts. Les *fifres* et les *tabouri suisses*, par exemple, sont adoptés par les Français.

Dans l'*Orchésographie* de Thoinot-Arbeau (anagra de Jehan Tabourot), ouvrage didactique, où l'on enseign entre autres choses, à jouer de différents instruments, qui parut en 1589, on trouve mentionnés un certain no bre d'instruments :

« Les instruments servans à la marche guerrière, Thoinot-Arbeau, sont les buccines et trompettes, litues clerons, cors et cornets, tibies, fifres, arigots, tambours et autres semblables, mesmement lesdicts tambours ». Il cite alors le *tambour de Perse* qui, d'après sa description, est la timbale, et le *tambour dont se servent les Français*, qui est à peu de chose près le même que celui d'aujourd'hui : seulement il en donne un dessin, et l'on voit qu'il se portait tout à fait sur le côté et non pas sur la cuisse et par devant comme le nôtre. Les dimensions étaient aussi beaucoup plus grandes. Le même auteur insiste sur le rôle du tambour qui sert « à tenir la mesure, suyvant laquelle les soldats doibvent marcher ».

Avec l'*arigot* ou petite flûte traverse à son aigu, on trouve mentionné le *flajol* ou *flageolet*. Quant aux *hautbois*, ils semblent avoir été surtout réservés aux fêtes villageoises, et la raison singulière qu'en donne Thoinot-Arbeau, c'est « qu'ils étaient extrêmement criards, bruyants et demandaient à être soufflez avec force ».

Les *timbales* ou *tambours de Perse* paraissent avoir été employés surtout chez les Allemands; mais comme la France soudoyait des troupes étrangères, il est possible qu'elles gardassent les habitudes de chez elles, et alors on pouvait voir des timbales en France ; mais c'était plutôt une exception qu'une règle. A ce propos, on peut noter comme une curiosité que les troupes étrangères conservaient les batteries et sonneries de leur pays dans le pays où elles étaient engagées. « Peu d'années avant la Révolution française quelques écrivains se prenaient à désirer que les troupes étrangères fussent tenues d'adopter les batteries et sonneries de la nation au service de laquelle elles étaient enrôlées, au lieu de persister à n'employer e celles de leurs pays. »

Les Anglais ont aussi des timbales. La reine Élisabeth, endant ses repas, a des concerts de musique militaire xécutés par douze trompettes et deux timbales, avec ccompagnement de fifres, cornets et tambours. Le roi enri VIII avait du reste une musique du même genre, ais composée seulement de fifres et de timbales, ce qui a rendait encore plus monotone et plus désagréable.

On a souvent parlé de l'emploi des instruments à cordes dans les armées et particulièrement en France. A première vue, il paraît étonnant que des violons aient été transformés en instruments belliqueux, mais la chose se réduit à sa juste valeur quand on se rappelle l'influence des mœurs italiennes sur les mœurs françaises au seizième siècle. Le goût du luxe et des arts s'était développé non-seulement à la cour, mais même dans les camps. Les généraux menaient un grand train de maison, et parmi les gens de leur suite se trouvaient le plus souvent un certain nombre de musiciens. On cite plusieurs grands personnages, entre autres le prince de Condé, qui se faisaient suivre d'une *bande de violons* non-seulement dans leurs voyages d'ambassade, mais encore à l'armée. Toutefois il ne faudrait pas croire que c'était une musique particulièrement guerrière; elle avait surtout pour rôle de récréer le chef pendant les moments de loisir et à l'heure des repas. L'aventure de la tranchée ouverte au siége de Lérida (1647) en plein jour par le régiment de Champagne précédé des vingt-quatre violons du prince de Condé est racontée de différentes façons par différents auteurs de Mémoires; mais de quelque manière qu'on l'apprécie, elle a avant tout le caractère d'une bravade. On connaît plusieurs autres aventures de siége, où l'on voit des violons, mais les détails mêmes prouvent que les violons n'étaient là qu'accidentellement et non à titre exclusif ou par préférence aux autres instruments.

Au seizième siècle on voit aussi apparaître les *cymbales* qui restent d'ailleurs longtemps assez rares et ne prennent vraiment d'extension qu'à la fin du dix-huitième siècle. En général, les instruments usités sont empruntés à l'Allemagne. On suppose de plus que les Français ont pris vers le seizième siècle la *cornemuse* des Anglais et la *musett* des Piémontais.

L'adoption du *hautbois* paraît avoir précédé de quelque années le règne de Louis XIV. Quant aux *timbales*, on n voit pas que la cavalerie française en ait eu avant cett époque. Mais alors elle en prit aux Allemands dans quelque rencontres, et les régiments qui s'en étaient emparés les armes à la main eurent d'abord seuls le droit d'en faire usage. Plus tard l'emploi des timbales devient plus général.

Il y avait des *trompettes* dans toutes les compagnies de cavalerie. Le trompette était entièrement attaché à la personne du capitaine. Dans chaque régiment un trompette-major servait d'instructeur et de surveillant.

On voit des *tambours* au dix-septième siècle dans certaines troupes à cheval et en particulier dans les *mousquetaires*.

En 1689, chaque compagnie des *fusiliers des montagnes*, créés dans le Roussillon pour combattre les miquelets catalans, a, au lieu de tambour, un *corneur* qui « se servait d'une grosse coquille de limaçon de mer ; de sorte que lorsque ces compagnies, qui étaient au nombre de cent, marchaient ensemble, cela formait un bruit champêtre étonnant, et cependant martial. » (M. de GUIGNARD, *École de Mars*, t. I, p. 722).

Louis XIV attacha beaucoup d'importance à la musique militaire. Dans la collection des *batteries et marches à l'usage de l'armée française*, formée en 1705 par Philidor l'aîné, on voit les artistes les plus célèbres parmi les compositeurs qui ont signé les productions de ce recueil. On y trouve entre autres Lulli lui-même. A ce propos rappelons que pour une simple batterie de tambours de quatre mesures faite par lui pour le duc de Savoie, ce prince, afin de le remercier, lui envoya par son ambassadeur son portrait « enrichi de diamants, valant mille louis ». La marche n'a du reste rien d'extraordinaire, et le présent a dû être un hommage rendu d'une manière générale au talent du célèbre musicien.

Jusque vers le milieu du dix-huitième siècle, la musique des troupes de France consistait généralement dans le *tambour* et le *fifre* de l'infanterie, la *trompette* et les *timbales* de la cavalerie, et le *hautbois* des mousquetaires. Du reste les témoignages sont unanimes sur l'infériorité des instruments, des instrumentistes et des compositions, bien que beaucoup de ces dernières dussent être de Lulli. On peut noter toutefois l'apparition de la *petite flûte* qui se glisse dans les régiments à la place du *fifre,* instrument criard, faux et dépourvu de clef, avantage que la petite flûte possède.

A propos de la fausseté des instruments militaires des Français, J-J. Rousseau fait une remarque bien curieuse, c'est qu'en entendant de si mauvaise musique les Allemands croyaient avoir devant eux des recrues et non de vieilles troupes, et par suite n'agissaient pas avec assez de précautions, ce qui fit maintes victimes en différentes rencontres.

D'après le même Rousseau, les musiques allemandes étaient les meilleures de l'Europe et exécutaient des marches d'une vraie valeur musicale. Pour la musique d'harmonie, les Prussiens étaient un peu en arrière des autres Allemands. On cite, par exemple, la musique d'un de leurs régiments composé de deux bataillons, qui n'avait en tout que six hautbois et quatre ou six fifres. La France, à ce moment-là, imite beaucoup la Prusse pour tout ce qui concerne le militaire et, par suite, restreint plutôt qu'elle ne développe le nombre des instruments et des instrumentistes.

Cependant quelques instruments nouveaux sont adoptés par certains corps. Dès la guerre de 1741, les hulans du maréchal de Saxe, un régiment de Croates et les gardes-françaises ont une musique à hautbois, à bassons et à cymbales. L'infanterie française emprunte aux Allemands le *cor* et la *clarinette.* La *grosse-caisse* venue d'Orient fait son entrée dans l'orchestre militaire, et le *serpent*, quoique employé surtout dans les églises, paraît aussi avoir fait partie de la musique de quelques régiments.

En Allemagne le goût pour la musique en général a été très-développé de tout temps, et ce goût trouve à se manifester à propos de la musique militaire en particulier. Dans toutes les cours, on tient à honneur d'avoir et trompettes et timbaliers, qu'on emploie à l'armée. Il faut cependant noter que, dans les diverses campagnes faites par les Prussiens vers 1795, l'usage des timbales fut aboli pour toute la cavalerie. La supériorité des instrumentistes allemands est si bien établie qu'au dix-huitième siècle on voit un souverain étranger, le roi de Portugal, appeler à sa cour vingt trompettes et deux timbaliers allemands.

En Allemagne, les musiques jouent pendant la parade et, le soir, avant la retraite. Les corps de musique sont maigres en général : ils se composent de deux hautbois, deux clarinettes, deux cors et deux bassons. Plus tard on y adjoindra quelquefois une flûte, une ou deux trompettes, un contre-basson ou un serpent. Mais les morceaux sont bien composés et bien joués. Au dire des généraux prussiens eux-mêmes, leurs musiques exercent sur les troupes la plus heureuse influence.

Les Russes doivent aussi aux Allemands les améliorations qui s'introduisent dans leur musique militaire sous Pierre le Grand. Jusqu'alors les Slaves, malgré leur goût naturel pour la musique, étaient restés stationnaires. Les instruments étaient rares et primitifs. Pierre fit venir d'Allemagne pour sa flotte et pour ses armées toutes sortes d'instruments : trompettes, cors, timbales, bassons et hautbois. Un corps de musique est créé dans chaque régiment. A la tête de ce corps est un chef qui, en plus de ces fonctions, fera des élèves parmi les enfants de troupe. Personnellement le czar aimait les concerts d'instruments bruyants, rudes et sonores. Pendant ses repas, il se faisait jouer des morceaux avec des cornets à bouquin et des saquebutes (trombones) : on sait qu'il avait voulu commencer son métier de soldat par être simple *tambour*. A partir de Pierre, la musique militaire fait en Russie de grands et rapides progrès. Vers le milieu du dix-huitième siècle, on invente la musique dite *cors russes* (dont nous parlons plus loin) et on la met dans un grand nombre de régiments. On introduit aussi en Russie et dans beaucoup de cours d'Allemagne des instruments turcs, et l'on fait même venir des Turcs pour en jouer, mais cette musique est plus bruyante, ou, si l'on aime mieux, plus bizarre que belle.

En Irlande et en Écosse la cornemuse est l'instrument guerrier de prédilection. Nous racontons en détail au chapitre xx l'épisode de la bataille de Québec (1759), qui prouve quel effet étonnant avait le son de l'instrument national sur les troupes écossaises. Aujourd'hui encore, on trouve la cornemuse dans quelques régiments anglais. Chez les Anglais la trompette a précédé le tambour comme chez les Français. Du reste les Anglais adoptent volontiers les innovations du dehors et complètent leur musique militaire assez rapidement.

A partir de la fin du dix-huitième siècle la musique militaire prend une importance de plus en plus grande dans les différents pays d'Europe. On a vu dans nos chapitres précédents quelles innovations avaient été apportées, quels progrès avaient été faits dans la fabrication des instruments. Les musiques militaires participent aux innovations introduites dans l'orchestre. De nos jours, certains corps de musique d'Autriche, d'Allemagne, de Belgique, de France et de Russie sont arrivés à une perfection de jeu remarquable. Il n'est personne qui n'ait admiré le talent, le goût, le fini avec lesquels ces musiques d'élite exécutent non-seulement des marches ou des airs de danse, mais encore des airs variés, des fantaisies, des ouvertures, et même des symphonies des grands maîtres[1].

En dehors des Européens ou peuples à habitudes européennes, il y a bien des musiques guerrières, mais d'une manière générale on peut dire qu'elles sont bruyantes et même cacophoniques. Les voyageurs qui les ont entendues ne parlent que de trompettes tapageuses, de conques mugissantes, de flûtes criardes, de hautbois aigres, de clarinettes discordantes. Les instruments à percussion, tels que tambours, timbales, cymbales et gongs y dominent quand ils ne les composent pas exclusivement. Une pareille instrumentation implique des morceaux à l'avenant. Il peut être curieux d'étudier ce brouhaha à un point de vue ethnographique ; il n'y aurait aucun intérêt à y chercher des documents pour l'histoire de l'art.

[1] Pour tout ce qui concerne l'organisation ou la réorganisation administrative des musiques militaires à partir de la fin du dix-huitième siècle, il faut consulter le savant ouvrage de Kastner : *Manuel de musique militaire*.

XIX

Curiosités musicales. — Harpe éolienne. — Harpe éolienne gigantesque de Gattoni. — Anémocorde. — Le *Goliath* de Kæmpfer. — L'octobasse de Vuillaume. — La contre-basse monstre du duc de Saxe-Mersebourg. — Le basson gigantesque de Hændel. — Orgue à vapeur. — Musique à coups de canon. — Cor russe. — Orgue de chats. — Louis XII et le canon de Josquin. — L'air à trois notes de J.-J. Rousseau. — Paroles sacrées et airs profanes de la fin du moyen âge. — La Philomèle séraphique. — Précocité des musiciens.

Comme la littérature, comme la peinture et la sculpture, comme n'importe quelle production de l'esprit en un mot, la musique a été et est encore féconde en essais de toutes sortes. Les uns ont été heureux, et la preuve, c'est que la musique a toujours marché de progrès en progrès. Les autres ont été hardis, téméraires, et n'ont pas abouti. D'autres ont été extravagants et n'ont pas acquis d'autre renommée que celle du ridicule. Il y aurait un gros volume à faire, si l'on voulait seulement réunir les curiosités proprement dites ou les bizarreries qui se rencontrent dans l'histoire de l'art musical; mais nous nous contenterons de prendre dans le nombre quelques faits qui montrent à différents points de vue ce besoin perpétuel d'innover dont est travaillée l'imagination humaine.

De tous temps l'oreille de l'homme a été sensible à la sonorité et au timbre, abstraction faite de toute combinaison musicale. Une des plus intéressante créations de cet instinct est la *harpe éolienne*. Cet objet, qu'il faut plutôt considérer comme un appareil musical que comme un instrument, produit des sons harmonieux par le seul effet du ent. Il se compose d'une boîte de résonnance, construite n sapin pour être très-sonore, sur laquelle sont tendues des cordes. On dispose l'objet dans un courant d'air : aussitôt qu'il fait un peu de vent, les cordes résonnent d'une façon agréable. D'abord c'est l'unisson ; puis, à mesure que le vent augmente, on entend un mélange confus et charmant de tous les sons de la gamme, ascendants et descendants. La succession et la combinaison des notes se font sans ordre et sans règle ; on y distingue toutefois par instants des accords harmonieux et des crescendo et des decrescendo d'un effet étonnant. On attribue l'invention de la harpe éolienne au père Kircher, savant jésuite allemand du dix-septième siècle. On cite la harpe éolienne gigantesque construite en 1785, à Côme, par l'abbé Gattoni. Il fallut l'établir dans un jardin, à cause de l'énormité des proportions. Les cordes, au nombre de quinze, étaient de gros fils de fer, longs de cent mètres, enroulés à chaque extrémité sur des cylindres qui servaient à les tendre, disposés dans la direction du nord au sud, et formant avec l'horizon un angle de 20 à 30 degrés. Sous l'impulsion du vent, l'instrument, paraît-il, rendait des sons très-puissants.

En 1789, à Paris, un Allemand, Jean Schnell, utilisa cette propriété qu'ont les cordes de vibrer par l'effet du vent. Seulement, au moyen d'un clavier, il régla la distribution du courant d'air, de manière à obtenir des notes déterminées. L'instrument s'appelait *anémocorde*, du grec *anemos*, vent, et *chordî*, corde. Il avait, disent les comptes rendus de l'époque, des sons très-suaves, et produisait d'une façon surprenante le *crescendo* et le *decrescendo*. C'était en somme une sorte d'harmonium à cordes. Quant au détail du mécanisme, il n'est pas connu.

Cette recherche de la sonorité a quelquefois poussé les facteurs d'instruments et les musiciens à construire ou se faire construire des instruments d'une taille au delà d l'ordinaire. Nous avons vu plus haut que plusieurs de ce essais ont réussi, témoin les grosses contre-basses de cuivr de diverses formes et de divers systèmes dues à de savant luthiers français et allemands, témoin la belle clarinett basse employée par Meyerbeer dans les *Huguenots*. On co naît le *Goliath* de Kæmpfer, qui se démontait et se remontai

Fig. 117. — Octobasse de Vuillaume.

avec des vis, lorsque le célèbre contre-bassiste voyageait pour aller donner des concerts.

L'importance et la beauté des notes graves dans l'harmonie a fait faire de nouvelles recherches. Au musée instrumental du Conservatoire de musique à Paris, on voit une contre-basse gigantesque que le célèbre luthier Vuillaume a imaginée et construite. Cet instrument, haut de quatre mètres, résonne à l'octave grave du violoncelle, d'où son nom *octobasse*. Il est monté de trois cordes, accordées en quinte et quarte, *ut, sol, ut*. Comme les doigts ne seraient ni assez longs ni assez forts pour agir sur les cordes, l'instrument est muni d'un mécanisme particulier : au moyen de leviers, des touches d'acier, qui sont de véritables doigts, pressent énergiquement les cordes et font les notes. L'exécutant, dans chaque position du doigt d'acier, a toujours à sa portée trois notes, dont la deuxième est la quinte et la troisième l'octave de la première. Les leviers sont mus par un système de pédales que la main et le pied gauches de l'instrumentiste font basculer derrière le manche. Les sons, paraît-il, sont d'une puissance et d'une beauté remarquables. Il n'existe plus qu'une octobasse comme celle-ci : elle est en Russie.

Le duc Guillaume Maurice de Saxe-Mersebourg, qui vivait dans la première moitié du dix-huitième siècle, avait une telle passion pour la contre-basse que, dans son château de Mersebourg, une grande salle était toute meublée de ces gros instruments. Une contre-basse monstre trônait au milieu, et pour la jouer il fallait monter sur une échelle. Le duc eût été certainement ravi de connaître l'octobasse e Vuillaume.

N'oublions pas un instrument énorme devenu historique, ont un seul artiste a pu jouer ; il est vrai que c'était un nstrument à vent. Hændel, qui aimait les sonorités puissantes et majestueuses, avait fait fabriquer un *basson-double* contra-fagotto) de seize pieds de longueur. Quand l'instrument fut fait, personne n'en put jouer. Un siècle après la aissance de Hændel, il y eut une fête commémorative en on honneur. A ce moment-là, vivait un nommé John Ashley, hautboïste de la garde royale anglaise, qui reprit le basson gigantesque et réussit à s'en servir.

Le besoin d'obtenir une sonorité intense peut produire parfois de singuliers contre-sens musicaux. Les Américains des États-Unis, qui malgré leur esprit positif sont souvent si avides du bizarre et de l'extraordinaire, ont imaginé de faire servir la vapeur à jouer des airs à bord des bateaux pour désennuyer les passagers. Une série de timbres de métal de différentes tailles formant une échelle de notes sont mis en vibration par des jets de vapeur. Ces jets ne s'échappent que quand des leviers ouvrent les orifices de tubes disposés sous les timbres. Les leviers eux-mêmes sont mus par un cylindre à pointes semblable à celui des orgues de Barberi ou des serinettes. Le tout marche au moyen d'une manivelle. On exécute sur cette machine des airs quelconques. Il en est venu une en France qui a couru les fêtes et les foires : on a donc pu apprécier cette sonorité sauvage qui faisait penser à de véritables mugissements.

Mais le triomphe de la musique bruyante, c'est la musique à coups de canon, et, ce qui est bien étrange, c'est qu'on y soit revenu à plusieurs reprises. En 1788, l'italien Sarti, maître de chapelle à Saint-Pétersbourg, organisa la partie musicale d'une fête célébrée pour la prise d'Okrakow. Il composa un *Te Deum* qui fut exécuté par un orchestre énorme de chanteurs et d'instrumentistes. Dans la cour du château étaient des canons de différents calibres, dont les coups tirés en mesure à des intervalles donnés formaient la basse de certains morceaux. Sarti eut des imitateurs. Charles Stamitz, que son talent sur l'alto aurait dû, ce semble, porter à des idées plus mélodieuses, fit exécuter à Nuremberg une grande composition vocale et instrumentale avec accompagnement *obligé* de coups de canon.

En 1836, au camp de plaisance de Krasnoje-Selo, e Russie, il y eut une grande solennité musicale dont cen vingt coups de canon formèrent l'introduction. Ensuit des masses chorales exécutèrent des chants, pendant le quels des coups de canon, tirés régulièrement, battaien la mesure.

Une des grandes difficultés de la musique d'orchestre est d'arriver à un ensemble parfait, de manière que tous les instruments semblent n'avoir qu'une pensée et qu'un sentiment. Les Russes sont parvenus à réaliser cet ensemble dans des conditions étranges, et dont on ne pourrait trouver d'exemple chez aucun autre peuple. Vers le milieu du dix-huitième siècle, le maréchal Kirilowitsch, dit-on, inventa un genre de musique uniquement composée de cors. Cette musique fut perfectionnée par Maresch, musicien de la Bohême, qui était alors directeur de la musique impériale. Ce système consistait et consiste encore en un nombre considérable de cors ou trompettes, ou plutôt de tubes coniques de métal, donnant chacun une seule note. Chaque exécutant doit donc compter des pauses et des silences aussi longtemps que la note à laquelle il est *attaché* ne se présente pas dans le morceau. Cette musique est connue sous le nom de *cors russes*. Ces cors sont gradués de manière à fournir toutes les notes nécessaires non-seulement à un morceau mélodique, mais encore à toute espèce d'accompagnement. Un habile orchestre de cors russes arrive à exécuter sans aucune hésitation ni confusion des quatuors, des symphonies, des concertos, des fugues, des traits et même des trilles.

Le goût de cette musique véritablement mécanique se répandit bientôt parmi les grands seigneurs russes, et plusieurs d'entre eux eurent à leur service des corps de musique ainsi composés. Un grand nombre de régiments en ent également munis. On assure qu'il faut, ou du moins 'il fallait plusieurs années pour former une musique de e genre. M. Fétis l'a parfaitement jugée lorsqu'il dit : « La ie de l'art, le sentiment ne saurait exister chez des hommes qui se sont réduits à n'être qu'un tube sonore, qu'une ote de musique, et qui se sont en quelque sorte isolés n sons abstraits. *Je ne puis vous faire entendre aujourd'hui on orchestre,* disait un grand seigneur russe à un étraner, *parce que mon* SI BÉMOL *de la troisième octave a reçu la astonnade.* C'est qu'en effet tel musicien d'un pareil orhestre n'est plus un homme sensible aux charmes de la musique ; ce n'est plus que la matière d'un son de cette musique, c'est un *ut* ou un *si bémol*. »

La musique, comme nous l'avons dit, a été parfois l'occasion d'inventions excentriques et même ridicules. Une des plus célèbres est celle de *l'orgue des chats*, dont le père Menestrier, savant jésuite du dix-septième siècle, nous a laissé la description dans son livre sur les *Représentations en musique*. Lors du voyage que Philippe II, roi d'Espagne, fit à Bruxelles, en 1549, pour visiter son père Charles-Quint, il y eut des réjouissances de toute espèce, et entre autres un cortége tenant à la fois d'une mascarade et d'une procession. Le plus curieux de ce cortége était un chariot portant un orgue. Seulement l'organiste était un ours, et les tuyaux étaient remplacés par des boîtes longues et étroites dont chacune renfermait un chat. Les queues dépassaient et étaient reliées aux touches du clavier par une ficelle, de sorte qu'il suffisait de presser les touches pour tirer les queues correspondantes, et faire sortir des boîtes, par conséquent, des miaulements de colère ou de douleur selon le caractère du chat ainsi offensé. Un chroniqueur, Juan Christoval Calvète, prétend même que les chats étaient rangés selon leur voix, de manière à produire les notes de la gamme. Nous ne pouvons guère contrôler aujourd'hui cette assertion qui pourrait bien n'être là que pour enjoliver l'histoire, mais ce qui est au moins aussi surprenant que ce fait, s'il était vrai, c'est que le souvenir de ce concert resta comme celui d'une musique fort digne d'être connue et qu'on le renouvela par la suite, à deu reprises, à Saint-Germain en 1753, et à Prague en 1773.

Certaines compositions musicales offrent des particula rités amusantes ou intéressantes. Recueillons quelque anecdotes.

« Louis XII, qui aimait beaucoup une *chanson populaire*, demanda un jour à Josquin d'en faire un morcea à plusieurs voix où il pût (le roi) chanter sa partie. L proposition était embarrassante, parce que Louis XII n'étai pas musicien et n'avait qu'une voix faible et fausse ; c pendant le compositeur triompha des difficultés en fais du *thème* un canon à l'unisson pour deux enfants de chœur; à la partie du roi qu'il appela *vox regis*, il ne mit qu'une seule note qui se répétait pendant tout le morceau, et il garda pour lui la basse. La roi s'amusait beaucoup de l'adresse de son musicien qui avait trouvé le moyen de le faire chanter juste. » (F.-J. Fétis.)

En fait de tours de force, mais du genre agréable, je recommande à quiconque aura étudié la musique pendant un quart d'heure l'air de J.-J. Rousseau sur les paroles : *Que le jour me dure...* On parlait devant lui, dit-on, de la difficulté de composer de la musique avec très-peu de notes. Il s'engagea à faire un morceau véritable avec le moins de notes possible, et il écrivit pour les paroles citées un air charmant de mélodie, de simplicité et de tendresse. Or l'air n'a que trois notes en tout diversement combinées. Il en a été fait de nos jours un accompagnement délicieux de finesse, de grâce et de légèreté par Alkan. Air et accompagnement méritent bien dans leur genre de prendre place parmi les *merveilles de la musique*.

L'air de J.-J. Rousseau, résultat d'une gageure, montre ce qu'une heureuse inspiration peut tirer d'éléments même défavorables. La musique pourtant ne s'accommoderait pas toujours de pareilles conditions; elle est faite pour suivre des règles, sévères si l'on veut, mais non pas pour se livrer à des exercices qui rentrent dans les charades et les logogriphes. Ce fut pourtant le talent auquel aspirèrent de très-savants musiciens de la fin du moyen âge. Dans la seconde moitié du quinzième siècle et la première du seizième, les bizarreries de la scolastique avaient été transportées dans l'art musical. La science harmonique qui prenait son essor était devenue fort compliquée. On usait avec passion, mais sans goût, de procédés mécaniques, qui étaient utiles aux progrès de l'art en tant qu'études et exercices, mais qui près tout n'étaient que des accessoires. Or on en avait fait 'objet principal. Ainsi la mélodie était considérée comme i peu de chose qu'on ne cherchait même pas en général inventer des chants; on prenait des airs populaires pour ervir de thèmes aux motets et aux messes. On en arriva même à prendre des airs de chansons grivoises, sur lesquels on ajustait les paroles des textes sacrés. Un pareil abus avait fait prendre au pape Marcel, en 1555, la résolution de ne conserver que le plain-chant dans l'Église. On sait comment Palestrina le fit renoncer à son projet, en composant la messe connue depuis sous le nom de *messe du pape Marcel*.

Il ne faudrait pas croire pourtant que le mauvais goût disparut de la musique religieuse. Bon nombre d'ouvrages postérieurs à Palestrina prouvent que l'inconvenance régnait toujours ; seulement l'affectation et la mièvrerie s'y étaient jointes. Il suffira de citer un volume de chants sacrés de 1632, intitulé *la Philomèle séraphique :* ce titre prétentieux sert d'étiquette à une collection de cantiques tous composés sur des airs mondains.

Parmi les curiosités de la musique, une des plus étonnantes peut-être est la précocité de la plupart des musiciens. Passons rapidement en revue presque tous ceux qui se sont fait un nom du seizième siècle à nos jours ; nous verrons leur vocation se révéler dès l'enfance, et souvent dans des proportions merveilleuses.

« Roland de Lassus ou de Lattre (Orlando Lasso), né à Mons en 1520, mort en 1594, s'était rendu si célèbre, avant l'âge de douze ans, par la beauté de sa voix, à l'église de Saint-Nicolas de Mons, qu'il fut plusieurs fois exposé à être enlevé par Ferdinand de Gonzague, vice-roi de Sicile. Ce violent amateur de musique parvint à décider les parents du jeune chanteur à le laisser venir en Italie.

Lulli, né à Florence en 1635, mort en 1687, tout enfan jouait de la guitare d'une manière remarquable, et il n'étai encore que l'un des marmitons de Mlle de Montpensier lorsqu'il composa plusieurs agréables mélodies, entr autres, dit-on, l'air *Au clair de la lune.* Mais cet ai paraît dater de plus loin. Il entra très-jeune dans la « grand bande des violons du roi ».

Michel Richard de Lalande, né à Paris en 1657, mort ei 1726, remarqué d'abord par sa voix lorsqu'il était enfan de chœur à l'église de Saint-Germain l'Auxerrois, apprit san maître, avant l'âge de quinze ans, à jouer du violon, du clavecin, de la basse de viole, et de plusieurs autres instruments. Un de ses beaux-frères organisa de petits concerts où sa réputation grandit rapidement.

Campra, né à Aix en Provence, en 1660, mort en 1744, était, avant l'âge de vingt ans, maître de chapelle de la cathédrale de Toulon.

Rameau, né à Dijon en 1683, mort en 1764, à l'âge de sept ans pouvait jouer toutes les partitions, à première vue, sur le clavecin.

Hændel, né à Halle, en Saxe, en 1685, mort en 1759, étant encore tout petit enfant, avait, à la dérobée, appris seul, la nuit, à jouer de l'épinette. A huit ans, dans une chambre du palais du duc de Saxe-Weissenfels, où son père l'avait conduit, il lui arriva, ne croyant pas être écouté, de trahir son talent en jouant sur un clavecin. Le duc voulut qu'on lui enseignât la musique. A dix ans, Hændel composait des motets pour l'église principale de Halle.

Jean-Sébastien Bach, né à Eisenach en 1685, mort en 1750, jouait sur le clavecin, dès son enfance, les compositions des plus grands maîtres. Pour parvenir à posséder ces compositions dont son beau-frère voulait lui faire ajourner l'étude, il copia, à la seule lumière de la lune, pendant près de six mois, un cahier qui en contenait plusieurs.

Marcello, né à Venise en 1686, mort en 1739, était passionné pour la musique jusqu'à inquiéter son père, qui l'emmena à la campagne et le priva de tout instrument et de toute composition musicale. Mais le jeune homme, dans cette solitude, composa une messe en musique dont les beautés triomphèrent de la résistance paternelle.

Pergolèse, né à Resi, dans les États-Romains, en 1710, mort en 1736, jouait sur le violon, à treize ans, des morceaux qu'il avait composés lui-même sans maître, et où se trouvaient des difficultés qui étonnèrent les professeurs napolitains du Conservatoire *dei Poveri di Gesu Cristo*. On le fit entrer à cette école savante. A vingt et un ans, il avait composé la belle partition du drame sacré: *San Guglielmo d'Aquitana*.

Piccini, né à Bari, dans le royaume de Naples, en 1728, mort en 1800, révéla son talent, comme Bach, en jouant sur un clavecin dans le palais de l'évêque de Bari. L'évêque était dans une pièce voisine. Surpris d'un talent si précoce, il voulut que l'enfant fût envoyé, non au séminaire, comme ses parents en avaient eu l'intention, mais au Conservatoire, et à quatorze ans Piccini entra à l'école musicale de San Onofrio.

Haydn, né en 1732, à Rohrau (Autriche), mort en 1809, fils d'un charron et d'une cuisinière, laissa pressentir sa vocation dès l'âge de cinq ans. A treize ans, il écrivit une messe. On lui en montra les défauts. Il acheta le *Parfait maître de chapelle* de Mattheson, et étudia seul les règles de la composition.

Grétry, né à Liége, en 1741, mort en 1813, commença de même à écrire, étant enfant, un motet et une fugue avant d'avoir étudié l'harmonie. Une messe qu'il composa et qui fut exécutée dans la cathédrale lui valut une bourse au collége liégeois de Rome.

Clémenti, né à Rome en 1752, mort en 1832, solfiait dès l'âge de six ans. A neuf ans, il subit l'épreuve d'un concours pour une place d'organiste et l'emporta sur ses concurrents.

Winter, né à Manheim en 1754, mort en 1825, était, à onze ans, violoniste dans la chapelle du prince palatin.

Mozart, né à Salzbourg en 1756, mort en 1791, dès l'âg de trois ans cherchait des accords sur le clavecin ; quatre ans, il exécutait déjà des morceaux difficiles ave goût et composait des menuets. A six ans, il était applau à Munich et à Vienne.

Chérubini, né en Toscane en 1760, mort en 1842, ét dia l'harmonie et l'accompagnement à neuf ans. Il écrivit à treize ans, une messe et un intermède pour un théâtr de société.

Dusseck, né en 1761, à Czaslau en Bohême, mort e 1812, jouait du piano à cinq ans et accompagnait su l'orgue à neuf ans.

Lesueur, né près d'Abbeville en 1763, mort en 183

obtint, à seize ans, la maîtrise de la cathédrale de Séez.

Méhul, fils d'un cuisinier, né à Givet en 1763, mort en 1817, était, à dix ans, l'organiste très-admiré de l'église des Récollets de Givet.

Kreutzer, né à Versailles en 1766, mort en 1831, était déjà musicien à cinq ans. Un concerto qu'il composa à treize ans eut un éclatant succès.

Berton, né à Paris en 1767, mort en 1844, était, à l'âge de quinze ans, violon au Grand-Opéra.

Della Maria, né à Marseille en 1768, mort en 1800, jouait, très-jeune encore, de la mandoline et du violoncelle, et, à dix-huit ans, débuta par un grand opéra joué dans sa ville natale.

Beethoven, né à Bonn en 1770, mort en 1827, était habile virtuose sur le violon, à huit ans; il déchiffrait à douze ans, avec une perfection étonnante, le *Clavecin bien tempéré* de Jean-Sébastien Bach. A treize ans, il composa trois quatuors. A dix-sept ans, il joua un thème hérissé de difficultés, devant Mozart qui dit à ses amis : « Faites attention à ce jeune homme, vous en entendrez parler un jour. »

Paer, né à Parme en 1771, mort en 1839, composa, à seize ans, *la Locanda de' vagabondi*, et à dix-sept ans *i Pretendanti burlati*, opéras bouffes, qui le rendirent célèbre dans toute l'Italie.

Catel, né à Laigle en 1773, mort en 1830, était, avant l'âge de quatorze ans, accompagnateur et professeur à l'Ecole royale de chant et de déclamation de Paris.

Hummel, né à Presbourg en 1778, mort en 1837, était, ès sept ans, habile virtuose sur le piano. Mozart remarqua son talent et lui donna des leçons. A neuf ans, il joua publiquement dans un concert à Dresde, et sa réputation s'étendit dans toute l'Allemagne.

Paganini, né à Gênes en 1784, mort en 1840, était bon violoniste à six ans, et à huit ans il composait une sonate.

Fétis, né à Mons en 1784, était, à neuf ans, organiste du chapitre noble de Sainte-Waudru.

Spohr, né à Brunswick en 1784, mort en 1859, à l'âge

de douze ans, exécuta un concerto de violon de sa composition à la cour. Il était attaché à la chapelle ducale à quatorze ans.

Hérold, né à Paris en 1791, mort en 1833, dès l'âge de six ans composait de petites pièces pour le clavecin.

Rossini, né à Pesaro en 1792, était, encore presque enfant, un accompagnateur habile (*maestro al cembalo*). Il composait à seize ans une cantate : *Pianto d'armonia per la morte d'Orfeo*.

Meyerbeer, né à Berlin en 1794, mort en 1864, à l'âge de quatre ans reproduisait sur le piano, en s'accompagnant de la main gauche, les airs que jouaient les orgues des rues. A cinq ans il se faisait entendre dans un concert public, et à neuf, la *Gazette musicale* de Leipzig le citait comme l'un des meilleurs pianistes de Berlin.

Schubert, né à Vienne en 1797, mort en 1828, entra à onze ans, avec un grand succès, au Conservatoire de Vienne.

Mendelssohn-Bartholdy, né à Hambourg en 1809, mort en 1847, à l'âge de huit ans déchiffrait à première vue toute espèce de musique, et écrivait correctement un morceau d'harmonie sur une basse donnée.

Listz, né en 1811, à Rœding en Hongrie, était à peine âgé de neuf ans, lorsqu'il exécuta en public, à Œdenbourg, un concerto qui commença sa réputation[1]. »

---

[1]. Ces faits sont empruntés au livre : *les Musiciens célèbres, depuis le seizième siècle jusqu'à nos jours*, par Félix Clément. Paris, 1868.

XX

Effets moraux de la musique. — Émotion musicale. — Variété de l'émotion musicale. — Causes de cette variété : différence des organismes ; éducation musicale. — Effets merveilleux de la musique d'après les légendes hindoues, les *ragas magiques*. — Importance de la musique comme moyen d'action morale d'après les Chinois : la musique est nécessaire pour gouverner. — Identité d'opinion à ce sujet des peuples orientaux et des peuples grecs. — Le chanteur Démodocos, gardien des mœurs. — Orphée, Amphion ; légendes symboliques ; histoires variées ; passions excitées ou calmées, mœurs adoucies par la musique : Terpandre, Tyrtée, la Marseillaise, Antigénide, Timothée, Damon de Milet, Empédocle, Pythagore, les Arcadiens, les cornemuses de la bataille de Quebec, Stradella, Erik. — Musique faisant faire un mariage. — Musique amenant une réconciliation de famille. — Tristesse et désespoir causés par des œuvres musicales dont le caractère n'est ni le désespoir ni la tristesse. — L'émotion musicale ne s'affaiblit pas par la répétition chez les vrais artistes. — Joies et émotions d'un compositeur chef d'orchestre.

La réalité des effets de la musique est une chose incontestable. Si loin que l'on remonte dans le passé, on trouve à ce sujet des témoignages nombreux, et la puissance de l'art musical a même dans certains cas été si grande ou si inattendue qu'elle a donné naissance à des légendes et à des fables dont les détails sont du domaine de la poésie, mais dont le fond est d'une vérité indubitable. Il y a bien eu des protestations contre ce *prétendu* pouvoir; mais elles étaient le plus souvent l'œuvre de sceptiques spirituels, amis du paradoxe, et à qui d'ailleurs les expressions exagérées de quelques enthousiastes causaient du mécontentement et de l'impatience. Il y a eu aussi de tout temps des gens absolument dépourvus de la faculté de percevoir des sensations musicales ; à ceux-là il n'y a rien à dire ; leur opinion est non avenue et a juste la valeur qu'aurait celle d'un aveugle à propos de peinture. Il faut dire que le nombre de ces êtres incomplets est relativement peu considérable, et que la très-grande majorité des hommes ont reçu de la nature le goût de la musique et la faculté d'être émus par les sons musicaux.

Ici, pour être exact, il faut faire une remarque importante, c'est que l'émotion musicale n'est pas la même pour tous. Elle n'a pas la même intensité chez tous les auditeurs d'un même morceau ; ce morceau peut plaire aux uns et déplaire aux autres ; il nous laisse indifférents aujourd'hui, il nous remuera profondément demain. Les formes, les nuances d'émotion sont donc très-variables et il est intéressant de rechercher les causes de cette variété.

L'effet produit par la musique ne pouvant avoir lieu qu'au moyen du son, et le son n'agissant sur notre âme qu'au moyen d'un organe de relation qui est l'oreille, comme les organismes sont fort différents les uns des autres, il est bien évident que les sensations seront aussi fort différentes. N'entend-on pas dire tous les jours : telle personne est nerveuse, telle autre ne l'est pas ? Et n'est-ce pas une règle élémentaire de savoir-vivre, sinon de bonté, qu'en mainte et mainte circonstance de la vie il faut à l'égard des personnes nerveuses prendre des précautions particulières ? Il n'est donc pas étonnant que ces personnes-là subissent l'action musicale avec une vivacité d'impression que ne connaissent pas celles dont le tempérament est plus calme.

Mais ce serait réduire en somme à bien peu de chose les effets de la musique que d'y voir un pur ébranlement nerveux ; car encore faut-il bien avouer que bon nombre d'êtres physiologiquement *très-irritables* sont assez peu sensibles au charme d'une belle symphonie ou d'un beau morceau d'opéra. Il y a plus et il y a mieux en fait de dispositions musicales. Le goût de la musique, quoique inné, a besoin d'être complété par l'éducation, par l'étude, par l'habitude d'entendre de belles choses. Les gens heureusement doués arrivent vite à l'état de sensibilité intelligente nécessaire pour jouir pleinement et en connaissance de cause du plaisir que donne la musique; mais parmi ceux dont la nature est plus pauvre à cet égard, du moment que leurs oreilles n'ont pas un vice absolu de conformation, il en est encore beaucoup qui peuvent, malgré quelques imperfections natives, arriver par l'étude et l'exercice à une sensibilité musicale fort satisfaisante. Il est bien entendu que nous ne parlons pas ici de la faculté de produire de la musique, mais simplement de celle de la sentir.

Quoi qu'il en soit, de tout temps on a cru à l'influence de la musique, de tout temps on en a parlé; les poëtes se sont emparés de ce sujet et l'ont présenté aux peuples paré de toutes les couleurs les plus éclatantes. Qu'on lise, par exemple, les vieilles légendes de l'Inde et de la Chine; on y trouvera le récit d'effets musicaux plus étranges encore que ceux des fables grecques, et malgré l'invraisemblance et le fantastique de ces histoires, nous en rapporterons néanmoins quelques-unes, parce qu'elles sont le témoignage d'un état d'esprit particulier et de croyances intéressantes; parce que, par leurs exagérations mêmes, elles prouvent la haute idée que ces peuples se faisaient et de la poésie et de la musique qui en rehausse la beauté et en multiplie la puissance.

Le dieu Mahedo et sa femme Parbutea avaient composé des *ragas* (mélodies) merveilleux. Par un beau jour, un ciel pur, un brillant soleil, Mia-tusine, grand musicien et célèbre chanteur, fait entendre un de ces *ragas* destiné à la nuit, et à mesure que la mélodie magique se répand dans les airs, le soleil pâlit; il finit par disparaître, et les ténèbres de la nuit recouvrent la terre aussi loin que s'étendent les accents du chanteur.

Un autre *raga* avait la propriété de consumer le musicien qui le chantait. Un empereur indien, poussé par une curiosité cruelle, ordonna à un de ses musiciens de chanter cette mélodie, étant plongé jusqu'au cou dans une rivière. L'infortuné obéit, mais dès les premières notes de son air des flammes jaillirent de son corps et le réduisirent en cendres.

Comme contre-partie du *raga* du feu, il y avait le *raga* qui avait le pouvoir de faire tomber la pluie : une jeune fille qui exerçait un jour sa voix sur ce chant attira des nuages de tous les points du ciel, et les plantations de riz du Bengale furent arrosées par une eau douce et fécondante.

Les Chinois avaient aussi des traditions fabuleuses du même genre relatives aux effets de la musique. Mais, pour revenir dans un monde plus réel, nous voyons que leurs législateurs honoraient la puissance de cet art, au point d'en faire un élément de gouvernement. « La connaissance des tons et des sons est intimement unie à la science du gouvernement », dit un de leurs écrivains. Et ailleurs : « La bonne et la mauvaise musique ont une certaine relation à l'ordre et au désordre qui règnent dans l'État. Les trois premières dynasties régnèrent pendant une longue suite d'années ; elles firent beaucoup de bien au peuple, et le peuple exprima son contentement par la musique. »

On retrouve le même ordre d'idées non-seulement dans l'histoire des autres pays de l'Asie orientale, mais encore dans celle de l'Égypte et de la Grèce, et l'on pense naturellement à Platon qui employait les mêmes expressions que les législateurs chinois, lorsqu'il déclarait que la musique était nécessaire à quiconque voulait gouverner l'État.

Il n'y a du reste qu'une voix dans l'antiquité classiqu pour vanter l'influence que la musique exerce sur les mœurs. Homère, aussi grand moraliste que grand poëte place un musicien auprès de la reine Clytemnestre pen dant l'absence d'Agamemnon pour la défendre contre l pensée du mal. « Pendant qu'au siége d'Ilion, dit Nestor nous livrions de nombreux combats, Egisthe, tranquille dans un lieu retiré d'Argos, nourricière des chevaux cherchait par ses paroles à séduire l'épouse d'Agamemno Elle se refusa d'abord à cette honteuse action, la divin Clytemnestre ; car elle avait une âme vertueuse, et il avait auprès d'elle un chanteur, à qui, en partant pou Troie, Agamemnon avait bien recommandé de garder so épouse. »

Homère en ce passage met par avance en action les pensées de Platon qui dira: « La musique, ce modèle parfait d'élégance et de précision, n'a pas été accordée aux hommes par les dieux immortels, dans la vue seulement de réjouir et de chatouiller agréablement leurs sens, mais encore pour calmer le trouble de leur âme et les mouvements tumultueux qu'éprouve nécessairement un corps rempli d'imperfections. »

La légende d'Orphée, qui apprivoisait les tigres et les lions par les doux sons de sa lyre et le charme de sa voix, n'est qu'une poétique image de l'effet civilisateur de la musique sur les peuples sauvages de son temps. Quant à l'aventure d'Amphion qui bâtissait d'une façon si étrange les murs de Thèbes, dont les pierres venaient se placer d'elles-mêmes les unes sur les autres au son de sa lyre, ce n'est qu'une belle métaphore exprimant d'une façon hardie et pittoresque la puissance de la musique sur les hommes qui subissent de dures fatigues ou se livrent même aux plus rudes travaux. Que de fois n'avons-nous pas vu, après une longue marche, des soldats épuisés et traînant le pied relever fièrement la tête et reprendre un pas cadencé et vigoureux, dès que leur musique, à l'entrée d'une ville, commençait à jouer un air bien rhythmé! Et dans les ports, ou à bord des vaisseaux, quand il y a quelque grosse besogne à faire, quelque câble à tirer, quelque lourde charpente à soulever, n'entend-on pas les marins ou les ouvriers accompagner leurs mouvements de chants mesurés qui régularisent et condensent leurs efforts? C'est toujours l'histoire d'Amphion.

A chaque instant les histoires abondent au sujet des effets que la musique produit soit dans un sens, soit dans l'autre. Si Terpandre par ses mélodies apaise une sédition et calme les esprits courroucés et prêts à se porter à tous les excès, Tyrtée, le maître d'école boiteux, envoyé comme général par les Athéniens aux Lacédémoniens, enflamme les courages et inspire le mépris de la mort par ses chants lyriques et ses marches guerrières, dont les merveilleux effets font penser immédiatement à ceux de la *Marseillaise* pendant la Révolution. Les deux grands flûtistes Antigénide et Timothée excitaient l'ardeur belliqueuse d'Alexandre jusqu'au délire par des mélodies véhémentes, et faisaient rentrer le calme dans son âme en changeant de mode. Damon de Milet produisait les mêmes effets avec sa flûte, excitant ou apaisant à sa volonté par un simple changement d'air des jeunes gens pris de vin. Empédocle, selon la tradition, avait prévenu un meurtre par les sons de sa lyre. Pythagore, voyant un jeune homme transporté de fureur et prêt à tuer une personne par qui il se croyait gravement offensé, pria un musicien de jouer un air sur un mode pacifique, et le furieux, calmé, oublia ses idées de vengeance. Polybe, historien grave et réfléchi, attribue à la culture de la musique la douceur des mœurs des Arcadiens, et, en opposant cette douceur à la cruauté d'autres peuples, ne manque pas de faire remarquer que si ces derniers sont sauvages, c'est qu'ils ne sont pas musiciens.

Plusieurs de ces histoires ont été contestées, il est vrai, mais les temps modernes ne fournissent-ils pas quelques faits analogues, dont le contrôle est facile à exercer et dont l'authenticité par conséquent peut-être prouvée ?

D'après les plus anciennes traditions, la cornemuse est représentée comme l'instrument national des Écossais, et certains airs guerriers joués sur cet instrument ont plus d'une fois opéré des effets semblables à ceux dont parlent les anciens. Citons-en un exemple qui ne date que du siècle dernier.

A la bataille de Québec, en 1760, les troupes britanniques se retiraient en désordre. Le général fit des observations assez sévères à un officier au sujet de la mauvais conduite et de la triste tenue de son corps: « Monsieur répondit celui-ci avec animation, vous avez commis un grande faute en défendant aux cornemuses de jouer ; rien n'anime davantage les Higlanders à l'heure du combat ; à présent même elles seraient utiles. — Qu'ils jouen donc tant qu'il leur plaira, repartit le général, si cel peut faire revenir les soldats. » Les musiciens reçuren l'ordre de faire entendre l'air guerrier que les Higlanders préféraient. L'air était à peine commencé que les soldats non-seulement s'arrêtèrent, mais même revinrent à leur poste.

Qui ne connaît l'aventure de Stradella, compositeur de musique et chanteur admirable du dix-septième siècle? Il avait gravement offensé une noble famille de Venise, qui chercha à se venger de lui par un des procédés habituels de cette époque et de ce pays. Deux assassins furent chargés de le suivre et d'épier une bonne occasion pour le tuer. Stradella vint jusqu'à Rome toujours suivi de ses deux assassins. Ces derniers devaient le frapper lorsqu'il sortirait de l'église de Saint-Jean de Latran, où l'on exécutait son oratorio de *S. Giov. Battista*. Pour ne pas le perdre de vue, ils s'étaient mêlés à la foule qui assistait à la cérémonie, et suivaient tous les mouvements de l'artiste. Lorsque sa voix s'éleva, ils écoutèrent d'abord machinalement, puis, peu à peu, la beauté de ce chant large, ému, pénétrant les charma, les remua, les attendrit, à tel point que leur âme en fut toute bouleversée, et qu'ils ne purent jamais se décider à frapper celui qui leur avait causé une impression aussi enchanteresse. On dit même qu'ils l'attendirent à la porte par où il devait sortir, qu'ils le suivirent jusque dans un endroit écarté, et, là, qu'ils l'accostèrent pour lui avouer leur criminel dessein et l'avertir de se mettre en sûreté. Changez les noms, les dates et le pays, vous aurez l'aventure de Pythagore et d'Empédocle; mettez des images et construisez une poétique allégorie, vous aurez la légende d'Orphée.

L'histoire d'Alexandre transporté de fureur lorsqu'il ntendait Timothée a pour pendant celle de cet Erik, roi e Danemark, que certains chants rendaient furieux, au oint qu'il ne se possédait plus et tuait alors ses meilleurs omestiques. Rousseau fait judicieusement et spirituellement observer à ce propos que ces malheureux devaient tre beaucoup moins que leur maître et souverain sensiles aux excitations de la musique; autrement, il aurait u courir la plus grande moitié du danger.

Dans un monde d'idées moins violentes, il s'est passé plus d'une fois des faits qui ne sont peut-être pas les moins intéressants au point de vue des impressions produites par la musique, et surtout au point de vue des résultats que des personnes délicates et intelligentes pourraient en tirer. Ainsi Grétry dans ses mémoires parle d'un mariage fait par la musique, et d'une réconciliation opérée entre parents, également par la musique; et, comme il se fait le garant de la vérité de ces deux aventures, nous pouvons les rapporter ici en toute confiance, en lui laissant son style.

« A la première représentation de *Lucile* (1769), le quatuor : *Où peut-on être mieux qu'au sein de sa famille*, fit couler les larmes des spectateurs, surpris d'être émus par de nouveaux ressorts dans le pays de la galanterie.

« Ce morceau de musique a servi, depuis qu'il est connu, pour consacrer les fêtes de famille. Un jeune homme, dont je devrais savoir le nom, étant à la première représentation de cette pièce, aperçut le duc d'Orléans essuyant ses yeux pendant le quatuor : il se présente le lendemain avec confiance au prince, qui ne le connaissait pas : « Monseigneur, dit-il en se jetant à ses genoux, j'ai vu pleurer votre Altesse, hier, au quatuor de *Lucile*. J'aime éperdument une demoiselle qui appartient à un gentilhomme de votre maison; il refuse de nous unir parce que ma fortune ne répond pas à la sienne, et j'implore votre protection. » Le prince lui promit de s'instruire de l'état de choses, et le mariage fut fait peu de temps après. Je demande si à cette noce on chanta le quatuor ?

« Je me trouvai moi-même quelque temps après che un homme qui s'était opposé infructueusement au mariag de son frère; la jeune épouse, belle comme Vénus, s présente chez le frère de son mari; elle y est reçue très poliment, c'est-à-dire froidement : cependant, comme j'a perçus que les caresses de la dame jetaient du troubl dans le cœur de son beau-frère, je les engageai à s'appro cher du piano; je chantai le quatuor avec effusion de cœur et j'eus le plaisir de voir, après quelques mesures, le frèr et la sœur s'entrelacer de leurs bras en répandant des larmes si douces, celles de la réconciliation. »

La musique produit aussi quelquefois de certains effets de langueur, de découragement, de tristesse et de désespoir, effets bizarres en ce qu'ils ont pour cause l'audition d'œuvres, non pas vagues, mélancoliques ou lugubres, mais énergiques, animées et même joyeuses. Berlioz parle d'un jeune musicien provençal qui, « sous l'empire des sentiments passionnés qu'avait fait naître en lui la *Vestale* de Spontini, ne put supporter l'idée de rentrer dans notre monde prosaïque ; il prévint par lettres ses amis de son dessein, et après avoir encore entendu le chef-d'œuvre, objet de son admiration passionnée, pensant qu'il avait atteint le maximum de la somme de bonheur réservée à l'homme sur la terre, un soir, à la porte de l'Opéra, il se brûla la cervelle. »

J'ai connu personnellement un amateur de musique qui e pouvait entendre les chœurs des femmes de *Sémiramis* ans éprouver une tristesse profonde. Cette musique, expression de la plus douce espérance, de la joie la plus endre, du bonheur le plus confiant ; cet hymne de fête t d'amour, tout pénétré de parfums et de soleil, le plongeait dans une sombre mélancolie. Il ne prenait pas les hoses aussi fort au tragique que le jeune provençal, mais endant quelques jours il avait pour tout ce qui l'entourait une sorte de dégoût, qui allait, il est vrai, en diuant et finissait par disparaître, pour revenir cependant lorsque le personnage en question retournait entenre l'œuvre de Rossini : car il faut ajouter que la véritale souffrance qu'il éprouvait ne l'empêchait pas de s'exoser de nouveau à souffrir.

Ces effets, malgré leur étrangeté apparente, sont assez ciles à expliquer, psychologiquement parlant, et renent dans la classe de la *mélancolie* des Français, du *hnsucht* des Allemands et du *Spleen* des Anglais. Une rtaine tendance à la rêverie, un dédain inopportun de ction, de grandes prétentions à être une créature disguée et incomprise, des besoins ou plutôt des désirs au-dessus des facultés et des ressources, quelques chagrins exagérés par l'imagination, quelques déceptions mollement supportées, en voilà plus qu'il ne faut pour que l'ébranlement nerveux causé par la musique, quelle qu'elle soit, achève de mettre en désordre un esprit déjà mal équilibré et qui n'attendait qu'une secousse pour être entièrement bouleversé. Heureusement que ces cas-là sont assez rares, sans quoi il faudrait, en reprenant l'opinion du philosophe antique, bannir de tout pays où il y aurait des hypocondriaques la musique et les musiciens. Or la musique a certainement fait plus de bien que de mal à la grande majorité des gens affectés d'humeur noire, e il ne faut pas la condamner à cause de quelques fâcheuses exceptions.

Du moment que les impressions musicales se transmet tent à l'esprit par l'intermédiaire des organes et de l'ap pareil nerveux, il semble, d'après les lois de la physiolo gie que la répétition fréquente de ces impressions devrai en émousser l'effet, et cela, surtout chez les artistes, com positeurs ou exécutants qui, par la nécessité même d leurs occupations, pourraient arriver plus vite que d'au tres à la satiété et à l'affaiblissement de la sensibilité. I n'en est rien, on peut le dire, et c'est fort heureux, ca l'art musical demande de longues études, un exercic assidu, une attention perpétuelle aux moindres détails et l'artiste a besoin d'être soutenu dans ce travail pénibl assujettissant et souvent même ingrat, par des jouissanc qui le dominent, par un renouvellement continuel de n bles sensations, dont la grandeur et la puissance lui fa sent oublier le travail mécanique auquel il est obligé se soumettre pour dompter son instrument et en faire l'i terprète éloquent et convaincu des inspirations de s âme.

Ces joies peuvent arriver à l'enthousiasme le plus exalt lorsque l'artiste fait exécuter son œuvre, et l'on ne sa rait mieux faire à cet égard que d'invoquer le témo gnage d'un homme qui était à la fois grand composite et grand chef d'orchestre.

« Le public arrive, l'heure sonne, dit Berlioz ; exténué, abimé de fatigues de corps et d'esprit, le compositeur se présente au pupitre-chef, se soutenant à peine, incertain, éteint, dégoûté, jusqu'au moment où les applaudissements de l'auditoire, la verve des exécutants, l'amour qu'il a pour son œuvre le transforment tout à coup en machine électrique, d'où s'élancent, invisibles, mais réelles, de foudroyantes irradiations. Et la compensation commence. Ah ! c'est alors, j'en conviens, que l'auteur, dirigeant l'exécution de son œuvre, vit d'une vie aux virtuoses inconnue ! Avec quelle joie furieuse il s'abandonne au bonheur de *jouer de l'orchestre !* Comme il presse, comme il embrasse, comme il étreint cet immense et fougueux instrument ! L'attention multiple lui revient : il a l'œil partout ; il indique d'un regard les entrées vocales et instrumentales ; en haut, en bas, à droite, à gauche ; il jette avec son bras droit de terribles accords qui semblent éclater au loin comme d'harmonieux projectiles ; puis il arrête, dans les points d'orgue, tout ce mouvement qu'il a communiqué ; il enchaîne toutes les attentions ; il suspend tous les bras, tous les souffles, écoute un instant le silence..., et redonne plus ardente carrière au tourbillon qu'il a dompté.

> Luctantes ventos tempestatesque sonoras
> Imperio premit, ac vinclis et carcere frenat.

Et dans les grands *adagio*, est-il heureux de se bercer ollement sur son beau lac d'harmonie, prêtant l'oreille ux cent voix enlacées qui chantent ses hymnes d'amour, u semblent confier ses plaintes du présent, ses regrets u passé, à la solitude et à la nuit ! Alors souvent, mais eulement alors, l'auteur-chef oublie complètement le pulic ; il s'écoute, il se juge ; et si l'émotion lui arrive, paragée par les artistes qui l'entourent, il ne tient plus compte es impressions de l'auditoire, trop éloigné de lui. Si son œur a frissonné au contact de la poétique mélodie, s'il senti ses yeux, s'il a vu les yeux de ses interprètes se oiler de larmes furtives, le but est atteint, le ciel de l'art i est ouvert, qu'importe la terre !... »

XXI

Musique employée dans le traitement de l'aliénation mentale. — Expériences isolées. — Expériences faites dans des hôpitaux. — Obsession musicale.

La musique a sur les sentiments et les idées de l'homme dans l'état de santé une influence incontestable. Cette vérité, reconnue de tout temps a de tout temps aussi conséquemment inspiré le désir d'appliquer cette influence au traitement des maladies mentales. La théorie était d'ailleurs logique : puisque les combinaisons de sons, disait-on, agissent si puissamment sur l'esprit sain et bien portant, c'est que l'esprit, d'une manière générale, a une aptitude naturelle et particulière à entrer en relation avec les sons ; il y a action, ébranlement, et cet ébranlement devra se reproduire, à un degré ou à un autre, même dans l'esprit malade et privé d'équilibre : les secousses ne seront peut-être plus raisonnables ; peut-être produiront-elles des résultats bizarres, opposés à ceux qu'elles produisent d'habitude, mais en tout cas ce seront des résultats, et rien ne dit qu'il n'y aura pas moyen d'en tirer parti et de provoquer une réaction salutaire.

En tout cas la pratique a souvent donné raison à la théorie, assez souvent même pour que l'on ait construit sur un certain nombre de faits bien avérés des systèmes qui ont toutes les apparences de la raison et dont l'application a parfois rendu de grands services.

Le grand médecin Celse, qui vivait au siècle d'Auguste entre autres moyens d'agir sur l'esprit des aliénés, conseillait la *symphonie* (nom d'un instrument peu déterminé, mais sans doute sonore), le son des cymbales et autres instruments

Fig. 118. — Saül et David, d'après Baudry.

ments bruyants. Cœlius Aurelianus, également médecin, parle des bons effets que peut produire l'excitation de la musique lorsqu'on en fait une judicieuse application. Les mémoires, les traités sur le même sujet abondent dans les temps plus récents, et de nos jours ils ont une bibliographie considérable. Aujourd'hui il est avéré que les médecins aliénistes les plus sérieux essayent dans certains cas de la musique comme moyen thérapeutique et en retirent de bons effets.

Prenons donc chez les anciens et chez les modernes des exemples intéressants; ils ne manquent certes pas; il n'y a qu'à choisir.

« L'Esprit de l'Éternel, est-il dit dans la Bible, se retira de Saül, et un mauvais esprit envoyé par l'Éternel le troublait.

« Et les serviteurs de Saül lui dirent : Voici maintenant, un mauvais esprit envoyé de Dieu te trouble.

« Que le Roi notre Seigneur dise à ses serviteurs qui sont devant toi, qu'ils cherchent un'homme qui sache jouer de la harpe; et, quand le mauvais esprit, envoyé de Dieu, sera sur toi, il en jouera, et tu en seras soulagé.

« Saül donc dit à ses serviteurs : Je vous prie, trouvez-moi un homme qui sache bien jouer des instruments, et amenez-le-moi.

« Et l'un de ses serviteurs répondit et dit : Voici, j'ai vu un fils d'Isaï Bethléhémite, qui sait jouer des instruments, et qui est fort, vaillant et guerrier, qui parle bien, el homme, et l'Éternel est avec lui.

« Alors Saül envoya des messagers à Isaï, pour lui dire : 'nvoie-moi David, ton fils, qui est avec les brebis.

« Et Isaï prit un âne chargé de pain, et un baril de vin, 't un chevreau de lait, et il les envoya à Saül par David, on fils.

« Et David vint vers Saül, et se présenta devant lui; et aül l'aima fort, et il en fit son écuyer.

« Et Saül envoya dire à Isaï : Je te prie que David deeure à mon service, car il a trouvé grâce devant moi.

« Quand donc le mauvais esprit, envoyé de Dieu, était

sur Saül, David prenait sa harpe, et il en jouait ; et Saül en était soulagé et s'en trouvait bien, parce que le mauvais esprit se retirait de lui. »

C'est ainsi que dans les temps modernes, Philippe V, roi d'Espagne, ne pouvait être distrait de ses accès d'hypocondrie que par les accents enchanteurs du célèbre Carlo Broschi, dit Farinelli, le meilleur élève de l'illustre Porpora. On sait que ce prince était tombé dans une mélancolie qui lui faisait négliger non-seulement les devoirs de son gouvernement, mais le soin même de sa personne. Farinelli venait d'arriver à Madrid; la reine voulut essayer sur son époux l'effet de la musique, et la voix de ce chanteur merveilleux agit sur l'esprit du roi avec une telle puissance qu'il parut sortir tout à coup d'un long rêve, qu'il se laissa raser et habiller, et qu'il consentit à aller au conseil de ses ministres, ce qu'il n'avait pas fait depuis longtemps.

L'aventure de la princesse Belmonte est du même genre. Elle est peut-être moins connue, mais elle semble tout aussi authentique. La princesse venait de perdre son mari, et cette mort l'avait plongée dans un désespoir, qui était devenu de la stupeur. Depuis un mois elle ne pouvait ni parler ni pleurer. Cette inertie physique et morale allait s'aggravant tous les jours, et l'affaiblissement de la raison amenait peu à peu l'anéantissement de la vie. On portait tous les soirs la malade dans ses jardins qui étaient célèbres par leur beauté; mais elle restait indifférente à tout et ne semblait même pas comprendre où elle se trouvait. Raff, le plus grand chanteur de l'Allemagne, qui passait à Naples, voulut visiter ces jardins. Une des femmes de la princesse pria le grand artiste de chanter près du bosquet où elle se trouvait étendue. Raff y consentit et chanta un air simple, mais expressif et touchant. La mélodie, les paroles, la voix de l'artiste, tout se réunit pour remuer profondément l'âme de la princesse. Les larmes lui jaillirent des yeux; elle pleura plusieurs jours et fut sauvée.

Jacques Bonnet édita au commencement du dix-huitième siècle l'*Histoire de la musique et de ses effets*, dont les matériaux avaient été rassemblés par son frère Pierre Bonnet, médecin de la duchesse de Bourgogne, et par leur oncle, l'abbé Bourdelot. Il y raconte, entre autres, qu'étant à la Haye, en 1688, un de ses amis, qui était écuyer du prince d'Orange, lui fit entendre dans la chambre du prince un petit concert composé seulement de trois excellents musiciens. Il lui dit que c'était la *potion cordiale* dont son maitre se servait pour dissiper la mélancolie ou pour se soulager, quand il était malade.

Un médecin du même pays guérit un cas de folie par le bal et la musique. Nous laisserons Grétry raconter et garantir l'aventure.

« Je sais qu'un médecin hollandais, dit-il dans ses essais sur la musique, guérit radicalement un fou par le régime que je vais dire..... Le jeune homme qu'on lui mit entre les mains était sain de corps ; le médecin crut que c'était par des études forcées qu'il avait perdu la raison, car il écrivait sans cesse ; et pour le voir calme en apparence, ses parents étaient obligés de lui fournir autant de papier qu'il en pouvait barbouiller. « Invitez vos amis, dit le médecin ; donnez dès demain un bal ; que la musique soit formidable ; outre les violons, les flûtes, les basses, que le cor, la trompette, le tambour exécutent les contre-danses ; ayez de bon vin vieux, je veux qu'il en boive et qu'il s'enivre ; ne l'invitons point à se rendre dans la salle du bal ; je veux que ce soit le bruit, la gaieté qui l'y attirent : s'il s'y rend, alors ne faisons pas attention à lui, mais que les plus jolies femmes l'invitent à boire jusqu'à ce qu'il soit ivre-mort. Après ce premier essai, je vous dirai s'il faut continuer le même régime. » Tout fut exécuté selon l'ordonnance. Le jeune homme écrivant dans sa chambre en présence d'une personne qui l'observait n'entendit pas 'abord le fracas du bal ; bientôt il quitta sa plume, et fut lusieurs fois écouter à sa porte ; il prit enfin son parti t se rendit au bal. Alors, sans le regarder la gaieté redoubla (il n'y eut que sa mère qui sans doute pleurait dans n coin) ; les plus jolies femmes, celles qu'on savait qu'il référait, vinrent en souriant lui offrir le nectar qui troubla pour la première fois la raison du patriarche Noé : il en but beaucoup et s'endormit dans un fauteuil. Le médecin voulut qu'on le laissât dans la salle du bal tout le temps de sa durée, c'est-à-dire jusqu'au lendemain matin. « C'est à présent, dit-il, que l'impression qui a aliéné sa raison commence à se détruire par une autre impression tout opposée ; que la musique soit toujours forte et animée ; réjouissez-vous de bon cœur, j'espère que vous le guérirez. Tout le temps où vous le voyez assoupi, tranquille, et surtout détourné de sa manie d'écrire ; chaque minute où nous pouvons l'absorber, l'éloigner de ce qui l'occupe trop, est un baume pour son imagination. Dès que votre bal aura fini, s'il dort encore, je resterai près de lui ; je veux être présent à son réveil. » En effet, il dormit tout le reste de la nuit et du bal ; en s'éveillant il était seul avec le médecin, et le jeune homme avait toute sa raison, parce qu'il avait cessé pendant quelques heures de songer à ses écritures. — Où suis-je? dit-il. Que m'est-il arrivé ? — On a dansé toute la nuit chez votre père, lui dit le médecin, et vous vous êtes bien amusé. — Ah ! — Comment vous portez-vous ? — J'ai mal à la tête. — J'ai vu que telles et telles dames vous engageaient à boire un peu trop souvent. — Ah ! c'est cela ; je vais retourner à ma chambre. — Allons-y ensemble. — Ah ! voilà mes papiers, il faut que j'écrive. — Écrivez, je vais prendre un livre. Il écrivit quelques lignes, regarda le médecin, qui feignit de ne pas prendre garde à lui ; alors il déchira plusieurs de ses papiers, fut se mettre au lit, et s'endormit de nouveau. Le médecin passa chez les parents du jeune homme. « La fatigue, dit-il, l'assaut que j'ai livré à sa pauvre tête, « ne lui laissent plus l'envie ni la faculté d'écrire ; il est allé « se coucher, et il dormira longtemps. Vous savez ma « recette, recommencez votre bal dès ce soir, après quoi « nous laisserons un jour ou deux d'intervalle avant de « lui en donner d'autres. » Le Hollandais qui m'a conté ce fait m'a assuré que le jeune homme guérit radicalement au bout de quinze jours. »

Les mémoires de l'Académie des sciences de Paris fournissent des exemples de guérisons remarquables : faisons-leur quelques emprunts :

« Un musicien illustre, grand compositeur, fut attaqué d'une fièvre qui, ayant toujours augmenté, devint continue avec des redoublements. Le septième jour, il tomba dans un délire très-violent et presque sans aucun intervalle, accompagné de cris, de larmes, de terreur et d'une insomnie perpétuelle. Le troisième jour de son délire, il demanda à entendre un petit concert dans sa chambre ; son médecin n'y consentit qu'avec beaucoup de peine. On lui chanta les cantates de Bernier. Dès les premiers accords qu'il entendit, son visage prit un air serein, ses yeux furent tranquilles, les convulsions cessèrent absolument ; il versa des larmes de plaisir, et fut sans fièvre durant tout le concert ; mais, dès qu'on l'eut fini, il retomba dans son premier état. On ne manqua pas de continuer l'usage d'un remède dont le succès avait été si imprévu et si heureux. La fièvre et le délire était toujours suspendus pendant le concert ; et la musique était devenue si nécessaire au malade que la nuit il faisait chanter la personne qui était auprès de lui. Enfin dix jours de musique le guérirent entièrement sans autre secours qu'une saignée du pied qui fut la seconde pendant sa maladie[1]. »

« Un maître à danser d'Alais, en Languedoc, s'étant, pendant le carnaval de 1708, excessivement fatigué par les exercices de sa profession, fut attaqué d'une fièvre violente. Le quatrième ou le cinquième jour, il tomba dans une léthargie dont il fut longtemps à revenir. Ce ne fut que pour entrer dans un délire furieux et muet, pendant lequel il faisait des efforts continuels pour sauter hors de son lit, menaçait de la tête et du visage ceux qui l'en empêchaient. Il refusait obstinément, et toujours sans parler, tous les remèdes qu'on lui présentait. Le maire de la ville, qui le vit dans cet état, soupçonna que peut-être la musique pourrait un peu remettre cette imagination déréglée ; il en fit la proposition au médecin. Celui-ci ne désapprouva pas

---

[1]. Cité par le docteur H. Chomet, dans son livre : *Effets et influence de la musique sur la santé et la maladie.*

l'idée; mais il craignait le ridicule de l'exécution qui aurait été encore infiniment plus grand si le malade fût mort dans l'application du remède. Un ami du maître à danser, que rien n'assujettissait à tant de ménagements, et qui savait jouer du violon, prit celui du malade pour jouer les airs qui lui étaient les plus familiers. On le crut plus fou que celui qu'on gardait dans le lit, et l'on commençait à le charger d'injures, lorsque le malade se leva sur son séant comme un homme agréablement surpris, et tentait avec ses bras de battre la mesure. Mais comme on les lui retenait avec force, il ne pouvait marquer que de la tête le plaisir qu'il ressentait. Peu à peu cependant, ceux-mêmes qui lui tenaient les bras se relâchèrent de la violence avec laquelle ils le serraient et cédèrent aux mouvements du malade qui bientôt recouvra la raison. Enfin, au bout d'un quart d'heure, il s'assoupit profondément et eut pendant ce sommeil une crise qui le tira d'affaire [1]. »

Donnons maintenant quelques exemples de la musique employée systématiquement comme moyen curatif dans des réunions d'aliénés. Voici ce qu'on lit dans un rapport des plus intéressants fait au conseil général des hôpitaux par M. Ulysse Trélat.

« Dans la maison des fous d'Aversa, près de Naples, les aliénés vivent autant que possible en commun, se promènent sous des ombrages, sur des gazons, au milieu des fleurs. Les grilles des jardins, les barreaux des fenêtres, artistement travaillés et peints, représentent des joncs, des herbages, des roses, des œillets, des lis. Ceux qu'ils renferment sont des êtres craintifs, souffrants, sombres, malheureux, irritables : leurs tristes regards ne doivent rencontrer que des objets riants. Des sons flatteurs et doux frappent seuls leur oreille pour les distraire de leur mélancolie ou calmer leur emportement.

« L'hôpital entier n'est composé que de musiciens : chaque nouveau venu choisit un instrument. Ils vont au réfectoire en musique, au bruit des fanfares; c'est à ce

---

1. *Effets et influence de la musique sur la santé et sur la maladie.*

prix qu'on dîne, et chaque pensionnaire est symphoniste afin d'être convive.

« Ce que je dis là, je l'ai vu. Je visitais la maison d'Aversa en 1825. Dans une petite chambre bien meublée, et dont la vue donnait sur la campagne, se trouvait sur un lit de repos un jeune homme avec la camisole de force.

« C'est notre premier violon, me dit le docteur à l'oreille ; malheureusement il vient d'être saisi d'un accès qui finit à peine : vous ne pourrez l'entendre. » Nous continuâmes notre visite qui finit au salon de musique. Une jeune femme et deux hommes d'un âge mûr s'y trouvaient. « Voici d'autres artistes, dit le docteur ; quel dommage que Geronino ne puisse venir ! Essayons pourtant ! » On l'alla chercher.

« Il vint ; ses jambes pliaient sous lui. Sa vue paraissait trouble, incertaine. Il se plaça cependant derrière la femme qui tenait le piano, et le quatuor commença. — Vains efforts ! — Les mains du pauvre Paganini tremblaient, l'archet ne pouvait rencontrer les cordes. Nous désespérions de l'entendre, quand le solo de violon commença. Le regard de l'artiste alors devint plus sûr, son bras plus docile ; l'œil lut la note, l'instrument rendit le son, et l'exécution fut juste, sinon parfaite. — « C'est bien, Geronino, dit le docteur, je suis content. — Oh ! tant mieux ; ramenez-moi ; je me sens mieux, mais j'aurais besoin de repos. »

Plus loin, l'auteur raconte ce qui se fait à la Salpêtrière :

« Dans un des coins de cet asile végétait une pauvre fille rachitique, cul-de-jatte, aveugle, imbécile. Privée de la clarté et de la raison..., privée de mouvement, elle semblait tombée au dernier échelon d'une nature abâtardie. L'attentif docteur (M. Trélat) conçoit la bienfaisante pensée de la faire porter aux leçons de musique. On chante, elle écoute, elle tressaille ; une inconcevable expression anime tout à coup ses traits si longtemps immobiles ; les chants cessent. O surprise ! D'une voix pure, d'une mémoire fidèle, elle redit les paroles et le chant. On s'étonne, on l'entoure. Bientôt elle apprend avec méthode ; bientôt c'est elle qui aide et forme ses compagnes. Cet être misérable, qui n'entendait que bien rarement encore des mots de pitié, reçoit des éloges ; elle ne peut en cacher sa joie, et cette joie, d'une nature si naïve, éclate en rires inextinguibles.

« Vous venez d'assister en quelque sorte aux merveilles de la création, le souvenir va vous offrir pour ainsi dire d'autres prodiges. Une jeune insensée était depuis cinq ans à la Salpêtrière, plus incurable qu'aucune de celles qu'on y trouve. On lui parle, pas de réponses. On la touche, insensible. Elle vit seule au sein de cette foule agitée, ne comprenant pas plus ses peines qu'elle n'aurait compris ses plaisirs et ses joies, paraissant vivre encore, mais sans penser ni sentir. *Chantez*, lui avait-on dit, et le pauvre être n'avait pas compris ; il avait gardé le silence. On chanta devant elle, et ce fut autre chose. A son tour alors elle chanta ; mais c'étaient des fins de phrases dont rien n'indiquait le commencement ; c'était comme une musique qui n'avait jamais été écrite, comme des harmonies errantes dans l'air et saisies au passage, comme des sons vagues, interrompus, mais touchants, que le timbre argentin de la voix la plus fraîche répétait à de longs intervalles. On ne pouvait l'entendre sans être ému. « Mlle Vincent, dit M. Trélat, avait donc encore un lien moral avec ses semblables. Ce lien moral une fois retrouvé, nous en fera-t-il ressaisir d'autres ? »

Dreyfus, élève de Wilhelm, donnait des leçons de musique à la Salpêtrière. On sait qu'à Bicêtre la musique était également employée dans le traitement de l'aliénation mentale, de l'hypocondrie et de la monomanie ; et l'on peut citer une curieuse expérience faite à ce propos par le docteur Leuret, directeur du service de santé de cette maison.

Il y avait en 1840 dans son service un ancien musicien que des craintes exagérées avaient plongé dans l'accablement le plus profond. A la suite d'une plaisanterie de quelques-uns de ses amis, il devint triste et taciturne ; il se crut déshonoré, poursuivi par la police; bientôt il ne vit partout que gendarmes et sergents de ville, et pour leur échapper il se jeta dans le canal de l'Ourcq. On l'en retira heureusement, et le lendemain on le conduisit à Bicêtre.

Pendant trois mois il resta plongé dans une profonde apathie. On le voyait assis des heures entières sur une chaise, le corps en avant, gardant un calme stupide. Il vivait ou plutôt végétait sans tristesse, mais sans réflexion. La contrainte était nécessaire pour le faire lever, marcher, manger. Enfin, un jour, le docteur Leuret se procure un violon et lui propose d'en jouer. Il refuse. On le conduit à la salle de bains où se trouvait un autre malade qui reçoit la douche devant lui. On lui laisse alors le choix de la *douche* ou du *violon*. Après de longues hésitations, il se décide pour le violon. Il joue de son propre mouvement le premier couplet de la *Marseillaise*. Puis il s'arrête; puis il joue les autres couplets, sans trop se faire prier cette fois. Cette concession obtenue était déjà beaucoup; mais cela ne suffit pas. On le conduit dans une salle particulière où se trouvaient réunis quelques autres malades. Il se présente des chanteurs. On le charge de les accompagner sur son violon. Il le fait pendant plus d'une heure. Les jours suivants il continue, quoique d'assez mauvaise grâce d'abord; mais bientôt sa figure s'anime, son jeu devient plus actif, ses manières sont plus libres. Il consent volontiers à servir de guide à quelques-uns de ses camarades que le docteur Leuret voulait faire chanter en chœur. Enfin, deux mois après avoir pris un violon de si mauvaise grâce, il sort complètement rétabli et sans avoir subi aucun traitement physique.

La musique passe à l'état régulier dans l'hospice. Elle est même imposée aux malades dans certaines conditions. On fait d'abord des cours réguliers, puis on organise de grandes réunions musicales soit dans une vaste salle, soit dans un jardin où l'on était assis commodément, à l'ombre de grands arbres; et l'on y adjoint même des aveugles qui accompagnent le chant.

On pourrait citer comme un modèle du genre l'établissement d'aliénés d'Illenau, près d'Achern, dans le grand-duché de Bade, et qui dès 1845 avait conquis une grande réputation. M. Maxime Ducamp, qui en parle dans son ouvrage sur Paris, fait le plus grand éloge du docteur Roller, fondateur et directeur de cet établissement. Homme d'intelligence et de dévouement, doué d'une grande charité et d'un esprit vraiment philosophique, le docteur avait immédiatement compris qu'avec les fous le régime moral et les bons traitements sont ce qu'il y a de plus puissant. Aussi voit-on des promenades de botanique élémentaire, des lectures en commun et des *concerts fréquents* institués comme moyens réglementaires de thérapeutique.

Il serait fort difficile d'expliquer pourquoi et comment la musique exerce une pareille influence sur les malheureux privés de la raison. On a imaginé à ce sujet beaucoup de théories psychologiques et physiologiques dans lesquelles abondent les hypothèses les plus ingénieuses. Ce sont des lectures intéressantes, instructives même à certains égards, à cause des idées qu'elles font naître; mais il faut bien avouer que les faits purs et simples sont la seule chose incontestable en pareille matière. C'est toujours l'éternelle question des rapports du physique et du moral, question soulevée et débattue à toutes les époques, tranchée même par les uns dans un sens et par les autres dans un sens opposé, mais nullement résolue, malgré les affirmations confiantes ou les négations hautaines. Les phénomènes les plus habituels, les plus fréquents sont encore à expliquer.

Qu'y a-t-il, par exemple, de plus fréquent, de plus habituel et aussi de plus inexplicable que l'*obsession musicale*, cette persistance dans la mémoire d'un son, d'un air, d'un accord? Cette persistance peut même devenir pénible, lorsque la sensation est trop forte; mais ce qui est bien plus curieux, quand la sensation est, au contraire, assez vague pour que l'esprit ait besoin de faire effort afin de retrouver l'accord ou l'air, il en résulte une tension de mémoire qui va jusqu'à la souffrance : on est dans un singulier état qui se rapproche beaucoup de ces rêves, où l'on ne sait trop si l'on poursuit ou bien si l'on est poursuivi, mais où l'on se sent dominé par une puissance mystérieuse, supérieure à votre libre arbitre. L'air ou l'accord cherché revient-il à la mémoire? immédiatement on éprouve un véritable soulagement : il se produit dans le cerveau une détente qui repose et satisfait.

Un soir, dit-on, où quelques amis s'étaient réunis chez Mozart, l'un deux, peu d'instants avant de partir, posa machinalement les doigts sur le clavecin qui était ouvert, frappa doucement plusieurs accords qui s'enchaînaient, et, dérangé par une raison quelconque, s'interrompit tout à coup et sortit, sans avoir donné de conclusion à sa phrase harmonique. Les amis de Mozart partirent l'un après l'autre, et, comme il était tard, Mozart, une fois seul, se mit au lit. Mais ce fut en vain qu'il essaya de dormir; il éprouvait un sentiment pénible de gêne et d'inquiétude indéfinissables, qui le tenait éveillé, et depuis longtemps, déjà il ne faisait que se tourner et se retourner, lorsque, tout à coup et presque malgré lui, il bondit hors de son lit, alla droit à son clavecin et frappa l'accord oublié qui terminait pleinement la série interrompue. Il se recoucha alors et s'endormit immédiatement.

Si cette histoire n'est pas authentique, elle n'en est pas moins d'une vraisemblance absolue, car il n'est personne, si peu musicien qu'il soit, qui n'ait éprouvé la même sensation de gêne, lorsque par hasard un morceau de musique était interrompu au moment où l'on allait entendre l'accord marquant la tonalité. S'il n'est pour ainsi dire personne qui puisse se dérober à cette impression, que sera-ce lorsqu'elle sera subie par une organisation musicale exquise comme celle d'un Mozart? Elle deviendra assurément du malaise et même de la souffrance.

Il est donc bien évident que la musique exerce une action puissante sur le cerveau, et qu'il y a une persistance des sons comme il y a une persistance des images et des idées. « Lorsque je compose le soir, dit Grétry, la nuit ne suffit pas pour me faire oublier le ton du morceau que j'ai fait en tout ou en partie ; avant de toucher mon piano, si j'y rêve le matin, je suis exactement et constamment dans le ton. »

Le même Grétry raconte ailleurs comment il fut persécuté par l'idée de finir un morceau de musique commencé, et ce besoin, qui devenait littéralement douloureux, doit être considéré comme une véritable obsession musicale et peut servir à faire comprendre quelle influence puissante et quelle domination exclusive la musique parvient à posséder sur les idées et la mémoire. Il y a là un état mental particulier qui a dû fournir plus d'un raisonnement aux médecins aliénistes.

« Je n'ai jamais entendu, dit Grétry, le chœur des *Janissaires : Ah! qu'il est bon, qu'il est divin!* sans une peine extrême ; les tourments que ce morceau m'a fait souffrir en le composant en sont la cause.

« J'étais conduit aux portes du tombeau par de violents accès de fièvre que j'éprouvais depuis un mois, lorsque l'auteur des *Deux Avares* se présenta chez moi : on lui dit que j'étais très-mal : cependant, comme je fus le premier à lui parler de l'ouvrage que nous venions de terminer, il glissa sous mon chevet une lettre cachetée, en me recommandant de ne point l'ouvrir que ma santé ne fût rétablie. Tout le monde connaît l'inquiétude que donne un paquet cacheté ; je l'ouvris derrière mes rideaux, et je trouvai le chœur des *Janissaires*, que l'auteur disait nécessaire à sa pièce, et qu'il me priait de mettre en musique le plus tôt possible. Il fut obéi : dans l'instant j'y travaillai malgré moi. Je crus, après m'être débarrassé de ce fardeau, retrouver le repos qui m'était nécessaire ; mais non, la crainte d'oublier ce que je venais de faire me poursuivit pendant quatre jours et quatre nuits. J'entendais exécuter ce chœur avec toutes ses parties ; j'avais beau me dire qu'il était impossible que je l'oubliasse ; j'avais beau m'occuper fortement de quelque autre objet pour me distraire, j'entrais inutilement dans les détails d'une partition, en me disant, les violons feront ce trait, les bassons soutiendront cette note, les cors donneront ou ne donneront pas, etc. Après quelques minutes, un orchestre infernal recommençait encore : *Ah! qu'il est bon, qu'il est divin!* Mon cerveau était comme le point central autour duquel tournait sans cesse ce morceau de musique sans que je pusse l'arrêter. Si l'enfer ne connaît pas ce genre de supplice, il pourrait l'adopter pour punir les mauvais musiciens. Pour me préserver d'un délire mortel, je crus qu'il ne me restait d'autre remède que d'écrire ce que j'avais dans la tête ; j'engageai mon domestique à m'apporter quelques feuilles de papier ; ma femme, qui était sur un lit de repos à mes côtés, s'éveilla et me crut agité d'un délire semblable à celui que j'avais eu quelques jours auparavant ; j'eus peine à lui persuader l'horreur de ma situation et les fruits que j'attendais de mon travail ; j'achevai la partition au milieu de ma famille muette, après quoi je rentrai dans mon lit, où je trouvai le repos. »

XXII

Effets de la musique (suite). — Effets curatifs de la musique dans les maladies proprement dites. — Fables à ce sujet. — La tarentule et le tarentisme. — Histoires vraies. — Effets physiologiques de la musique. — Le rhythme calme et repose. — Il donne aussi de la force et excite. — Pouls obéissant au rhythme.— Musique employée contre l'insomnie. — *Berceuses*. — Mécène.

L'action de la musique sur l'esprit sain ou malade a donc été observée et utilisée de bonne heure, on pourrait presque dire, de tout temps. C'est là un fait incontestable. Ce qui est au moins aussi ancien, c'est l'application de la musique au traitement des maladies physiques proprement dites, mais sur ce point il faudrait être fort défiant. Les hommes ont une grande tendance à raisonner par analogie : ce mode de raisonnement, qui a du bon, ne laisse pas cependant que d'être défectueux : il est flatteur pour l'esprit, et il arrive promptement à une conclusion, malheureusement il est parfois spécieux et artificiel ; en mainte occasion il n'a pas d'autre valeur que celle d'une comparaison ingénieuse, et, comme on l'a dit, comparaison n'est pas raison. Toujours est-il que des philosophes, des savants, des médecins sérieux ont eu non-seulement dans l'antiquité, mais dans des temps plus modernes, une grande confiance dans les vertus thérapeutiques de la musique. Nous citerons quelques exemples donnés par différents auteurs, mais à titre de simples documents ou d'pinions curieuses, bien entendu, et non comme des fait dont il faille tirer des inductions indiscutables.

Pindare, dans une de ses odes, raconte qu'Esculape traitait certains malades en leur faisant entendre des chant agréables et mollement voluptueux. Il est vrai qu'Esculap était un dieu; mais Pindare, en sa qualité de poëte, a évidemment voulu personnifier la médecine, et n'a été que l'écho des opinions qui avaient cours de son temps sur les effets curatifs de la musique.

Homère, Théophraste, Athénée, Plutarque, Galien, Aulugelle croyaient que la musique guérissait la peste, les rhumatismes, la sciatique, la goutte, la piqûre des scorpions et la morsure des vipères. Démocrite nous apprend que le son de la flûte est un remède spécial contre la peste. Thalétas de Crète, le poëte musicien, se servit de la musique des flûtes, selon la tradition, pour délivrer Sparte de cette maladie. Et à propos de flûtes, Cœlius Aurélianus cite un flûtiste qui calmait les douleurs de goutte en communiquant par ses airs à la partie malade une espèce de palpitation et de sautillement. Élien parle de gens qui, étant malades, apprirent la musique, recouvrèrent la santé et augmentèrent leurs forces.

Dans les temps plus modernes, au dix-septième et au dix-huitième siècle, par exemple, on retrouve la même foi dans la puissance curative de la musique. Des médecins et des savants comme Diemerbrœck, Baglivi, Kircher, Haffenreffer, Jacques Bonnet, Desault parlent avec conviction des heureux effets obtenus par l'emploi de la musique dans le traitement de la goutte, de la peste, de la phthisie, de l'hydrophobie, de la morsure des bêtes venimeuses.

En fait d'animaux venimeux, il en est un qui a été particulièrement étudié, et dont la bibliographie est même assez onsidérable. Nous voulons parler de la tarentule, espèce 'araignée de grosse taille qui se trouve surtout dans l'Itaie méridionale, aux environs de Tarente, et dont la piûre ne semble pas absolument inoffensive. Des charlaans ont souvent exploité l'ignorance et la crédulité poulaires au sujet des prétendus effets de cette piqûre, our employer la musique à sa guérison. Il s'est fabriqué la longue sur ce sujet des traditions et des légendes qui, force d'être répétées, ont fini par acquérir une certaine onsistance, et il ne faut pas trop s'étonner que des hommes érieux aient traité sérieusement une chose dont tout el monde parlait, que tout le monde affirmait être véritable. N'oublions pas que la grande méthode scientifique de l'observation et de l'expérimentation n'était encore qu'à son berceau, et que l'hypothèse régnait en souveraine dans les sciences physiques et naturelles. Aussi voit-on un Kircher, dans son *Ars magnetica*, parler doctrinalement de la tarentule, du tarentisme, et des instruments de la musique en usage pour la cure de cette maladie. Il est vrai que Kircher est assez crédule, malgré sa science, et qu'il s'occupe plus souvent de compiler que de critiquer. Mais Baglivi, médecin et anatomiste non-seulement célèbre, mais réellement instruit, disserte amplement de la cure musicale de la susdite piqûre; il demeurait pourtant en Italie et était parfaitement placé pour vérifier les faits. Mais Richard Mead, une des autorités de la science médicale en Angleterre pendant la première moitié du dix-huitième siècle, parle de la guérison de la piqûre de la tarentule par la musique. Il est vrai qu'il revint plus tard sur ce qu'il avait dit d'abord, et qu'il eut la franchise de rétracter des opinions qui lui paraissaient erronées; toutefois ses théories, si fausses qu'elles pussent être, avaient conquis une certaine influence, à tel point que son traité *De tarentula* était traduit en français par Coste, médecin de l'hôpital royal et militaire de Nancy. Haffenreffer, professeur à Ulm, dans son traité des maladies de la peau, consacre un long chapitre de son ouvrage à l'exposition très-méthodique des différentes pratiques musicales les plus convenables contre la piqûre de la tarentule; il a même la naïveté de noter les airs les plus efficaces en pareille occurrence. Cette croyance était tellement ancrée dans les esprits qu'elle a trouvé, même dans notre siècle, sinon un défenseur, du moins un interprète et un vulgarisateur. On trouve en effet dans la *Décade philosophique littéraire et politique, an X de la République*, un poëme sur les insectes, composé par Etienne Aignan, qui fut plus tard membre de l'Académie française. La description des effets de la musique sur la piqûre de la tarentule occupe une partie du quatrième chant de ce poëme.

La croyance populaire relative aux symptômes du tarentisme et à sa cure par la musique peut se résumer dans les traits suivants : d'abord besoin instinctif et irrésistible de chanter, de rire et de pleurer sans motif et d'une manière immodérée; puis somnolence léthargique; puis excitation violente, si l'on joue certains airs à la personne malade; danse et sauts désordonnés et involontaires; enfin fatigue extrême, sueurs abondantes et terminaison heureuse du mal.

Il n'y a rien de bien sérieux dans toutes ces assertions. La piqûre de la tarentule, mieux étudiée par des médecins philosophes, a perdu son caractère fantastique et légendaire et s'est trouvée réduite, comme effets, ou à un peu de fièvre, ou à quelques taches et boutons, ou à quelques fourmillements plus ennuyeux que dangereux. Et encore ces conséquences ne sont-elles pas données par les observateurs comme absolument nécessaires. Quant au traitement musical, il est facile à expliquer : qu'on se rappelle ce que sont les gens du peuple dans les pays méridionaux : superstitieux, d'une imagination ardente et peu réglée, fort disposés d'ailleurs à s'agiter et à gesticuler pour la moindre raison et même sans aucune raison, il est tout naturel que certains airs d'un rhythme vif et emporté agissent sur eux d'une façon puissante, surtout lorsqu'ils attachent à ces mêmes airs une idée mystérieuse : d'ailleurs certaines pratiques des cultes orientaux, la danse des derviches tourneurs, par exemple, qui pivotent jusqu'à épuisement de leurs forces, indiquent jusqu'où peut aller le délire du mouvement, quand l'imagination est montée. Dans le tarentisme, la musique ne sert qu'à précipiter la danse, qu'à exagérer l'agitation corporelle et, par conséquent, à procurer au soi-disant malade une transpiration abondante. Or on sait que l'effet des morsures des bêtes venimeuses est combattu dans une certaine mesure par des remèdes sudorifiques, et plus d'un médecin de nos pays, même dans les cas de morsure de vipère, recommande la marche forcée et rapide, poussée jusqu'à la transpiration excessive comme un excellent adjuvant de la cautérisation.

Par conséquent, si la piqûre de la tarentule a quelques inconvénients, ce qui n'est pas démontré, il est bien possible que la musique aide à les faire disparaître, mais il est évident que ce n'est qu'à titre de sudorifique. Une infusion bien chaude, des couvertures en nombre suffisant feraient le même effet, mais ce serait trop simple pour des esprits amis du merveilleux.

Le célèbre physicien Giambattista Porta, qui vécut pendant la seconde moitié du seizième siècle et les premières années du dix-septième, conçut à propos des effets curatifs de la musique une théorie qui semble empruntée aux rêveries les plus creuses du moyen âge : il voulait que l'on fabriquât des instruments avec le bois des plantes médicinales, et affirmait que ces instruments produiraient une musique possédant les propriétés spéciales des susdits bois. Il ne faut pas oublier que ce Porta, qui était un observateur pénétrant et un habile et ingénieux expérimentateur, eut toute sa vie un goût démesuré pour les bizarreries, les études occultes, et tomba même plus d'une fois dans les puérilités. Après avoir fondé l'Académie des *Otiosi* à Naples, il fonda celle des *Secreti*, pour la recherche des secrets utiles à la médecine ou à la philosophie naturelle. Les manœuvres de cette société, dont le nom avait déjà quelque chose de mystérieux, parurent bientôt peu orthodoxes, et le pape Paul IV la supprima par une bulle, comme s'occupant d'*arts illicites*.

Il y a donc beaucoup à rabattre de tout ce qu'on a dit au sujet de la thérapeutique musicale ; il y a cependant nombre de faits incontestables et qui s'expliquent naturellement. La musique agit d'une manière spéciale sur l'imagination, comme nous l'avons vu ; elle agit aussi sur les nerfs, et il suffit quelquefois de calmer les uns et de charmer ou de distraire l'autre, pour faire cesser ou pour adoucir une maladie dans laquelle les nerfs et l'imagination jouent le rôle principal. Dans les maladies du système nerveux qui se manifestent par des mouvements désordonnés, des spasmes, des contractions convulsives, on conçoit que la douceur pénétrante de certaines phrases mélodiques, ou que le mouvement net et bien déterminé de certains rhythmes produisent des effets de détente ou de régularisation qui, à la longue, deviennent une sorte d'habitude et amènent de l'apaisement et du repos : or un malade qui s'est reposé se trouve toujours plus fort contre le mal à venir, et dans ces conditions la musique est un agent indirect de guérison.

Le docteur Bourdois de la Mothe raconte qu'il soignait une jeune femme en proie à une fièvre violente, contre laquelle tous les remèdes échouaient. La fièvre durait depuis dix-huit jours ; la malade ne faisait que dépérir et semblait toucher à sa dernière heure. Le médecin aperçut une harpe dans l'appartement, et l'idée lui vint, puisque la situation était désespérée, de faire une dernière et étrange tentative. Une excellente harpiste vint jouer de son instrument près du lit de l'agonisante. La première demi-heure se passa sans aucun résultat ; mais on ne se lassa pas et, au bout de quarante minutes, la respiration devint plus distincte, et les membres glacés commencèrent à se réchauffer. On continua la musique ; le pouls devint plus fort, se régularisa. La poitrine, qui semblait oppressée, se souleva et laissa échapper des soupirs. Il survint une hémorrhagie nasale ; la malade reprit l'usage de la parole ; peu de jours après elle entrait en convalescence. Dodart, conseiller médecin de Louis XIV, avait déjà consigné dans les mémoires de l'Académie des sciences l'aventure d'un jeune musicien qui, malade d'une fièvre violente, fut guéri par un concert qu'on lui donna dans sa chambre.

Le docteur H. Chomet[1] rapporte un fait dont il fut témoin, et les détails mêmes avec lesquels il le raconte sont une preuve de vérité en même temps qu'un élément d'intérêt.

« Un de mes parents et amis, dit-il, docteur en médecine et grand amateur de musique, eut dans une nuit une attaque d'apoplexie. Appelé en toute hâte, je lui donnai

1. *Effets et influence de la musique sur la santé et sur la maladie.*

les premiers soins. Malgré un traitement énergique, le malade ne reprit connaissance que deux jours après l'accident. La moitié du corps était paralysée et la parole fort embarrassée; quelques jours se passèrent dans l'anxiété et la crainte d'un événement malheureux; le mieux cependant se prononça, et le malade put, tant bien que mal, exprimer ses désirs et faire connaître ses volontés. L'amélioration fut chaque jour plus sensible, mais il restait encore de l'assoupissement, quelquefois de l'agitation et très-souvent de la fièvre. Dans cet état le malade manifesta le désir d'entendre de la musique. Sa fille fut engagée à se mettre au piano, et ce ne fut pas sans inquiétude qu'elle souscrivit à la demande de son père. Aux premiers accords, celui-ci, jusque-là assoupi et taciturne, se réveilla; une expression de plaisir se répandit sur son visage, ses lèvres s'agitèrent et sourirent, et joignant les mains il semblait aspirer avec un bonheur indicible les sons qui lui venaient du salon. Pendant toute la durée du morceau de musique le calme avait été parfait, un sentiment de bien-être s'était manifesté jusqu'au soir, où le mieux, quoique moins sensible, n'avait cependant été troublé par aucun phénomène inquiétant. Ce premier essai avait procuré au malade trop de contentement et trop de soulagement pour n'être pas renouvelé. Le lendemain donc, j'assistai à la nouvelle séance, et je restai vraiment surpris et étonné des effets dont j'avais été témoin. Alors chaque jour eurent lieu de nouvelles répétitions; au caractère grave et sérieux de la musique des premiers jours succédèrent des morceaux de rhythme et de caractère différents, et le piano passa du salon dans la chambre à coucher du malade. L'amélioration se prononça chaque jour davantage, la convalescence marcha régulièrement, et la guérison fut rapide. »

Quarin, médecin de l'empereur Joseph II, raconte qu'une jeune fille épileptique entendit un jour par hasard de la musique au moment où elle ressentait les signes précurseurs d'un accès. Il se fit subitement en elle une sorte d'arrêt de son mal, dont elle n'éprouva ce jour-là que le prélude. Toutes les fois alors que l'accès allait venir, on mit la jeune fille dans les conditions où elle avait trouvé du soulagement tout d'abord, et ces mouvements nerveux, contrariés dès le début, se calmèrent peu à peu comme par l'influence d'une nouvelle habitude plus forte que l'habitude du mal.

Ces exemples, ainsi que quelques autres tout aussi authentiques qu'on pourrait citer de fièvre, d'épilepsie, de catalepsie guéries ou soulagées par la musique suffisent et au delà à montrer que ce qu'on a dit de la puissance de cet art n'était pas toujours de la fable. La question a certainement encore besoin d'être étudiée; et il y aurait de l'outrecuidance ou au moins de la légèreté à affirmer que les effets curatifs de la musique sont dus exclusivement à telle cause plutôt qu'à telle autre. Des hommes d'esprit et des savants ont parlé les uns de vibrations, les autres de fluide ; mais leurs systèmes laissent encore trop de place à l'hypothèse. Espérons qu'avec les progrès merveilleux que font chaque jour la physique, l'anatomie et la physiologie on arrivera à lever un coin du voile qui nous cache ce côté si mystérieux et si intéressant de notre nature.

La musique produit quelquefois certains effets bizarres que l'on peut ranger à la rigueur dans la classe des phénomènes cités en dernier lieu, et dont il ne serait pas impossible à un médecin observateur et philosophe de tirer parti. Un simple accord, un son unique fait éprouver à certaines personnes un trouble particulier qui ne se rattache ni à une idée, ni à un sentiment. Les unes bâillent subitement, les autres sentent un battement soudain du cœur, les autres ont tout à coup les yeux humides ; celle-ci a la gorge serrée par une brusque constriction; celle-là est près de tomber en faiblesse. La volonté, la pensée sont absentes. Est-ce du plaisir ? Est-ce de la souffrance ? On serait fort embarrassé de le dire.

Parfois même il se produit dans notre économie animale des mouvements involontaires, mais mesurés et d'une régularité étrange dans leur rhythme. Le son agit sur l'organisme comme une cause mécanique, ou *irritante*, et l'impression semble purement physiologique. Ici non plus, les faits ne manquent pas, et nous en choisirons quelques-uns que nous prendrons parmi les mieux attestés.

Le médecin. Fournier de Pescay raconte que le soir, après une journée de fatigue, lorsqu'il avait de la peine à marcher, il suffisait de l'air rhythmé de la retraite exécuté par les tambours et les fifres pour lui ranimer le pas et lui communiquer une vigueur même assez durable. Dans des promenades fatigantes, il faisait l'expérience de se chanter un air simple et d'une mesure facile et accentuée; et il assure qu'il en suivait le mouvement sans peine.

Grétry, dont la poitrine était délicate et la respiration parfois pénible, souffrait de marcher vite. Aussi lorsqu'il se promenait avec un compagnon dont le pas était trop rapide, il fredonnait un air d'un mouvement lent, et il affirme qu'il parvenait ainsi à ralentir sans difficulté cette vitesse qui le gênait.

On s'est demandé comment certains marchands pouvaient crier leur marchandise dans les rues toute la journée sans avoir l'air d'être trop fatigués le soir. Il paraît bien certain qu'ils parviennent à résister à ce dur métier en rhythmant leurs paroles et en les articulant sur une mélodie déterminée. Ils préparent ainsi leur voix à monter souvent très-haut et à produire des notes qui, lancées brusquement et sans mesure, les épuiseraient bientôt. Les compositeurs italiens appliquaient, on le sait, ce procédé avec un art infini aux morceaux de musique vocale qu'ils écrivaient, et tiraient des voix, en les ménageant et en les conduisant, des effets admirables de sonorité et de puissance.

Le rhythme d'ailleurs et la mesure semblent produire sur nous des modifications particulières et profondes, avec une mélodie insignifiante et même sans aucune espèce de mélodie. Ne calme-t-on pas les pleurs et les cris d'un enfant en lui chantant un air bien rhythmé, si monotone qu'il soit, ou même en lui exécutant avec les doigts une batterie de tambour cadencée sur des vitres ou sur le coin d'une table? Les soldats fatigués de la route ne reprennent ils pas des forces et du courage lorsque le chef donn l'ordre aux tambours de battre une marche ? Qui n'a pas entendu parler de la puissance souveraine de la monotone et terrible batterie du pas de charge ?

Les parties brutes de notre organisme obéissent aux lois du rhythme et le suivent dans certains cas avec une docilité et une régularité qui tient du prodige. Le pouls est sensible à la mesure ; on l'a remarqué plus d'une fois, et Grétry nous donne d'intéressants détails à propos d'observations faites sur lui-même à ce sujet.

« Je crois, dit-il, qu'un mouvement longtemps répété agit sur la circulation du sang. Peut-être que tous les hommes n'obtiendraient point le résultat d'une expérience que j'ai faite souvent sur moi-même.

« Je mets trois doigts de la main droite sur l'artère du bras gauche, ou sur toute autre artère de mon corps ; je chante intérieurement un air dont le mouvement de mon sang est la mesure : après quelque temps, je chante avec chaleur un air d'un mouvement différent ; alors je sens distinctement mon pouls qui accélère ou retarde son mouvement, pour se mettre peu à peu à celui du nouvel air.

« Après cela, dira-t-on que les anciens avaient tort de dire que la musique rendait furieux ou calmait les individus bien organisés et passionnés pour cet art ? »

Cette action du rhythme et de la musique sur le pouls peut faire comprendre comment on parvenait et l'on parvient encore à calmer certaines insomnies au moyen de mélodies vocales ou instrumentales. Le titre générique de *berceuses* donné à des morceaux de musique d'un mouvement lent et d'un rhythme onduleux est une indication toute naturelle du pouvoir que possède la musique pour endormir et du caractère qu'elle doit prendre pour y parvenir. Un des personnages les plus célèbres qui se soient servis de ce raffinement est Mécène, le favori et le conseiller d'Auguste. A la suite de ses querelles de ménage et de ses excès, il contracta une maladie cruelle, implacable, incurable : l'insomnie. On lui avait conseillé comme remède de boire beaucoup, et il s'en acquittait bien, mais ce moyen ne réussit pas longtemps. Il avait inventé un autre artifice plus délicat, c'était de réunir, à quelque distance de la chambre où il reposait, un orchestre dont les sons arrivaient à son oreille adoucis et à l'état de murmure. Il faut ajouter que le mal fut plus fort que le remède, et que tout resta inutile : Mécène vécut encore pendant trois ans sans recouvrer le sommeil. Horace, quoique son ami, dut être frappé de ce supplice en qualité de poëte, et voulut peut-être y faire allusion en parlant de cet homme qui a peur, dont les mets les plus délicats n'excitent pas l'appétit, et qui ne peut parvenir à s'endormir malgré le chant des oiseaux et des lyres :

.... non avium citharæque cantus
somnum reducent¹. (Od. III, 1.)

---

1. Voir Beulé : *Auguste, sa famille et ses amis*

XXII

Effets de la musique sur les animaux. — Les animaux ont des sensations musicales. — Variété de ces sensations. — Sensations désagréables. — Les chiens souffrent en général à l'audition de la musique. — Cette souffrance peut aller pour eux jusqu'à la mort. — D'autres animaux souffrent également. — Antipathie de certains animaux pour certains sons. — En général, les sons éclatants et subits effrayent les animaux. — La musique produit aussi des effets agréables sur les animaux. — Exemples d'animaux des espèces les plus différentes sensibles au charme de la musique. — Concerts donnés à des animaux pour leur faire plaisir. — La musique excite dans les animaux des mouvements caractérisés. — Elle semble à certains égards leur faire oublier le sentiment de leur conservation personnelle. — La musique repose et encourage les animaux. — Les animaux comparent les sons. — Ils ont des préférences en musique et expriment ces préférences. — Concert donné le 10 prairial an VI aux éléphants du Jardin des plantes. — Certains animaux sont susceptibles d'instruction musicale. — Les uns comprennent et reproduisent le rhythme. — Les autres, le son et la mélodie. — On a même cherché à composer de la musique pour les oiseaux : canon de Grétry pour les serins.

La musique produit sur les animaux des effets peut-être encore plus curieux à certains égards que ceux qu'elle produit sur les hommes. L'homme, créature raisonnable et intelligente, mêle à ses sensations des sentiments, des pensées, des souvenirs qui les modifient, les transforment, les affinent, les élèvent. Quant à l'animal, dont les idées sont évidemment très-restreintes et ne peuvent guère se rapporter qu'à l'instinct de la conservation dans ce qu'il a de plus grossier, on concevrait à la rigueur que, puisqu'il a des organes et un système nerveux plus ou moins délicat, il pût être affecté par la musique, mais comme il le serait par des sons ou plutôt par des bruits quelconques, mécaniquement et physiologiquement. Ce serait pourtant une erreur de le croire. Non-seulement les animaux entendent la musique parce qu'ils ont l'ouïe, mais encore leurs sensations auditives sont susceptibles de nuances, qui dépendent et de la nature des êtres qui entendent et du caractère des morceaux qui sont exécutés. Les animaux souffrent ou jouissent de la musique; il y a des mélodies et même des combinaisons harmoniques qu'ils aiment ou dont ils ont une véritable horreur. Il y a plus, certaines espèces ont une aptitude merveilleuse à retenir et à reproduire des airs et peuvent recevoir une éducation musicale.

Les chiens semblent éprouver une sensation très-vive à l'audition de la musique. Dans bien des cas cette sensation a l'air d'être douloureuse. Certains chiens, comme certains hommes d'ailleurs, restent insensibles à la musique, soit par habitude d'en entendre, soit par faiblesse ou anomalie de construction de l'organe auditif; mais dans la plupart des cas, il est manifeste que cet animal est fort désagréablement affecté. Ne voit-on pas des chiens libres de leurs mouvements s'enfuir dès qu'ils entendent quelque instrument? N'en voit-on pas qui, habitués à se tenir immobiles, n'osent pas bouger, quand ils entendent également de la musique, mais ne peuvent s'empêcher de pousser de sourds et plaintifs gémissements? N'est-ce pas un fait singulier de sensibilité et de mémoire musicales que celui de ce chien qui, ayant entendu jouer du violon, en avait tellement souffert qu'il se mettait à hurler dès qu'il voyait quelqu'un toucher cet instrument, avant même que l'archet fût posé sur les cordes. Baglivi, dans sa dissertation sur la *Tarentule*, parle d'un chien qui poussait des hurlements affreux et finissait par tomber dans un profond abattement toutes les fois qu'il entendait une guitare ou tout autre instrument. Le docteur Richard Mead rapporte l'histoire d'un chien qui était tellement affecté par les sons du violon dans un certain ton, qu'il poussait des hurlements d'angoisse quand on jouait dans ce ton. L'instrumentiste fit un jour l'expérience de prolonger son air en restant dans la même tonalité, et l'animal mourut au milieu des convulsions.

On cite d'autres animaux morts de la même manière, des chouettes par exemple. Les chats miaulent quelquefois en entendant de la musique, mais souvent aussi ils restent parfaitement tranquilles, surtout s'ils sont commodément installés au coin du feu, sur quelque tapis ou coussin.

Ces faits d'antipathie musicale font penser tout naturellement à l'aversion instinctive de plusieurs animaux pour certains sons, alors même qu'il ne s'y joint pas d'idée de danger. Ainsi les auteurs anciens nous représentent les chevaux scythes comme effrayés par le braire de l'âne. Ainsi l'éléphant, dit-on, craint le grognement du porc et n'est pas effrayé par le rugissement du lion. Ainsi le lion, selon une opinion assez accréditée, s'épouvante au chant du coq et se calme en entendant des tambours ou d'autres instruments, tandis que ces mêmes tambours produisent sur les tigres un effet de fureur et les excitent à se déchirer.

On a cherché à expliquer ces mouvements d'antipathie ou de terreur; une opinion assez raisonnable et qui s'appuie sur quelques faits assez concluants les attribue non pas tant à la nature qu'à l'éclat subit du son. Le chant du coq, pour le citer de nouveau, a en effet quelque chose de criard, de brusque et d'imprévu, bien fait pour surprendre. On a remarqué que l'éléphant s'effrayait en général d'un bruit inaccoutumé. Ainsi à Zama, Scipion reçut la charge des éléphants d'Hannibal en faisant sonner toutes les trompettes de l'armée romaine avec accompagnement de grands cris, et ces animaux épouvantés, ou s'arrêtèrent, ou s'enfuirent et écrasèrent la cavalerie numide. A la journée de Thapsus, les trompettes de l'armée de César retentissant tout à coup produisirent le même effet sur les éléphants de Juba. Dans un ordre d'idées moins dramatique, mais du même genre, on peut se rappeler l'anecdote de Bacon de Verulam : il avait vu un singe qui se jetait à terre et hurait lorsqu'on lui criait dans l'oreille ; mais ce qu'il y a e curieux, c'est que ses hurlements ressemblaient aux ris qu'il avait entendus.

Un phénomène différent et plus rare, mais également

bien constaté, c'est qu'un son très-doux et même d'un timbre agréable peut effrayer certains animaux. Ainsi, à Pékin les pigeons abondent. Les voyageurs ont remarqué qu'ils sont munis d'un petit sifflet de bambou excessivement léger qu'on leur attache entre les ailes et qui, pendant le vol de l'oiseau, produit une note. Le son varie selon le degré de vitesse du vol. Quand ces blanches nuées de pigeons s'abattent du haut des airs, on croirait entendre des harpes éoliennes. Cette sonorité est loin d'être désagréable ou effrayante : elle suffit cependant pour tenir à distance les oiseaux de proie qui voudraient attaquer les pigeons. Peut-être l'effroi est-il produit dans ce cas par une sorte de surprise, et le pigeon sonore parait-il un objet quelque peu mystérieux à l'oiseau de proie.

On a remarqué pourtant que les animaux s'habituent aux sons qui les surprenaient ou effrayaient tout d'abord, et l'on a tiré parti de cette modification de leur sensibilité pour les dresser. Selon Arrien, quand les Indiens avaient pris des éléphants, ils faisaient retentir à leurs oreilles des cymbales et des timbales garnies de clochettes, et cela les habituait insensiblement à n'avoir plus peur de ces mêmes sonorités à la guerre.

On soumettait les chevaux à des épreuves du même genre : de là ce proverbe ancien : *Il n'a pas entendu la sonnette*, pour désigner un cheval mal aguerri.

La musique produit aussi des effets très-agréables sur les animaux, et il n'est personne qui n'ait eu occasion de l'observer bien des fois. On sait avec quel plaisir les oiseaux, et particulièrement le serin, entendent les airs qu'on leur joue. Ils approchent, ils écoutent avec attention, et, quand l'air est fini, battent des ailes en signe de joie. Les animaux rongeurs et les insectes ont le même penchant.

Un capitaine du régiment de Navarre avait été mis à la Bastille pour avoir parlé trop librement à Louvois. Comme il s'ennuyait dans la prison, il pria le gouverneur de lui permettre de faire venir son luth et se mit à en jouer pour se distraire. Il fut fort étonné de voir, au bout de quatr jours, des souris sortir de leurs trous et des araignées descendre de leurs toiles. Ces animaux vinrent former un cercle à l'entour de lui pour l'entendre avec une grande attention, ce qui le surprit si fort la première fois qu'il en resta sans mouvement : de sorte qu'ayant cessé de jouer, tous ces animaux se retirèrent tranquillement dans leurs gîtes. L'officier resta deux jours sans jouer. Quand il reprit sa musique, les animaux revinrent en plus grand nombre, comme si les premiers en avaient convié d'autres. Le prisonnier pria alors un des porte-clefs, à qui il fit voir ce spectacle, de lui donner un chat, qu'il enfermait dans une cage quand il voulait avoir cette compagnie, et qu'il lâchait quand il voulait la congédier. Le fait est affirmé par Jacques Bonnet qui le tenait d'un de ses amis dont il garantit la véracité.

Cet ami du reste avait eu pour son propre compte pareille aventure. C'était un habile musicien, qui savait jouer de plusieurs instruments. Il raconta lui-même à Jacques Bonnet qu'étant monté un jour dans sa chambre au retour d'une promenade, il avait pris un violon pour s'amuser en attendant le souper. « Ayant mis de la lumière devant lui sur une table, il n'eut pas joué un quart d'heure qu'il vit différentes araignées descendre du plancher, qui vinrent s'arranger sur la table pour l'entendre jouer, dont il fut très-surpris; mais cela ne l'interrompit pas, voulant voir la fin de cette singularité; elles restèrent sur la table fort attentives jusqu'à ce qu'on entrât dans sa chambre pour l'avertir d'aller souper. » Dès que le violon eut cessé de jouer, les araignées remontèrent dans leurs toiles. Et ce même spectacle, paraît-il, se renouvela plusieurs fois par la suite.

Parmi les araignées mélomanes, on peut encore citer celle dont Grétry parle dans ses *Essais sur la musique*. Ce etit animal descendait par son fil sur le piano du compoiteur aussitôt que celui-ci se mettait au travail.

Le lézard semble doué d'une sensibilité musicale particulière, et les faits bien authentiques attestés à son sujet ustifient l'expression de *dilettante* que lui applique

M. Fétis. Quand un lézard se chauffe au soleil, il suffit qu'une voix ou un instrument se fasse entendre pour qu'immédiatement cet animal prenne différentes attitudes qui témoignent du plaisir qu'il éprouve. « Il se tourne et se tient tantôt sur le dos, tantôt sur le ventre ou sur le côté, comme pour exposer toutes les parties de son corps à l'action du fluide sonore qui le charme. » Mais toute musique ne lui plaît pas. « Les voix dures ou rauques, les sons criards ou la musique bruyante lui déplaisent. Pour le satisfaire, il faut employer le *mezza-voce* et choisir des mouvements lents. On a vu un de ces animaux, qui paraissait être fort âgé, sortir du trou qu'il occupait dans un vieux mur, dès qu'on jouait l'adagio en *fa* du quatuor en *ut* de Mozart, et venir savourer la délicieuse harmonie de ce morceau. Lorsqu'on était arrivé à la fin, et dès qu'on avait fait silence, le lézard reprenait lentement le chemin de sa demeure; mais, si l'on recommençait le même morceau, il s'arrêtait, écoutait un instant pour s'assurer qu'il ne se trompait pas, et revenait ensuite prendre sa première place. Aucune autre pièce de musique ne produisait le même effet sur lui [1]. » Le dominicain Labat, procureur général de la mission des Antilles, qui était mathématicien, habile ingénieur et savant naturaliste, rapporte une anecdote à peu près semblable dans sa description de la Martinique.

Le docteur H. Chomet [2] raconte un fait qui lui est personnel et qui confirme tout ce qu'on a pu dire du lézard au point de vue de la musique. Nous emprunterons à l'observateur lui-même son récit et ses réflexions :

« C'était aux environs de Naples. Assis à l'ombre d'un grand arbre, je fredonnais l'air d'un opéra italien. Les yeux tournés vers la campagne, j'en admirais la beauté, quand j'entendis près de moi un frôlement de feuilles sèches qui me fit frissonner. Je portai mes regards du côté d'où venait le bruit, et je me vis entouré d'une quantité considérable de ces petits lézards gris verdâtres si com-

1. Fétis, *Curiosités historiques de la musique*.
2. H. Chomet, *Effets et influence de la musique*, etc.

muns en Italie. Au mouvement que je fis, ces animaux prirent la fuite. Je n'y fis plus attention. Je me mis à siffler l'air que j'avais fredonné d'abord, et mon étonnement fut grand en voyant revenir autour de moi les auditeurs de l'instant d'auparavant. Alors je les observai attentivement en continuant ma musique. Aux mouvements de leurs flancs, à l'agitation de leurs corps, à l'expression de leurs yeux, je crus reconnaître chez eux une sensation de plaisir; je redoublai d'attention et je m'efforçai de donner aux sons que je filais le plus de justesse possible. Les lézards charmés, fascinés peut-être, semblaient prendre à ces sons une volupté si vive que, pleins de confiance en moi, ils ne s'effrayèrent plus de mes mouvements peu brusques, il est vrai, et qu'ils me permirent d'approcher très-près d'eux ma main comme pour les toucher.

« Cette première expérience était trop curieuse pour rester isolée, et toutes les fois que j'eus occasion de la répéter, elle eût le même résultat. »

Mais où la puissance de la musique tient du prodige, c'est quand elle s'exerce sur des animaux absolument féroces et angereux, tels que les serpents venimeux, qui semblent, par ature, ne pouvoir jamais être apprivoisés. On raconte à eur sujet bien des aventures étonnantes de charmeurs et e charmeuses; toutefois, dans beaucoup de cas, il est plus ue probable qu'on leur avait arraché les crochets à venin, t cette mutilation, en supprimant le danger, pouvait très-ien aussi mettre l'animal dans un état de faiblesse ou e timidité qui le rendait plus docile. Tout n'est cepenant pas charlatanisme en cette matière, et des observaurs dignes de foi affirment avoir vu, à la Guyane et à Martinique, par exemple, des serpents parfaitement bres et intacts, écouter de la musique et s'adoucir au n d'un instrument. Chateaubriand assure positivement oir été témoin d'un fait de ce genre en Amérique, et les tails circonstanciés qu'il donne ne nous permettent ère de douter que le fond de l'aventure soit exact, enre que l'imagination de l'écrivain ait un peu embelli tableau.

« Un jour que nous étions arrêtés dans une grande plaine, dit-il, un serpent à sonnettes entra dans notre camp. Il y avait parmi nous un Canadien qui jouait de la flûte; il voulut nous divertir et s'avança contre le serpent avec son arme d'une nouvelle espèce. A l'approche de son ennemi, le reptile se forme en spirale, aplatit sa tête, enfle ses joues, contracte ses lèvres, découvre ses dents empoisonnées et sa gueule sanglante; il brandit sa double langue comme deux flammes, ses yeux sont deux charbons ardents; son corps, gonflé de rage, s'abaisse et s'élève comme les soufflets d'une forge, sa peau dilatée devient terne et écailleuse, et sa queue, dont il sort un bruit sinistre, oscille avec tant de rapidité qu'elle ressemble à une légère vapeur. Alors le Canadien commence à jouer sur sa flûte; le serpent fait un mouvement de surprise et retire la tête en arrière. A mesure qu'il est frappé de l'effet magique, ses yeux perdent leur âpreté, les vibrations de sa queue se ralentissent, et le bruit qu'elle fait entendre s'affaiblit et meurt peu à peu. Moins perpendiculaires sur leurs lignes spirales, les orbes du serpent charmé s'élargissent et viennent tour à tour se poser sur la terre en cercles concentriques. Les nuances d'azur, de vert, de blanc et d'or, reprennent leur éclat sur sa peau frémissante, et, tournant légèrement la tête, il demeure immobile dans l'attitude de l'attention et du plaisir. Dan ce moment le Canadien marche quelques pas en tirant d sa flûte des sons doux et monotones; le reptile baisse soi cou nuancé, couvre avec sa tête les herbes fines, et s met à ramper sur les traces du musicien qui l'entraîne s'arrêtant lorsqu'il s'arrête et recommençant à le suivr quand il commence à s'éloigner. Il fut ainsi conduit hor de notre camp au milieu d'une foule de spectateurs, tai sauvages qu'Européens, qui en croyaient à peine leu yeux. A cette merveille de la mélodie, il n'y eut qu'u seule voix dans l'assemblée pour qu'on laissât le mérvei leux serpent s'échapper. »

Cette idée que les animaux aiment la musique avait d terminé au dix-septième siècle un original à en faire fai spécialement et régulièrement pour ses chevaux. La chose, tout incroyable qu'elle est, est affirmée par un témoin. « Étant en Hollande, en 1688, dit Jacques Bonnet, j'allai voir la maison de plaisance de milord Portland ; je fus surpris d'y voir une fort belle tribune dans sa grande écurie : je crus d'abord que c'était pour coucher les palefreniers ; mais l'écuyer me dit que c'était pour donner des concerts aux chevaux une fois la semaine pour les égayer, auxquels ils paraissaient être fort sensibles. »

La musique excite dans les animaux des mouvements caractérisés et en rapport avec ce qu'ils entendent. Dans le livre de Job, il est dit du cheval : « Quand la trompette sonne, il hennit ; il sent de loin la guerre, la voix des capitaines et le cri de triomphe. » Le célèbre cheval Rapp, qui appartenait au duc de Weimar, tressaillait au son des fifres et des tambours, devenait furieux, mordait et ruait dans la mêlée.

Cette *émotion* qu'éprouvent les animaux à l'audition de la musique va donc jusqu'à leur faire oublier le soin de leur propre sûreté. Ainsi le cheval s'élance dans la bataille au milieu des coups et des blessures ; je veux bien que son naturel ardent l'y pousse, et que les éperons du cavalier achèvent de vaincre ses scrupules ; il est certain toutefois que les fanfares éclatantes des trompettes l'excitent, l'animent et le transportent d'une ardeur vraiment guerrière. Mais que faut-il penser des cerfs et des biches que les chasseurs, dans certaines contrées de l'Allemagne et dans le Tyrol, attirent par le chant ou par des airs de flûte ? Que faut-il penser de ces lézards dont le docteur Chomet approchait la main si près qu'il pouvait les toucher, sans que ces animaux, si timides naturellement, eussent la moindre envie de se sauver ? Les oiseaux, pour qui tout, on peut bien le dire, est motif de crainte, sont charmés par la musique, au point non-seulement de perdre leur timidité, mais même de devenir familiers. « Deux de mes amis particuliers, raconte Jacques Bonnet, m'ont dit que e premier gentilhomme du dernier duc de Guise les ena un jour promener au Ménilmontant ; qu'étant assis sur un banc dans le parc, ce gentilhomme tira de sa poche une espèce de chalumeau dont il joua des airs champêtres comme les bergers. En moins d'un quart d'heure, mes amis m'ont assuré qu'il y vint quantité d'oiseaux se placer sur leurs bras qu'ils avaient étendus exprès pour les recevoir. Ces oiseaux se laissaient prendre à la main sans s'effaroucher ; et ces deux personnes m'ont assuré que, s'ils avaient voulu, ils auraient pris tous ceux du parc en deux heures de temps. »

« On trouve fort souvent aux Tuileries pendant le mois de mai, dit encore le même auteur, des gens qui y vont les matins avec des luths et des guitares et autres instruments pour prendre ce divertissement ; les rossignols et les fauvettes viennent se placer jusque sur le manche des instruments pour les mieux entendre, ce qui prouve que les oiseaux sont plus sensibles aux charmes de la musique qu'à leur liberté. »

L'auteur de ce livre demande la permission de raconter un fait qu'il a vu de ses propres yeux, et qui prouve une fois de plus combien la musique peut faire oublier aux animaux leurs goûts ou leurs instincts.

Il y avait à la campagne, dans une propriété isolée, une jeune chatte tout à fait sauvage, qui ne se laissait jamais approcher, pas même par la personne qui lui portait sa nourriture dans un coin du jardin. Elle ne venait prendre cette nourriture qu'avec les plus grandes précautions, et quand on s'était éloigné. Dès qu'elle entendait du bruit, elle abandonnait tout et s'enfuyait derrière quelque plante. Elle semblait avoir peur de tout le monde sans exception : paroles caressantes, friandises, rien ne pouvait vaincre sa sauvagerie. Un soir, dans un petit salon du rez-de-chaussée, une dame se mit à fredonner une barcarolle italienne populaire, d'une mélodie et d'un rhythme très-simple. Un jeune homme se mit à faire une seconde partie en harmonie très-douce et très-élémentaire. Les voix des deux chanteurs étaient pures et bien timbrées ; celle de la dam avait surtout des vibrations graves et pénétrantes d'un sonorité fort agréable. Le chant durait depuis quelque instants, lorsque tout à coup la jeune chatte bondit sur le bord de la fenêtre restée ouverte, puis de là sur les genoux de la chanteuse, en se frottant contre ses mains avec les signes du plaisir le plus vif. Elle passa ensuite sur les genoux du chanteur, qu'elle caressa de la même manière, et refit deux ou trois fois le même manège. Quand le duo fut terminé, la chatte regagna la fenêtre, puis le jardin, laissant les assistants fort surpris de cet accès de tendresse musicale.

La musique repose évidemment les animaux et leur redonne même des forces lorsqu'ils sont fatigués. On connaît cette poétique croyance des Arabes qui pensent que le chant des bergers engraisse plus les bestiaux que la bonté des pâturages. Paul Diacre et Olaüs Magnus suivent la même tradition, en disant que, lorsqu'on amuse les troupeaux par le son des musettes et des flageolets, ils paissent mieux et broutent l'herbe avec plus d'avidité. Jean de Thévenot et Jean François Gemelli Careri, qui parcoururent et observèrent avec tant de soin les pays orientaux au dix-septième siècle, rappportent que dans les routes longues et pénibles les conducteurs de caravanes soulagent leurs chameaux en jouant des instruments. La musique fait un tel effet sur ces animaux que, tout fatigués qu'ils soient par les gros fardeaux qu'ils portent, ils marchent cependant avec aisance. Si l'on cesse de jouer, la force et le courage les abandonnent, et ils ne peuvent plus avancer. « Nous voyons même en France, disait Jacques Bonnet, comme dans les provinces de Berry et de Charolois, qu'un laboureur ne saurait labourer avec des bœufs s'il n'a quelqu'un qui chante à la tête de la charrue pour les animer au travail, ce qui est en usage de tous les temps. » On pourrait ajouter : ce qui est encore en usage aujourd'hui. On chante toujours *aux bœufs* dans nos campagnes, et pas un paysan ne mettrait en doute que les animaux entendent sa chanson avec plaisir.

Les animaux comparent les sons, se les rappellent, les reconnaissent, et après les avoir reconnus traduisent leurs impressions et prennent des *déterminations*. Il y a là des phénomènes de *mémoire*, de *jugement*, de *volonté* bien dignes de fixer l'attention des psychologues ou au moins des naturalistes.

Le diplomate flamand Busbecq, qui alla en ambassade au seizième siècle chez les Turcs, affirme avoir vu des chevaux qui répondaient en hennissant à leur nom lorsqu'il était prononcé par la voix de leur maître.

Le théologien protestant Pierre Martyr, qui vivait à la même époque, parle d'un très-grand poisson qui, dès qu'on l'appelait par le nom de *Martin*, arrivait du fond de l'eau et mangeait à la main. Ce dernier fait justifiera ce qu'écrit Pline le naturaliste à propos de poissons qui se trouvaient dans les réservoirs de l'empereur : tous les poissons d'une même espèce accouraient lorsqu'on les appelait ; il en était même qui venaient seuls à leur nom.

Les sons combinés produisent les accords, et certains animaux goûtent du plaisir à des combinaisons harmoniques déterminées. Berlioz parle d'une chienne qui hurlait de plaisir en entendant la tierce majeure tenue en double corde sur le violon, et ce qui prouve bien que ce goût était particulier à cette chienne, c'est qu'elle eut des petits sur qui ni la tierce, ni la quinte, ni la sixte, ni l'octave, ni aucun accord consonnant, ni dissonant ne produisirent jamais la moindre impression.

Je puis à ce propos citer un fait dont j'ai été témoin une infinité de fois et qui se renouvelait toujours de la même manière. Un grand violoniste avait une petite chienne qui restait le plus souvent avec lui, lorsqu'il travaillait. L'artiste pouvait jouer tous les morceaux de la terre, la petite bête demeurait tranquille. Mais si, par hasard, son maître exécutait quelques quintes, la petite chienne se levait, allait, venait, aboyait et donnait tous les signes d'une très-grande joie. Cette joie, il faut bien l'avouer, n'était pas tout à fait désintéressée ; mais elle venait d'un motif extrêmement curieux. La chienne avait remarqué qu'elle entendait les quintes surtout quand on changeait une corde : or on lui jetait habituellement les morceaux de la corde changée, lorsqu'elle était cassée,

et la petite bête qui s'amusait à mordiller et à mâcher
ces bouts de corde et qui y trouvait un grand plaisir, éta-
blissait, en vertu du phénomène psychologique de l'association des idées, un rapport intime entre l'audition des
quintes et la satisfaction de sa gourmandise. L'amour de
la musique n'y était pour rien, je le veux bien, mais la
mémoire musicale et l'esprit de comparaison y étaient
pour beaucoup.

Il y a des animaux qui étendent cet instinct, ou, si j'ose
m'exprimer ainsi, cet esprit de comparaison à des phrases
entières, à des morceaux complets, et l'on serait presque
tenté de dire qu'ils ont un goût en musique. Voici un
exemple de ce genre de sensibilité et de discernement, dont
je puis garantir l'exactitude.

Dans une maison où l'on faisait beaucoup de musique,
un jeune chien de chasse avait choisi sa place ordinaire
sous un grand piano à queue, et il y demeurait immobile,
couché en rond sur le tapis, tant que le piano restait
fermé. Mais dès qu'une main se posait sur les touches, l'a-
nimal dressait la tête et écoutait ; puis, selon la musique
qu'on jouait, il commençait à faire entendre un léger grognement, qui se changeait à l'occasion en gémissements
plaintifs, mêlés parfois d'aboiements aigus. Il ne paraissait pas très-ému par la musique de Mozart ni par les
opéras-comiques du commencement du siècle ; Rossini
aussi lui était indifférent ; mais la moindre phrase de
Beethoven, de Schubert ou de Mendelssohn le faisait gé-
mir et crier. Si l'on jouait du Weber, il redoublait ses
plaintes ; et certaines compositions plus modernes, celles
de Chopin ou de Valentin Alkan, par exemple, lui causaient une émotion si vive que ses aboiements couvraient
tout à fait les sons du piano. On essayait de le chasser.
Mais il ne s'en allait pas de bonne volonté : il faut croire
que ses cris exprimaient plutôt la satisfaction que la souffrance, car on était obligé de le mettre à la porte pour se
débarrasser de la partie qu'il faisait dans le concert. Il
est à noter que la musique qui agissait le plus sur lui
était celle dont les accords contenaient beaucoup de dis-

sonances. Ce qui prouverait la justesse de l'observation de Grétry, qui avait déjà remarqué que les chiens hurlent surtout avec les dissonances soutenues.

L'expérience la plus complète et la plus concluante qui ait été faite au sujet des impressions et des préférences musicales des animaux est le concert qui fut donné le 10 prairial an VI, aux éléphants du Jardin des plantes, concert dont la relation détaillée et consciencieuse se trouve dans la *Décade philosophique.* Comme cet ouvrage n'est pas à la disposition de tout le monde, il ne sera peut-être pas inopportun de présenter au lecteur les principaux traits de l'article en question.

Les artistes qui jouèrent étaient tous des musiciens distingués et attachés pour la plupart au Conservatoire de musique, ce qui était la garantie d'une excellente exécution.

L'orchestre était établi hors de la vue des éléphants, au-dessus de leurs loges et autour d'une trappe. Ces deux animaux se nommaient, le mâle, *Hanz*, et la femelle, *Marguerite*. Tout étant prêt, un profond silence se fit; la trappe fut levée sans bruit et le concert commença par un trio de petits airs variés pour deux violons et basse, en *si majeur*, d'un caractère modéré.

À peine les premiers accords se font-ils entendre que *Hanz* et *Marguerite* prêtant l'oreille cessent de manger les friandises que leur présentait leur cornac. Bientôt ils s'approchent de l'endroit d'où partent les sons. Cette trappe ouverte sur leur tête, les instruments de forme étrange dont ils n'aperçoivent que l'extrémité, ces hommes comme suspendus en l'air, cette harmonie invisible qu'ils cherchent à palper avec leur trompe, le silence des spectateurs, l'immobilité de leur cornac, tout leur paraît un sujet de curiosité, d'étonnement, d'inquiétude. Ils tournent autour de la trappe, dirigent leur trompe vers l'ouverture, et, se soulevant de temps à autre sur leurs pieds de derrière, vont à leur cornac lui demander des caresses, reviennent plus inquiets encore, regardent les assistants et semblent redouter un piège.

Mais ces premiers mouvements d'inquiétude s'apaisent, et les deux éléphants n'éprouvent plus d'autres impulsions que celles qui leur viennent de la musique. Ce changement se fait surtout remarquer à la fin du trio que les exécutants terminent par l'air de danse en *si mineur* de l'*Iphigénie en Tauride*, de Gluck, musique d'un caractère sauvage et fortement accentué, qui leur communique toute l'agitation de son rhythme. Dans leur allure tantôt précipitée, tantôt ralentie, dans leurs mouvements tantôt brusques, tantôt soutenus, ils semblent suivre les ondulations du chant et de la mesure. Souvent ils mordent les barreaux de leurs loges, les étreignent avec leur trompe, les pressent du poids de leurs corps, comme si l'espace manquait à leurs ébats. Des cris perçants, des sifflements leur échappent par intervalles. Est-ce de joie ou de colère? demande-t-on au cornac. *Eux, pas fâchés*, répond-il.

Cette passion se calme ou plutôt change d'objet avec l'air : *O ma tendre musette* exécuté en *ut mineur* sur le basson seul et sans accompagnement. La simplicité tendre de cette romance rendue plus touchante encore par l'accent mélancolique du basson les attire par une sorte d'enchantement. Ils marchent quelques pas, s'arrêtent, écoutent, viennent se placer sous l'orchestre, agitent doucement leur trompe et semblent aspirer la mélodie. Il est à remarquer que, pendant toute la durée de cet air, ils ne poussent aucun cri ; leurs mouvements sont lents, mesurés et participent de la mollesse du chant. Mais le charme n'opère pas également sur l'un et sur l'autre : *Marguerite* est agitée au plus haut degré, tandis que *Hans* reste calme, froid et circonspect.

Tout à coup on entend les accents gais et vifs de l'air : *Ça ira*, exécuté en *ré* par tout l'orchestre. Les deux animaux sont saisis d'une sorte de fièvre. A leurs transports, à leurs cris d'allégresse, tantôt graves, tantôt aigus, mais toujours variés dans les intonations; à leurs sifflements, à leurs allées et venues, on dirait que le rhythme de cet air les pousse, les talonne sans relâche et les force d'aller comme lui.

Mais, heureusement, la puissance invisible qui les bouleverse a aussi le pouvoir de les apaiser, et la douce harmonie de deux voix humaines disant un *adagio* de l'opéra de *Dardanus* vient calmer la violence de leurs mouvements.

Immédiatement après, l'orchestre joue pour la seconde fois l'air : *Ça ira*, avec le seul changement du ton de *ré* en *fa*, et les deux éléphants témoignent la plus grande indifférence.

On passe à d'autres airs : l'ouverture du *Devin du village* les excite à la gaieté ; *Charmante Gabrielle* les plonge dans une sorte de langueur ; puis on reprend pour la troisième fois le *Ça ira*, mais comme la première fois en *ré*, et alors les mouvements des deux éléphants redeviennent véhéments et agités, surtout ceux de *Marguerite*.

On interrompt un instant le concert, et on le reprend par de nouveaux airs et de nouveaux instruments. Cette seconde partie est donnée à la vue des éléphants et tout près d'eux. *Hanz* en somme était resté jusqu'alors assez calme. La *Musette de Nina* jouée sur la clarinette seule semble le plonger dans le ravissement, et la même clarinette ayant passé sans interruption à la romance : *O ma tendre musette*, son émotion ne fait que croître. Mais le charme paraît s'évanouir tout à coup lorsque l'orchestre répète pour la quatrième fois l'air : *Ah ! ça ira*. Les deux éléphants montrent alors la même indifférence et sont également insensibles aux sons du cor qu'ils n'avaient point encore entendu seul, et par lequel on termina le concert.

De cette expérience on peut tirer d'intéressantes conclusions : d'abord, ce n'est pas seulement le rhythme qui agit sur les deux éléphants, puisque le même air les émeut ou les laisse indifférents selon le ton dans lequel il est joué. Ensuite ce n'est pas non plus le ton seul qui fait naître telle ou telle sensation, puisque plusieurs airs joués dans le même ton produisent des effets différents. Il faut donc qu'il y ait « Sinon discernement, au moins perception de la combinaison de ces choses, et sensation distincte, bien qu'irréfléchie » (Fétis).

Cette distinction dans les sensations, observée de près, a même fait poser en principe que *tout animal a des sons favoris*. Morhoff, érudit et bibliographe allemand du dix-septième siècle, prétend qu'en Angleterre un homme avait fait une étude méthodique et minutieuse des différents genres de musique propres à apprivoiser chaque espèce de bête, et qu'il y avait réussi. Cette assertion est bien absolue, et le savant germain a peut-être trop cédé en cette circonstance au besoin de trouver quelque chose après avoir cherché; mais la théorie était assez curieuse pour mériter au moins d'être rappelée.

La faculté que possèdent les animaux de percevoir les sons, de les comparer, de les reconnaître, d'aimer les uns et de ne pas aimer les autres, les prédispose tout naturellement à recevoir une véritable instruction musicale et à traduire au dehors, selon les moyens et les ressources de leur organisation, les connaissances qu'ils peuvent avoir acquises en musique. Or il y a deux éléments principaux de traduction de l'idée musicale : 1° le *mouvement;* 2° le *son;* et justement un assez grand nombre d'animaux sont capables à différents degrés de comprendre, de suivre et de reproduire, soit la *mesure*, soit la *mélodie*.

Parmi ces animaux, ceux dont le larynx n'est pas apte à fournir des sons musicaux appréciables répètent par les mouvements de leur corps des rhythmes donnés. Les histoires sont pleines d'exemples de ballets, de joûtes, de carrousels exécutés en cadence par des chevaux au son des instruments. De nos jours, ne voyons-nous pas, dans les cirques petits ou grands, des chevaux marcher, trotter, galoper, avancer, reculer, en suivant la mesure de l'orchestre? Ces faits qui se passent sous nos yeux nous aideront à comprendre et nous porteront à admettre ce que disent les anciens à ce sujet en maint passage, surtout quand on se rappellera que leurs dompteurs et dresseurs étaient d'une habileté qui tenait du prodige.

Ainsi il doit y avoir du vrai dans l'histoire des chevaux de Sybaris qu'on avait dressés à danser au son de la flûte au moment de prendre leur nourriture. Les Crotoniates, dit-on, ayant connu cette circonstance, en profitèrent dans une guerre contre les Sybarites. Ils prirent avec eux des joueurs de flûte en costume militaire, et ceux-ci exécutèrent pour les chevaux un air propre à la danse. Aussitôt que les chevaux entendirent les musiciens, non-seulement ils se mirent à danser, mais encore emportant leurs cavaliers, ils passèrent du côté des Crotoniates.

Je connais un fait qui du reste a dû se reproduire fréquemment et qui fait penser jusqu'à un certain point aux chevaux Crotoniates. Un particulier s'était acheté un ancien cheval de régiment et faisait sans cesse des courses dans la campagne. Un jour qu'il revenait d'une promenade, il prit la route qui passait le long du champ de manœuvre. C'était l'heure de l'exercice. Dès que le cheval entendit les sonneries des trompettes, il s'élança dans le champ de manœuvre, alla se ranger au milieu des autres chevaux, et, malgré les efforts de son cavalier, reprit sa part des évolutions qui étaient encore présentes à sa mémoire.

On a cité un cheval d'Abd-el-Kader qui comprenait la musique de manière à marquer parfaitement la mesure.

Suétone rapporte que Galba, après son retour d'Espagne, donna dans Rome des jeux où il fit voir des éléphants qui marchaient en cadence sur la corde au son des instruments. Ce récit est très-croyable, attendu que le spectacle d'éléphants instruits à exécuter les mêmes manœuvres ou des manœuvres du même genre a été renouvelé plus d'une fois dans les temps modernes.

Bourdelot parle d'un singe que tout Paris avait vu à la foire Saint-Laurent, et qui, habillé en femme, dansait avec son maître un menuet en cadence.

Le même auteur affirme « avoir vu à la foire Saint-Germain des rats danser en cadence, sur la corde, au son des instruments, étant debout sur leurs pattes de derrière, et tenant de petits contre-poids, de même qu'un danseur de corde. Il y avait une autre troupe de huit rats qui dansaient un ballet figuré, sur une grande table, au son des violons, et avec autant de justesse que des danseurs de profession; mais ce qui surprit davantage, ce fut un rat blanc de la

Laponie, qui dansa une sarabande avec autant de justesse et de gravité qu'aurait pu faire un Espagnol. »

Nous avons vu déjà du reste que les souris et les rats sont très-sensibles à la musique, ainsi que les reptiles, et même, à propos de ces derniers animaux, Teixera rapporte avoir vu deux serpents qui dansaient, ou qui par leurs balancements et mouvements marquaient une sorte de mesure.

Au point de vue du son et de la mélodie, l'instinct d'imitation de certains animaux est fort singulier et peut devenir un véritable talent. On a parlé d'un chien qui, lorsqu'on lui jouait un air qu'il aimait beaucoup, poussait de légers aboiements à l'unisson de plusieurs notes de cet air; toutefois ce n'est là qu'un fait isolé, dont l'importance a peut-être été exagérée, et en tout cas il ne s'agit que de quelques sons : le phénomène est intéressant, s'il est vrai ; pourtant, il ne faudrait pas en tirer une loi.

Mais ce qui est incontestable et perpétuel, c'est le résultat étonnant auquel on arrive avec certaines races d'oiseaux. Le grand médecin Boerhaave n'a pas dédaigné d'observer ces petites bêtes et de les instruire. Il a même décrit cette opération d'une manière piquante :

« Toutes les fois, dit-il, que je prenais l'instrument pour donner une leçon à l'oiseau, il se disposait à l'écouter avant même que j'eusse commencé à jouer ; et le plaisir qu'il avait alors lui faisait toujours distinguer son maître de musique de toutes les autres personnes qui étaient dans l'appartement. Lorsqu'on commence, l'oiseau se place contre les barreaux de la cage et porte la tête de côté et d'autre pour ne perdre aucun rayon sonore. Il est d'abord parfaitement attentif : ensuite il gazouille tout seul à voix basse, jusqu'à ce qu'ayant saisi le ton, il cherche à rendre l'air qu'il a entendu. »

Bourdelot parle d'un serin de Canarie qui appartenait au roi ; cet oiseau « chantait dix ou douze airs de flageolet, et quelques préludes en perfection ». Il en avait du reste un pareil chez un amateur. Celui-là chantait

« six grands airs de flageolet et des préludes ». Il avait coûté « deux cents écus, à condition que celui qui l'avait dressé le viendrait recorder tous les huit jours, faute de quoi la mémoire manquant à ces petits animaux, ils oublient bientôt ce qu'ils ont appris par méthode pour reprendre leur chant naturel ».

Si nous en croyons quelques auteurs anciens, les animaux sont capables de faire des efforts de volonté pour étudier des rhythmes ou des airs, en dehors des leçons qu'on peut leur donner, et, par cette persistance, de parvenir à apprendre des choses qu'ils ne saisissaient pas d'abord. Tel était cet éléphant, à la tête un peu dure, qui ne pouvait retenir les pas assez difficiles d'un ballet dans lequel il devait figurer. Comme on le grondait à chaque exercice et que souvent même on le battait, il se mit à répéter tout seul, pendant la nuit, à la clarté de la lune, les leçons qu'il recevait. Telle était aussi cette pie appartenant à un barbier de Rome, et surprenante par son habilité à imiter la parole des hommes, le cri des animaux et le son des instruments. Le convoi funèbre d'un homme riche, accompagné d'un grand nombre de trompettes, vint à passer devant la boutique du barbier. Il y avait là un temple. On y fit, d'après l'usage, une station pendant laquelle jouèrent les musiciens. A partir de ce jour la pie resta sans parole et sans voix : aussi ceux qui s'amusaient de son babil furent très-étonnés de son silence et soupçonnèrent d'autres barbiers jaloux d'avoir ensorcelé la pie. Mais la plupart pensaient que le bruit des trompettes lui avait paralysé l'ouïe et qu'avec l'ouïe la voix s'était éteinte. Or ce n'étaient pas là les causes de son silence, mais l'étude, comme on le vit par la suite; car tout à coup elle fit entendre, non pas ce qu'elle répétait auparavant, mais les airs des trompettes sans en rien omettre et sans y rien changer.

On peut ne pas trouver trop invraisemblable cette dernière anecdote : les airs des anciens étaient simples, et les oiseaux répètent assez facilement les airs simples, même quand ils sont développés. Ce qui les embarrasse et les arrête, ce sont les modulations, à moins qu'elles ne viennent naturellement et sans effort. Grétry, qui portait dans toutes les choses musicales une ingénieuse curiosité, à laquelle nous devons bon nombre de fines remarques, avait fait cette observation à propos d'un serin, à qui sa mère voulait apprendre l'air intitulé : *Marche des mousquetaires*. Il avait prédit que l'oiseau chanterait jusqu'à un certain passage déterminé où le ton change, et n'irait jamais plus loin : l'événement vérifia sa prédiction.

Sa conclusion fut que les oiseaux chantent pour ainsi dire d'instinct les airs qui s'appuient fréquemment sur les notes de l'accord parfait, et de cette conclusion il en tira une autre, c'est que l'on pourrait imaginer «de petits airs en canon, composés des notes du corps sonore, qu'on apprendrait à plusieurs serins ». Nous reconnaîtrons avec lui « qu'il serait très-curieux et très-amusant de les entendre chanter en partie ». Au cas où quelque amateur et éleveur d'oiseaux voudrait mettre à exécution cette fantaisie musicale, nous terminerons ce petit livre en donnant un air en canon composé exprès par Grétry lui-même :

Fig. 119. — Air en canon composé pour les serins, par Grétry.

TABLE DES MATIERES

Chap.		Page
I.	De la musique. — Comment on peut la définir. — Du son. — Le son peut se traduire dans une langue et se représenter aux yeux. — Notes, Gamme en général. — Octave. — Langue moderne du son musical ou notation. — Portée. — Notes. — Moyens variés de suppléer à l'insuffisance de la portée : lignes supplémentaires ; octaves élevées ou abaissées sans nouveaux signes de notation. — Clefs. — Clefs de *sol*. — Clefs de *fa*. — Clefs d'*ut*. — Simplifications que l'on pourrait encore introduire dans l'emploi de ces mêmes signes.	1
II.	Sons intermédiaires de la gamme. — Dièse. — Bémol. — Ton. — Demi-ton. — Bécarre. — Comma. — Tempérament. — Tolérance mélodique. — Genre diatonique. — Genre chromatique. — Genre enharmonique. — Les gammes ou tons. — Ambiguïté du mot ton. — Ordre des gammes : avec des dièses ; avec des bémols. — Armure de la clef. — Disposition des armures de dièses ; des armures de bémols. — Transposition. — Transposition en lisant. — Pianos transpositeurs. — Transposition en écrivant. — La transposition change le caractère du morceau	15
III.	Modes. — Mode majeur. — Mode mineur. — Tons relatifs. — Comment on trouve le ton et le mode d'un morceau sans armure ; avec des dièses; avec des bémols. — Gammes différentes des gammes conçues dans la tonalité moderne. .	34
IV.	Mesure. — La mesure à un langage écrit en musique. — Signes de la durée des notes. — Contre-sens dans la dénomination des durées de certaines notes. — Rapports binai-	

TABLE DES MATIERES.

Chap.   Page

res. — Rapports ternaires. — Notes pointées. — Triolet. — Signes des silences. — Différentes espèces de mesures. — Temps. — Mesures simples. — Mesures composées. — Mesures binaires. — Mesures ternaires. — Les mesures ternaires étaient anciennement les plus fréquentes. — Mesures à 5 temps, à 7 temps. — Moyens d'indiquer l'intention du compositeur quant à la durée exacte et absolue des notes. — Anciennes indications de nuances dans le mouvement. — Indications plus modernes. — Insuffisance et vague de ces indications. — Essais pour trouver un moyen mécanique et mathématique de marquer le mouvement. — Le métronome 40

V. DE L'EXPRESSION DANS LA MUSIQUE. — Dans quelles limites doit se renfermer l'expression. — Elle ne doit pas être une *réalité*, mais une *imitation*. — Il y a des règles pour l'expression. — Quelques-uns des moyens d'expression de l'exécutant. — L'expression peut s'indiquer. — Comment le compositeur *écrit-il* l'expression. — Harmonie imitative : en littérature ; en musique. — Exagérations. — Limites . 54

VI. NOTATIONS DIVERSES. — Deux grandes divisions : notations par lettres alphabétiques ; notations par signes conventionnels. — Notations chez les peuples de l'Orient. — Chez les Grecs. — Chez les Romains. — Notation attribuée à Boèce. — Notation attribuée au pape saint Grégoire. — Neumes. — Opinions diverses sur leur origine. — Progrès de la notation neumatique du huitième siècle à la fin du douzième. — Progrès amenés par le principe de la hauteur respective des signes. — Introduction d'une ligne indicatrice. — Améliorations remarquables de Gui d'Arezzo. — La portée musicale se complète. — Origine des *clefs* de la notation moderne. — Transformation des neumes en notation carrée, fin du onzième siècle et douzième siècle. — La notation moderne est née de la notation carrée. — Tablature d'orgue de la fin du seizième siècle. — Tablature de luth du commencement du dix-septième siècle. — Notation des facteurs de pianos. — Indication des tons en lettres sur les morceaux de musique de certains peuples modernes. — Notation par chiffres de J.-J. Rousseau. — Notation par chiffres de l'École Galin-Paris-Chevé. — Notation sur deux portées de trois lignes. . . . . 6.

VII. INSTRUMENTS DE MUSIQUE. — Trois familles d'instruments : Instruments à percussion, instruments à vent, instruments à cordes. — INSTRUMENTS A PERCUSSION : 1° Instruments à sons indéterminables : castagnettes, triangle, chapeau ou

Chap.		Page
	pavillon chinois, sistre, cymbales, tamtam, tambour, tambour roulant, tambourin, tambour de basque, grosse caisse. — 2° à sons fixes et appréciables : cymbales antiques, timbales, cloches, carillons, jeux de clochettes ou de timbres ou glockenspiel, boîtes ou tabatières à musique, harmonica, xylorganon ou claquebois	83
VIII.	INSTRUMENTS A VENT : Trois classes : 1° Instruments à embouchure de flûte. 2° Instruments à anche. 3° Instruments à embouchure à bocal.	
	1° Instruments à *embouchure de flûte*. — Principe du sifflet, du flageolet, de la flûte à bec, de la flûte traversière, du fifre. — Histoire de la flûte : antiquité de cet instrument. — Ses dénominations variées et nombreuses. — Le mot *flûte* est évidemment un terme générique quand il s'agit des anciens. — Syringe ou flûte de Pan. — Monaulos. — Flûte à bec. — Flûte traversière. — Flûte à bocal. — Flûte à anche. — *Glossocomion*. — Flûte double. — Flûte droite, flûte gauche. — Formes variées de la flûte. — Hypothèses sur les chevilles des flûtes antiques. — La *Phorvia* des flûtistes. — Rôles nombreux et variés de la flûte dans l'antiquité. — Flûte moderne ; deux variétés : flûte à bec, flûte traversière. — Histoire et progrès. — Piccolo. — Fifre	105
IX.	INSTRUMENTS A VENT (suite). — 2° Instruments à *anche*. — Principe de l'anche : anche battante, anche libre. — Hautbois, cor anglais, basson et ses dérivés. — Cornemuse, musette, biniou. — Clarinette et ses dérivés. — Saxophone. — Orgue expressif. — Accordéon	123
X.	INSTRUMENTS A VENT (suite). — 3° Instruments à embouchure à *bocal*. — Cor : sons ouverts, sons bouchés. — Cor de chasse ou trompe. — Trompette. — Clairon. — Trombone. Ophicléide. — Basson russe. — Serpent. — Instruments à pistons et instruments à cylindre. — Instruments Sax. . .	137
XI.	INSTRUMENTS A VENT (suite). — Orgue. — Mécanisme : tuyaux ; tuyaux à bouche ; tuyaux à anche ; tuyaux ouverts ; tuyaux bouchés. — Jeux : jeux de fonds, jeux de mutation. — Sonorité particulière des jeux de fonds. — Jeux d'anches libres. — Soufflerie : soufflets, porte-vent, gosier. — Sommier, gravures, laye. — Registres. — Clavier. — Abrégés. — Levier pneumatique. — Perfection des orgues françaises modernes	151
XII.	INSTRUMENTS A VENT (suite et fin). — Orgue. — Histoire : difficultés que présente l'histoire de l'orgue. — Les monuments sont d'un dessin vague, et les textes sont peu précis.	

Chap.		Page

— Sens varié des mots ὄργανον et *organum*. — On ne peut fixer la date de l'origine de l'orgue; on peut affirmer cependant que cette origine est très-ancienne. — Textes mal compris de la Bible, de Pindare, de Nonnus. — Marche logique du développement et du perfectionnement de l'orgue, la flûte étant le point de départ. — L'orgue n'est qu'une gigantesque flûte de Pan. — Comment s'est formée probablement la *partie résonnante*. — Comment s'est formée la *soufflerie*. — Les monuments et les textes antiques indiquent d'une manière manifeste les parties essentielles de l'orgue. — Deux espèces d'orgues dans l'antiquité : orgue pneumatique proprement dit et orgue hydraulique. — Ktésibios. — Vitruve. — Le père Kircher. — Perrault. — Cornélius Sévérus. — Athénée. — Claudien. — Publilius Optatianus Porphyrius. — Orgue hydraulique à vapeur de Julius Pollux, de William Sommerset. — L'hydraule était un instrument très-répandu et très-employé. — Témoignages d'auteurs nombreux. — L'hydraule est en usage jusqu'à la fin du douzième siècle. — L'orgue pneumatique subsiste toujours néanmoins. — Bas-reliefs de l'obélisque de Théodose. — Orgue au moyen âge. — Orgues portatives de différentes tailles. — Serinette. — Orgue de Barberi. 164

XIII. INSTRUMENTS A CORDES : 1° A cordes pincées. — Instruments des Hébreux : nebel, kinnor, ascior, harpe. — Harpes égyptiennes. — Lyre des Grecs et des Latins. La lyre disparaît au moyen âge en Europe. — Instruments à cordes pincées du moyen âge : lyre antique, lyre du Nord, harpe, psaltérion, guiterne, luth. — Instruments à cordes pincées qui ont persisté : guitare, mandoline, harpe. 192

XIV. INSTRUMENTS A CORDES : 2° A cordes frottées. — Archet : l'archet est très-vraisemblablement d'invention moderne ; il ne doit pas remonter au delà du moyen âge. — Hypothèses relatives au *plectrum*. — Modifications successives de l'archet. — Archets de Tourte ; prix auquel ils se sont élevés. — Violon ; instruments qui le précèdent : crout, rote, rebec, gigue, familles des violes. — Progrès de la facture des violons depuis le seizième siècle.—Grands luthiers.—Structure du violon : tables, éclisses, ouïes, chevalet, queue, chevilles, sommier, sillet, touche, âme, cordes. — Explication de la production et de l'augmentation du son dans le violon. — Sourdine. — Violon trapézoïdal de Savart. — Ressources du jeu du violon : accords, arpéges, double corde, effets de tremolos. — Variété des coups d'archet. — Sons harmoniques. — Pizzicato. — Rôle capital du violon dans l'or-

Chap.		Page
	chestre moderne. — Richesse de nuances du violon. — Violonistes d'autrefois, violonistes d'aujourd'hui	207
XV.	INSTRUMENTS A ARCHET (suite et fin) : Alto, ou alto-viole, ou quinte. — Viole d'amour. — Violoncelle ou basse. — Contrebasse. — Quatuor instrumental, quatuor de chambre, quatuor d'orchestre. — Quatuor vocal. — Trompette marine. — Instruments à roue et à clavier : Organistrum, chifonie ou symphonie, vielle. — Orphéon	220
XVI.	INSTRUMENTS A CORDES : 3° A cordes frappées : piano-forte ou piano : tympanon, clavecin, épinette. — Ressources du piano. — Services qu'il rend. — Mécanisme du piano : caisse sonore, table d'harmonie ; cordes ; clavier : touches et marteaux ; étouffoirs ; pédales. — Pédalier ou piano à clavier de pédales	233
XVII.	ORCHESTRE. — Sens différents de ce mot. — Étymologie du mot. — Orchestre chez les Grecs : orchestre proprement dit ; thymélé ; hyposcénion. — Orchestre chez les Romains. — Orchestre pris dans le sens moderne. — Changements de l'orchestre. — Il n'y a pas d'orchestre à proprement parler chez les Anciens. — Imperfection de l'orchestre au moyen âge. — Progrès considérables au seizième siècle. — Les Amati. — Caractère des orchestres de la fin du seizième siècle et du commencement du dix-septième. — Orchestre de l'*Orfeo* de Monteverde (1607). — Orchestre de Lulli. — Progrès de l'orchestre au dix-huitième siècle. — La symphonie : Haydn, Mozart, Beethoven. — Orchestration de ces trois compositeurs. — Richesse de l'orchestration moderne. — L'instrumentation est devenue une science	241
XVIII.	MUSIQUE MILITAIRE. — La musique militaire a toujours existé. — On la trouve chez les Hébreux. — chez les Egyptiens. — chez les Grecs. — Danses guerrières. — Pyrrhique. — Le jeune Sophocle et les trophées de Salamine. — La danse armée à Sparte. — Minerve et la *Memphitique*. — Le Péan. — Le Péan de Salamine dans Eschyle. — Musique guerrière chez les Romains. — Danse *bellicrepa* inventée par Romulus. — Danse des Saliens instituée par Numa. — Servius Tullius et les deux centuries de musiciens. — Instruments en usage dans les armées grecques : flûte, lyre, trompette. — Dans les armées spartiates la flûte sert à *discipliner* le courage. — La flûte employée dans le *bataillon sacré* des Thébains. — Instruments des Crétois. — des Lydiens. — Trompette chez les peuples grecs. — Variété des trompettes chez les Romains : tuba, lituus, buccina, cornu, classicum. — Æneatores. — Tubicines. — Liticines. — Buccinatores.	

— Cornicines. — Tubilustrium. — Tibicines. — Timbales et tambours confondus souvent sous le nom de *tympanum*, symphonia. — Musique guerrière chez les peuples orientaux et chez les Barbares. — Prédominance des instruments à percussion chez ces derniers : tambours, timbales. — Cymbales. — Sistre. — Fouet. — Enclume. — Sonnettes. — Musique militaire au moyen âge. — Bardes. — Bardit. — Scaldes. — Instruments des bardes. — Cor. — Oliphant. — Musique militaire vocale. — Instruments qui semblent les plus usités à partir du douzième siècle. — Rôle du tambour très-bien déterminé au seizième siècle. — Trompettes. — Fifres. — Arigot. — Flajol. — Timbales. — Instruments à cordes à l'armée. — La tranchée de Lérida. — Cymbales. — Cornemuse. — Musette. — Hautbois. — Timbales prises à la guerre. — Tambours pour les troupes à cheval. — Corneur dans les compagnies de fusiliers des montagnes. — Louis XIV attache beaucoup d'importance à la musique militaire. — Marche de tambour faite par Lulli pour le duc de Savoie. — Musique militaire en France au dix-huitième siècle. — Musique militaire en Allemagne. — Allemands appelés à l'étranger. — Musique militaire en Russie. — Musique turque et musiciens turcs en Russie et en Allemagne. — Musique militaire en Angleterre. — Musiques militaires de nos jours . 249

XIX. CURIOSITÉS MUSICALES. — Harpe éolienne. — Harpe éolienne gigantesque de Gattoni. — Anémocorde. — Le *Goliath* de Kæmpfer. — L'octobasse de Vuillaume. — La contre-basse monstre du duc de Saxe-Mersebourg. — Le basson gigantesque de Hændel. — Orgue à vapeur. — Musique à coups de canon. — Cor russe. — Orgue de chats. — Louis XII et le canon de Josquin. — L'air à trois notes de J.-J. Rousseau. — Paroles sacrées et airs profanes de la fin du moyen âge. — La Philomèle séraphique. — Précocité des musiciens 295

XX. EFFETS MORAUX DE LA MUSIQUE. — Emotion musicale. — Variété de l'émotion musicale. — Causes de cette variété : différence des organismes ; éducation musicale. — Effets merveilleux de la musique d'après les légendes hindoues, les *ragas magiques*. — Importance de la musique comme moyen d'action morale d'après les Chinois : la musique est nécessaire pour gouverner. — Identité d'opinion à ce sujet des peuples orientaux et des peuples grecs. — Le chanteur Démodocos, gardien des mœurs. — Orphée, Amphion ; légendes symboliques ; histoires variées ; passions excitées ou calmées, mœurs adoucies par la musique : Terpandre, Tyrtée, *la*

Chap.		Page
	Marseillaise, Antigénide, Timothée, Damon de Milet, Empédocle, Pythagore, les Arcadiens, les cornemuses de la bataille de Québec, Stradella, Erik. — Musique faisant faire un mariage. — Musique amenant une réconciliation de famille. — Tristesse et désespoir causés par des œuvres musicales dont le caractère n'est ni le désespoir ni la tristesse. — L'émotion musicale ne s'affaiblit pas par la répétition chez les vrais artistes. — Joies et émotions d'un compositeur chef d'orchestre	279
XXI.	Musique employée dans le traitement de l'aliénation mentale. — Expériences isolées. — Expériences faites dans les hôpitaux. — Obsession musicale	
XXII.	Effets de la musique (suite). — Effets curatifs de la musique dans les maladies proprement dites. — Fables à ce sujet. — La tarentule et le tarentisme. — Histoires vraies. — Effets physiologiques de la musique. — Le rhythme calme et repose. — Il donne aussi de la force et excite. — Pouls obéissant au rhythme. — Musique employée contre l'insomnie. — *Berceuses*. — Mécène.	306
XXIII.	Effets de la musique sur les animaux. — Les animaux ont des sensations musicales. — Variété de ces sensations. — Sensations désagréables. — Les chiens souffrent en général à l'audition de la musique. — Cette souffrance peut aller pour eux jusqu'à la mort. — D'autres animaux souffrent également. — Antipathie de certains animaux pour certains sons. — En général, les sons éclatants et subits effraient les animaux. — La musique produit aussi des effets agréables sur les animaux. — Exemples d'animaux des espèces les plus différentes sensibles au charme de la musique. — Concerts donnés à des animaux pour leur faire plaisir. — La musique excite dans les animaux des mouvements caractérisés. — Elle semble à certains égards leur faire oublier le sentiment de leur conservation personnelle. — La musique repose et encourage les animaux. — Les animaux comparent les sons. — Ils ont des préférences en musique, et expriment ces préférences. — Concert donné le 10 prairial an VI, aux éléphants du Jardin des plantes. — Certains animaux sont susceptibles d'instruction musicale. — Les uns comprennent et reproduisent le rhythme — Les autres, le son et la mélodie. — On a même cherché à composer de la musique pour les oiseaux : canon de Grétry pour les serins.	317

TABLE DES GRAVURES

	Page
Sainte-Cécile de Raphaël tenant un orgue portatif	
Fig. 1. — Portée moderne	5
Fig. 2. — Portée de dix lignes.	6
Fig. 3. — Lignes supplémentaires sous forme de fragments.	7
Fig. 4 et 5. — Moyen de remplacer les lignes supplémentaires.	8
Fig. 6, 7, 8 et 9. — Clefs de Sol, de Fa, d'Ut.	9
Fig. 10. — Série de trois octaves sans lignes supplémentaires.	10
Fig. 11. — Clef de Sol première ligne et clef de Fa	13
Fig. 12. — Air du *God save*.	20
Fig. 13. — Disposition des armures de dièses et disposition des armures de bémols.	29
Fig. 14. — Usage des clefs dans la transposition	31
Fig. 15 et 16. — Tons majeurs et tons mineurs relatifs.	37
Fig. 17, 18 et 19. — Valeurs de notes	42
Fig. 20. — Passage de l'*Orphée* de Gluck	43
Fig. 21 et 22. — Valeurs des silences. — Notes et silences pointés	45
Fig. 23. — Mesures à 2, à 3 et à 4 temps	46
Fig. 24. — Exemples de mesures.	47
Fig. 25. — Métronome.	52
Fig. 26. — Signes de la notation grecque	65
Fig. 27. — Gamme Grégorienne d'après Martini	74
Fig. 28 et 29. — Neumes. — Notation carrée.	75
Fig. 30. — Notation des anciens organistes, d'après Forkel	75
Fig. 31 et 32. — Id. id.	76
Fig. 33. — Id. id.	77
Fig. 34. — Notation du Luth.	78
Fig. 35. — Dièses et bémols de la notation Chevé	80

	Page
Fig. 36. — Notation par trois lignes, système Fourier	82
Fig. 37. — Castagnettes.	85
Fig. 38 et 39. — Sistres.	88
Fig. 40. — Cymbales.	89
Fig. 41. — Tam-tam ou gong et cymbales.	91
Fig. 42. — Tambourin et galoubet.	93
Fig. 43. — Timbalier.	95
Fig. 44. — Carillon ancien.	100
Fig. 45. — Carillon moderne.	101
Fig. 46. — Tabatière à musique.	102
Fig. 47. — Embouchure de flûte	106
Fig. 48. — Flageolet.	107
Fig. 49. — Flûtes.	108
Fig. 50. — Flûteurs égyptiens.	112
Fig. 51. — Flûtes doubles. Cérémonie funèbre chez les Romains.	114
Fig. 52. — Flûte à chevilles (bas-relief antique).	116
Fig. 53. — Flûteur antique avec la Phorvia.	117
Fig. 54. — Ange de la cathédrale de Sens jouant de la flûte.	119
Fig. 55. — Anche battante.	123
Fig. 56. — Anche libre.	124
Fig. 57. — Hautbois.	125
Fig. 58. — Cornemuse.	129
Fig. 59. — Musette.	130
Fig. 60. — Soufflet de musette.	131
Fig. 61. — Clarinette.	132
Fig. 62. — Embouchures à bocal.	137
Fig. 63. — Cor d'harmonie.	138
Fig. 64. — Trompette et clairon.	140
Fig. 65. — Trompettes antiques jouant pendant une cérémonie religieuse militaire.	142
Fig. 66. — Trombone à coulisse.	144
Fig. 67. — Saquebute d'après des manuscrits du moyen âge.	145
Fig. 68. — Ophicléide.	146
Fig. 69. — Serpent.	147
Fig. 70. — Mécanisme des pistons.	149
Fig. 71. — Jeux d'orgues.	156
Fig. 72. — Sommier.	157
Fig. 73. — Coupe transversale du sommier. — Laie et soupape.	158
Fig. 74. — Claviers du grand orgue de Notre-Dame de Paris.	159
Fig. 75. — Orgue antique.	169
Fig. 76. — Orgue antique.	170
Fig. 77. — Pierre gravée antique. (Musée britannique.).	170
Fig. 78. — Médaille du douzième siècle. (Règne d'Alexis l'Ange.)	171
Fig. 79. — Bas-relief de l'obélisque de Théodose	177

TABLE DES GRAVURES. 349

Page

Fig. 80. — Orgue à soufflets (douzième siècle). Manuscrit de Cambridge. 182
Fig. 81. — Orgue du quatorzième siècle, miniature d'un psautier latin. 183
Fig. 82. — Orgue portatif du quinzième siècle. (Miniature du miroir historial de Vincent de Beauvais.) 184
Fig. 83. — Ange tenant un orgue portatif (Peinture sur un panneau de meuble, cathédrale de Noyon.). 184
Fig. 84. — Ange jouant de l'orgue portatif à pied. (Rosace de la cathédrale de Sens, seizième siècle.) 185
Fig. 85. — Ange jouant de l'orgue portatif. (Rosace de la cathédrale de Sens, seizième siècle.). 185
Fig. 86. — Orgue représentant un édifice. (Manuscrits du moyen âge.) 185
Fig. 87. — Hans Hofhaimer. (Triomphe de Maximilien par Albert Durer.). 187
Fig. 88. — Orgue de Barberi. 190
Fig. 89. — Nebel des Hébreux. 192
Fig. 90. — Kinnor des Hébreux. 193
Fig. 91. — Hazur ou ascior des Hébreux 193
Fig. 92. — Harpiste égyptien. 195
Fig. 93. — Lyre antique du moyen âge. (Manuscrits du dixième siècle.) 197
Fig. 94. — Lyre du Nord. (Manuscrits du neuvième siècle). . . 198
Fig. 95. — Harpe sculptée du portail de l'abbaye de Saint-Denis 198
Fig. 96. — Harpe de ménestrel du quinzième siècle. (Manuscrit du Miroir historial.) 198
Fig. 97. — Variété de psaltérion. (Manuscrits du moyen âge.) . 199
Fig. 98. — Variété de psaltérion. (Manuscrits du moyen âge.) . 199
Fig. 99. — Psaltérion à plume (Ancien manuscrit.) 199
Fig. 100. — Joueur de psaltérion. (Sculptures d'un chapiteau de l'abbaye de Saint-Georges de Boscherville, onzième siècle.) . . 200
Fig. 101. — Joueur de psaltérion. (Manuscrit du quatorzième siècle.) 200
Fig. 102. — Guiterne. (Manuscrit du moyen âge.) 200
Fig. 103. — Théorbe. 201
Fig. 104. — Guitare. 202
Fig. 105. — Mandoline. 203
Fig. 106. — Harpe et détails du mécanisme. 205
Fig. 107. — Viole primitive. (Statue du portail de l'abbaye de Saint-Denis, douzième siècle.) 209
Fig. 108. — A, B, C, D, E, F, G. Vielles, gigue, rebec (du treizième au seizième siècle), d'après des sculptures, émaux, miniatures, vitraux, fresques. 210

	Page
Fig. 109. — Crout du neuvième siècle, d'après une peinture de manuscrit.	211
Fig. 110. — Violon — détails	213
Fig. 111. — Violon trapézoïdal de Savart.	216
Fig. 112. — Quatuor d'orchestre : violon, alto, violoncelle, contrebasse	217
Fig. 113. — Trompette marine. (Gravure prise dans l'*Orchésographie* de Thoinot Arbeau.).	230
Fig. 114. — Le piano : table d'harmonie, cordes et clavier.	237
Fig. 115. — Piano : touches et marteaux.	238
Fig. 116. — Piano : mécanisme des marteaux et des touches.	239
Fig. 117. — Octobasse de Vuillaume.	267
Fig. 118. — Saül et David, d'après Baudry.	291
Fig. 119. — Air en canon composé pour les serins, par Grétry.	337

21615. — PARIS, TYPOGRAPHIE LAHURE,
rue de Fleurus, 9.

www.ingramcontent.com/pod-product-compliance
Lightning Source LLC
Chambersburg PA
CBHW070908170426
43202CB00012B/2238